이 책은 김상현 목사 가족 석좌 기금의 후원으로 출판되었습니다.

한국 장로교회 130년

기다림과 서두름의 역사

기다림과 서두름의 역사

© 장로회신학대학교출판부 2013

초판 1쇄 발행 / 2013년 7월 20일
초판 4쇄 발행 / 2024년 3월 30일

지은이 / 임희국
펴낸인 / 김운용
펴낸곳 / 장로회신학대학교출판부
주소 / (우)04965 서울시 광진구 광장로5길 25-1(광장동)
전화 / (02) 450-0795
팩스 / (02) 450-0797
E-mail / ptpress@puts.ac.kr
디자인 / 생각비행

ISBN 978-89-7369-320-7 94230
      978-89-7369-319-1 (세트)
값 16,000원

기다림과 서두름의 역사

한국 장로교회 130년

임희국 지음

장로회신학대학교출판부

머리말

　이 책은 그동안 장로회신학대학교 신학대학원에서 '한국교회사'라는 강좌명으로 진행해 온 강의를 정리한 것입니다. 강의 원고는 지은이가 발표한 여러 편의 논문과 단행본에서 발췌하여 재구성한 것입니다. 이 강의는 한국 장로교회의 역사를 처음 접하는 신학생이나 평신도가 좌로나 우로도 치우침 없이 균형 있게 역사를 배우도록 돕고자 합니다. 강의록을 한데 묶은 이 책은 한국 장로교회의 통사通史가 아니며 단지 하나의 개괄서입니다.

　이 책의 내용은 한국 장로교회의 역사를 연대기 순서대로 서술하되 각 시대별로 부각되는 주제를 정리한 것입니다. 이와 함께 한국 장로교회가 세계 개혁교회의 역사적 유산과 정체성을 이어 왔고 또 앞으로도 그러해야 한다는 점을 의식했습니다. 이 책의 앞부분에서는 첫 내한來韓 장로교 선교사들이 전한 복음을 받아들인 구한말 시대 한국인들은 어떤 신앙을 형성했는지 살펴보았습니다. 백인白人 선교사들이 백색白色 옷을 입은 민족에게 전한 복음이 향후 어떤 교회로 형체가 잡혔는지 살펴보았습니다. 그 이후, 장로교회의 역사는 우리 민족이 겪은 질풍노도疾風怒濤의 고통과 시련을 함께 경험하며 진행되었습니다. 19세기 후반에 한반도를 중심으로 벌어진 세계 강대국의 충돌에 우리 민족이 엄청난 충격을 받았습니다. 20세기 초반에는 일제의 식민 지배와 수탈을 겪었고, 중반에는 한반도에서 국제 전쟁으로 확산된 참혹한 한국 전쟁이 일어났습니다. 이 전쟁으로 말미암아 민족 분단이 고착되자 수많은 사람들이 이산가족으로 오늘까지 그 고통을 가슴에 껴안고 살아왔습니다. 이러한 근현대사 속에서 한국 장로교회는 교회의 공공성과 사회적 책임을 의식하며 힘껏 복음을 증언했습니다. 이 책에서 이러한 역사를 서술하고자 합니다.

그러나 한국 장로교회가 걸어온 발자취를 되돌아보면, 교회는 마땅히 하나님 나라의 카이로스Kairos를 증언해야 하는데 그러나 그 나라를 위한 사회 변혁에 '참여'하지 못한 때가 드물지 않았습니다. 특히 산업화 시대 이후부터는 적지 않은 교회가—민족 분단의 현실과 사회의 불의를 외면하며—경제 성장에 발맞추어 물량적 성장을 추구했습니다. 이때부터는 적은 수의 '깨어 있는' 신앙인들의 역사 참여 덕택에 교회가 지탱되어 왔다고 봅니다. 이 책에서 이러한 역사를 성찰하고 반성하며 서술하고자 합니다.

이 책의 두 곳에서는 미시사micro history적 관점에서 교회사를 서술했습니다. 제8강에서는 일제의 신사참배 강요에 굴복한 장로교(1938) 현실 속에서 어떻게 하든지 교회를 지켜 나가고자 온몸으로 투쟁한 목회자를 소개했습니다. 오늘날 신사참배에 대한 역사적 평가에서 신사참배를 거부한 인물은 신앙의 영웅으로 추앙되고 그러하지 못했던 대다수는 마치 역사의 죄인인 것처럼 부담감을 안고 있다는 반성에서 비롯된 소개입니다. 제12강에서는 교단 분열(장로교 제3차 분열, 1959)의 여파가 작은 산골의 교회에도 폭풍처럼 몰아친 나머지, 교회가 어떻게 분열되었으며 또 교인들이 받은 마음의 상처가 어떠했는지 서술했습니다. 다행히도 그 교회 교인들이 다시 하나로 합쳐졌습니다. 그런데 세계교회협의회wcc 제10차 부산 총회(2013)를 앞두고서 그때의 논쟁과 거친 싸움이 되살아난 개신교계의 현실은 수십 년 전 상처가 재발될 지경이었습니다.

2008년 11월에 발표된 '기독교윤리실천운동'의 설문 조사 결과에서 "개신교에 대한 사회적 신뢰도가 매우 낮다."는 사실이 드러나자,* 교회 지도자들은 교회의 사회적 신뢰 회복을 각성하게 되었습니다. 가장 심각한 반성은 '사회로부터 단절되어 고립된 교회'라는 점이었습니다. 성찰과 소통이 교회 갱신의 과제와 주제가 되었습니다. 이 점을 이 책의 마지막 부분에서 다루었습니다.

이 책의 부제목인 '기다림과 서두름'은 지은이가 블룸하르트Chr. Fr. Blumhardt(아들)에게서 깨친 하나님 일꾼의 자세입니다. 이 세상 속으로 임하는 하나님 나라를 맛보며 영원한 그 나라를 사모하는 순례자의

● 이 설문 조사를 실시한 기독교윤리실천운동(기윤실)은 한국 교회의 사회적 신뢰도를 높일 방안을 찾으려는 목적으로 진행하였고, 설문 조사를 전문 기관(글로벌 리서치)에게 의뢰하여 진행하였다. 그 결과, 개신교의 사회적 신뢰도가 아주 낮다는 충격적인 보고서가 발표되었다. 개신교에 대한 사회적 신뢰도가 18.4%였다. 이 수치는 천주교에 대한 사회적 신뢰도(35.2%)와 대비되었고 또 불교에 대한 사회적 신뢰도(31.1%)와도 대비되었다.

자세이기도 합니다. 그런 자세로 한국 장로교회의 발자취를 반성하고자 합니다. 이 책의 구성은 지은이의 글에서 발췌한 원고인 동시에 한국 장로교회 여러 교회사가의 선행 연구를 디딤돌로 삼아 발전되었습니다. 예컨대 성경의 한글 번역 연구에 옥성득·이만열, 장로교회 분열 연구에 박용규·이상규, 장로교회(예장통합)의 산업 선교에 정병준, 개신교 통일 운동과 북한 선교에 황홍렬, 민족 복음화 운동에 이은선 등 여러 분에게 학문적 빚을 지고 있습니다. 이 책을 서술하는 데 가장 어려운 점은 1차 자료를 확인하는 것이었습니다. 혹시, 연도나 인물의 이름 등에서 역사적 사실과 틀린 점이 있으면 지은이의 불찰이니 미리 용서와 이해를 구하고자 합니다.

이 책의 출판은 전적으로 '김상현 목사 가족 석좌 기금'으로 이루어졌습니다. 석좌 기금을 출연하신 김재형 장로(동신교회)와 주선하신 김권수 목사(동신교회 담임)께 진심으로 감사드립니다. 출판을 맡아 주신 장로회신학대학교 출판부장 김도훈 교수와 김영미 실장께 감사드립니다. 원고의 초고를 읽은 조교 서선영 목사께 감사드리고 또 초고 문장을 수정한 임상옥 군에게도 감사드립니다. 최종 원고를 여러 번 교정해 주신 이종순 목사께 깊이 감사드립니다. 제작을 맡아 주신 생각비행 손성실 팀장께 감사드립니다.

2013년 8월
임희국

차례

한국 기독교(개신교)의 출발 시점을 언제로 잡을 것인가라는 질문에, 19세기 후반 한국인의 기독교 '수용'에 우선성을 두는지 혹은 내한 선교사의 '복음 전파'를 우선으로 잡는지 아직까지 학계의 의견이 분분하다. 이 글은 당시의 조선 정부가 서양(미국) 개신교 선교사들의 입국을 허락하여 (1884) 그들이 공식적으로 들어온 1885년을 '잠정적'으로 한국 교회의 시작 시점으로 잡았다. 물론 그 시점을 다르게 잡을 수 있다는 전제 아래에서.

선교사들의 첫 사역은 간접 선교였는데, 교회 설립을 통한 복음 전파가 아니라 학교와 병원 설립을 통한 선교였다. 이것은 그 당시 조선 정부의 개방 정책인 '동도 서기론'에 부응한 것이었다.

조선의 문호 개방(1876),
선교사의 입국

조선의 문호 개방(1876),
선교사의 입국

1. 조선의 문호 개방

1885년 4월 5일(부활절)에 미국 장로교와 감리교가 파송한 선교사
가 조선 정부의 공식 허가를 받고 제물포(인천)에 도착했다. 이때는ㅡ
약 20여 년 전부터ㅡ한반도를 둘러싼 국제 정세가 빠른 속도로 변
모하고 있었다. 중국(청)과 제정 러시아가 북경 조약(1860)을 체결한
이후 연해주 지역이 러시아의 영토로 편입되었다. 이와 더불어 조
선과 러시아의 국경이 서로 맞닿게 되었다. 또한 일본이 메이지明治
유신(1868)을 통하여 발빠르게 근대 국가로 변모하였다. 조선에서는
쇄국 정책을 풀고 문호를 개방한 1876년 이래로, 흥선 대원군이 정
권에서 물러난 뒤, 새로운 (민씨) 정권이 들어섰다. 이 정권을 상대
로 일본이 운요호雲揚號 사건을 일으켜 강압적으로 강화도 조약(1876)
을 체결하였다. 조선 왕조는 이때부터 복잡한 국제 관계 속으로 편

입되기 시작했다.

이러한 정황에서 최익현 등 위정척사론爲政斥邪論을 주장하는 관료들이 개항 반대 상소를 올렸다. 그러나 대세는 이미 문호 개방 쪽으로 기울어지고 있었으며 이제는 서양 문물을 받아들이는 방안을 얘기해야만 했다. 고종은 전국에 세워 둔 척화비를 거두게 하면서 개화 정책을 추진하려는 의지를 표명했다. 중국이 중체서용론中體西用論을 개화 노선으로 잡아서 추진하고 있듯이, 조선 정부도 서양 문물을 총체적으로 수용하는 것이 아니라 그것을 부분적으로 받아들여 이 나라의 약점을 보강하고자 했다. 이것은 서양의 동점東漸 이래 실용주의적 관점에서 서양의 자연과학과 기술의 우수성과 유용성을 인정하고 이를 수용하는 방안인데, 이것을 동도 서기론東道西器論이라 일컬었다. 이 방안이 일본의 화혼 양재론和魂洋才論과 같은 맥락이었다고 한다.

그런데 서양 문물은 이미 수백 년 전부터 드문드문 중국을 통해 조선에 소개되었다. 1631년에 정두원이 중국에서 천리경千里鏡과 자명종自鳴鐘 등 서양 문물을 가져왔고, 이 물건이 사람들로 하여금 서양 문물에 대한 호기심을 불러일으켰다. 1645년에는 소현 세자가 역시 중국에서 지구의地球儀와 함께 서양 서적(천문학, 산학 등)을 갖고 귀국했다. 천주교 서적도 함께 들어 있었고, 천주교가 서학西學의 차원에서 소개되기 시작했다. 18세기 후반에 이르면, 천주교에 대한 사람들의 관심이 지적인 차원을 넘어 신앙의 영역으로 높아졌다. 예를 들어 이승훈이 1784년 중국 연경의 남천주당에서 그라몽Jean-Joseph de Grammont 신부의 집례로 영세를 받았다. 그러나 19세기 초반에 정부가 널리 확산되는 천주교를 대대적으로 탄압하였다. 1801년(순조 1년) 중국인 천주교 신부 주문모를 비롯하여 천주교 교인 이승훈·정약종 등 수백 명이 박해를 받았다(신유박해). 그러자 천주교 의 교세가 한동안 위축되었다. 그러다가 천주교 박해가 뜸해지면서 교세가 다시 회복되었다. 그러나 1866년(고종 3년) 홍선 대원군 정권 이 6천여 명의 천주교 교인과 프랑스 파리 외방전교회 출신의 선교 사를 처형하는 엄청난 박해가 일어났다(병인박해). 프랑스는 이 사건을 구실삼아 함대를 파견하여 강화도를 점령하고 자국(自國)의 성직자 살 해범 처벌과 통상 조약 체결을 요구했다. 이를 묵살한 홍선 대원군 이 프랑스 군대에 무력으로 맞서 전쟁을 벌였다(병인양요). 또 이때 미 국 상선 제너럴 셔먼호가 평양 대동강으로 들어와 통상을 요구하다 가 불탔다. 이때 배에 타고 있던 영국인 개신교 선교사 토마스Robert J. Thomas가 최후를 맞았다. 조선의 쇄국 정책은 이 무렵에 한층 더 강 화되었다. 1874년 홍선 대원군이 권좌에서 물러남으로써 이 정책이 종식되었으며, 그리고 조선 정부가 문호를 개방하는 정책으로 방향 을 틀게 되었다.

조선 정부는 서양 문물을 받아들이되 종교(기독교)는 배제한다는 개 방 정책을 세웠다. 그런데 급진 개화파에 속한 몇몇이 서양 선교사 를 통해 서양 문물을 받아들이려는 구상을 하게 되었다. 그 구상은 일본에서 일하는 중국(청) 공사 황준헌黃遵憲이 지은 『조선책략』朝鮮策略 을 통해 착안되었다고 한다. 이 책을 1880년에 일본으로 수신사 임 무를 띠고 나갔던 김홍집金弘集이 가져와서 소개했는데, 그 책에는 서양의 제도와 기술을 받아들여 부국강병을 이루고 친중국·결일본·연미국親中國結日本聯米國하여 러시아의 남하를 막아야 한다는 주장이 담겨 있었다. 그러면서 중요한 점을 언급했는데, 개신교(야소교, 耶蘇敎)와 천주교를 분리시키고 개신교의 신앙은 무해유익無害有益하다고 언급했다. 조선의 지배층은 지금까지 천주교와 개신교를 동일시해 왔는데, 이 책의 설명은 그러한 시각을 수정하도록 유도했다. 게다가 중국의 이홍장李鴻章이 조선 정부에게 미국과 통상 관계를 맺도록 권유했다. 그리고 조선 정부는 이제까지의 입장을 바꾸어서 1882년에 개신교의 나라인 미국과 통상 조약(조미 조약, 朝美條約)을 맺었다. 그 뒤를 이어서 조선 정부는 영국과 독일(1883), 러시아와 이탈리아 (1884), 그리고 프랑스(1886)와 외교 조약을 체결했다.

이 무렵 급진 개화파에 속한 김옥균이 일본에 있었다. 그가 그곳에서 미국 개신교 선교사들과 접촉하면서 이들에게 조선 선교를 요청했다. 이것은 조선의 개화를 보다 더 효과적으로 추진하려는 발상에서 비롯되었다. 이 요청에 응하여, 1883년에 재일본在日本 미국 선교사 녹스George William Knox가 본국의 선교 본부에 조선 선교의 중요성을 알렸다. 그러나 그는 긍정적인 반응을 얻어 내지 못했다. 그런데 이 무렵에 미국에서 조선 선교의 중요성을 일깨운 사건이 일어났다. 조선 정부가 미국에 파송한 방문 사절단을 통해서였다. 방문단 일행이 대륙 횡단 열차를 타고 서부에서 동부 워싱턴으로 가는 도중에 대학 총장이자 감리교회 목사 가우처John Franklin Goucher를 만났다. 이 만남이 가우처에게 조선 선교의 중요성과 시급함을 일깨웠다. 그는 일본에서 일하고 있는 선교사 맥클레이Robert Samuel Maclay가 김옥균과 가깝게 지낸다는 점을 파악하고 그를 통해 한국의 왕실과 접촉하도록 하였다. 맥클레이는 1884년 6월에 한국을 방문했고, 고종으로부터 학교 사업과 병원 사업의 윤허를 얻었다.

1884년 9월 20일 의료 선교사 알렌Horace Newton Allen이 조선에 입국했다. 그는 미국 공사관에 소속된 의사로 정식 임명받았다. 12월 4일 한밤중에 알렌은 서울 중심부에서 일어난 엄청난 사건 소식을 듣게 되었다. 갑신정변甲申政變이었다. 이 사건에서 고위 관료인 민영익이 온몸에 칼을 맞아 피투성이가 되어 거의 죽게 되었다. 그는 황후의 친척 조카이기도 했다. 의사 알렌은 한밤중에 불려나와 다 죽게 된 민영익을 살려 내야 했다. 그는 꼬박 밤을 새우며 응급처치로 여러 번 상처를 봉합하여 지혈을 했고 이튿날 아침 7시부터 본격적으로 치료했다. 알렌은 일본인 외과 의사 우미세 토시유키海瀨敏行에게 도움을 청하였고 또 제물포에 머물고 있는 영국인 외과 의사 휠러Wheeler에게도 도움을 청하였다. 진료진이 민영익을 살려 냈다. 이것이 조선의 왕실과 정부로 하여금 서양 의술에 깊은 신뢰를 갖게 한 결정적인 계기로 작용했다.

알렌 또한 이런 기회를 놓치지 않았다. 1885년 1월 27일에 그는 미국 공사관을 통해 조선 정부에게 서양식 병원 설립을 제의했다. 설립 조건은 조선 정부가 시설과 운영비를 부담하고 또 미국의 자선 단체가 의사와 거기에 따른 모든 비용을 부담한다는 것이었다. 알렌은 자신이 소속된 미국 북장로회 선교부를 자선 단체라고 표현했다. 그렇게 표현한 까닭이 있었는데, 서양 종교인 기독교를 국법으로 금지하고 있는 조선에서 선교부란 표현을 쓸 수가 없기 때문이었다. 그래서 그는 국제 외교 관계를 고려하여 선교부를 자선 단체라고 표현했다. 서양식 병원을 설립하려는 알렌의 제안이 조선 왕실과 미국 북장로회 선교부 양쪽 모두에게서 승낙을 얻는다. 그리하여 1885년 4월 9일 우리나라 최초의 서양식 병원인 광혜원/제중원이 설립되어 진료를 시작하였다.

2. 선교사의 정식 조선 입국

1885년 4월 5일(부활절)에 미국의 개신교(장로교회, 감리교회)가 파송한 첫 선교사 6명이 부산을 거쳐 제물포(인천)에 도착했다. 물론 이것은 지난해 선교사 맥클레이가 고종의 윤허를 얻은 다음에 이루어진 결실이었다. 선교사 일행은 감리교회의 아펜젤러Henry Gerhard Appenzeller 부부, 스크랜턴William Benton Scranton 부부 및 스크랜턴 모부인Mary Fletcher Scranton, 그리고 장로교회의 언더우드Horace Grant Underwood였다. 비자에 명시된 이들의 신분은 의사나 교사였다. 조선 정부가 허락한 이들의 활동 범위는 교육과 의료 부문으로 한정되었고, 포교 활동은 금지되었다.

3. 서양 근대 문물 도입과
   선교사의 의료 사업과 교육 사업

조선의 서양 문물 수용과 더불어 기기창機器廠(병기), 권연국卷煙局(담배), 양춘국釀春局(양조), 주일소鑄一所(주물), 박문국博文局(인쇄), 삼호유리국三湖琉璃局(유리) 등의 생산 공장과 물산상회가 설립되었다. 일본에서 종두법을 배우고 돌아온 지석영이 서울·전주·공주·대구 등지에 우두국牛痘局을 설치하고 종두를 실시하였다. 1883년 10월에 최초의 신문인 『한성순보』가 창간되었다. 비슷한 시기에 반관반민半官半民 학교인 원산학사元山學舍가 설립되었다.[1] 그러나 조선 정부가 추진한 개화 정책 가운데서 교육과 의료에 대한 비중이 상대적으로 높지 않았다. 이런 상황에서 1885년에 입국한 미국 선교사들이 신식 학교(기독교 학교)를 세우고 본격적으로 근대 교육을 시작했다. 아펜젤러가 1885년에 배재학당培材學堂을 세웠고, 그 이듬해에 스크랜턴 모부인이 이화학당梨花學堂을 세웠다. 언더우드가 언더우드 학당을 세웠다.

선교사의 학교 교육에 관하여 조선 왕실이 많은 관심을 가졌다. 선교사의 교육 사업이 정부의 개화 정책에 잘 부합되리라 기대를 걸었기 때문이다. 고종 황제는 아펜젤러가 세운 학교의 이름을 '배재학당'培材學堂으로 지어 주었는데 여기에는 '인재를 배양하라'는 바람이 담겨 있었다. 왕실은 스크랜턴이 세운 여학교(1886년 5월 31일 첫 입학생)의 이름을 '이화학당'梨花(배꽃)學堂으로 지어 주었다. 이것은 선교사들이 세운 학교에 대한 조선 정부의 공식적인 허락이었다.

그런데 이러한 위로부터의 개혁에 대하여 잘 알지 못했던 대다수

백성의 눈에는 신식 학교를 세운 서양 선교사는 단지 낯선 이방인일 뿐이었다. 1888년 무렵에 선교사가 '양귀자'洋鬼子 곧 서양 귀신이라는 인상을 일반 대중에게 심어 주었다. 이러한 소문을 들은 부모들이 어찌 자기네 아이를 서양 선교사가 세운 학교에 보내려 했겠는가? 선교사의 교육 사업이 매우 난감한 처지에 놓였다. 그러나 시간이 지나면서 차츰 가능성이 열리기 시작했다. 당시 서울에는 거의 해마다 여름철이면 무서운 전염병이 돌았다. 이로 말미암아 많은 사람들이 목숨을 잃었고, 부모 잃은 아이들이 길거리를 헤매고 다녔다. 이러한 고아들을 불러모은 선교사 언더우드는 이들을 먹이고 잠재우며 신식 교육을 시작했다. 고아원 기숙 학교인 '언더우드 학당'은 1886년 5월 11일 학생 1명에서 출발하여 25명의 남자아이를 먹이고 잠재우고 입히면서 주로 성경과 영어와 한문을 가르쳤다.

그러다가 청일 전쟁(1894)이 선교사의 서양 문물 소개와 도입에 획기적인 계기로 작용했다. 이 전쟁에서 일본이 중국(청)을 무력으로 승리하자, 서양 문물을 바라보는 일반 대중의 인식이 크게 달라졌다. 사람들은 이제까지 일본을 '작은'倭 나라로 칭하면서 은근히 깔보고 있었는데 그러한 작은 나라가 큰 나라大國인 중국을 힘으로 제압하자 엄청난 충격을 받았다. 전쟁의 결말이 도대체 어디에서 비롯된 것인가? 달라진 동아시아의 현실을 경험한 대중이 경악 속에서 그 까닭을 살폈다. 사람들은 일본이 중국에게 승리를 거둔 이유가 서양의 선진 과학 기술을 받아들여서 그 문명을 배운 데 있다고 파악했다. 이제야 서양 과학 기술의 실체와 힘이 무엇인지 파악하게 된 사람들이 거기에 대한 호기심을 갖게 되었다. 오랜 세월 중국의 문명에 눈높이를 맞추어 오던 조선의 대중이 이제는 서양의 문물에 눈길을 주기 시작했다. 이제부터는 사람들이 서양의 기술과 지식을 배우고자 제 발로 신식 학교에 입학했다.

4. 근대 문명을 상징하는 개신교

청일 전쟁 직후부터 대략 1905년까지의 시기는 한국(조선)에서 근대가 시작된 '기원의 공간'이었다. 이때의 근대는 체제 전환(자본주의로)을 동반한 거시적이고 정치적 차원이기보다는 "사유 체계와 삶의 방식, 규율과 관습 등 개인의 신체를 변화시킨 것이었다."고 한다(고미숙). 그 당시 조선의 정치 권력은 러시아와 일본 사이의 적대적 긴장을 적절히 활용하지 못하고 러시아에 밀착함으로써 위기 해결의 기회를 잡지 못했다. 명성 황후 세력이 지배한 조선 정부는 청일 전쟁 이후 강화된 일본의 한반도 침략을 저지하는 방안으로 러시아 세력을 적극적으로 끌어들이려 했고, 일본은 이를 저지하기 위하여 황후를 살해하는 을미사변(1895)을 일으켰다. 이러한 변란을 당한 고종이 러시아 공관으로 피신한 아관 파천(1896)이 일어났고, 김홍집 내각이 무너지고 전국에서 반일反日 의병이 일어났다. 이에 따라 한반도에서 일본의 세력이 약화되었고, 러시아의 한반도 진출이 상대적으로 강화되었다. 1900년에 일본은 영국과 동맹을 맺었고 또 미국의 도움을 얻었으며, 결국 러일 전쟁(1904)에서 일본이 러시아를 누르고 승리했다. 승전국 일본은 이제 한반도에서 일본군의 군사 활동을 인정하는 한일 의정서를 체결했고, 대한 제국(조선) 정부는 그동안 러시아에게 주었던 모든 이권을 폐기해야 했다. 이로써 "일본의 한반도 강점 1단계가 시작"되었다(강만길).

청일 전쟁 이후에 조선에서 근대화의 조류가 급물살을 탔다. 근대 문명의 담론이 본격적으로 쏟아져 나오는 가운데서 『독립신문』과 독립 협회 운동이 이 담론의 형성에 기폭제 역할을 했다. 이 담론의 첫 단계에서 '충군애국'이 등장했다(고미숙). '황제 폐하'라는 용어가 여전히 공공의 영역에서 사용되기는 했지만 이제는 더 이상 봉건적 전제 군주가 아니라 근대적 입헌 군주제의 군주로 이해되었다. 즉 백성이 군주에게 위임해 준 권력을 행사하는 역할과 기능으로 이해되었다. 재미있는 점은, 이러한 국가 이해와 국민 의식을 불어넣어 준 인물이 서양 선교사로 설정되었다는 사실이다(고미숙). 청일 전쟁 이후 중화주의적 질서와 맞물려 있던 전제 군주의 표상이 대부분 소거되면서 그 질서가 쇠퇴하였고, 이제는 빈 공백으로 남겨진 그 표상의 자리에 입헌 군주제가 채워져야 하는데, 여기에 서양 문명이 새로운 대안으로 다가왔다고 한다. 그리고 "서양 문명국이 기독교로 표상되었다." 나라의 독립과 개인의 자유가 하나님(하느님)이라는 초월적 존재에 대한 복속으로 나아갔다.

이 무렵에 일부 지식인들이 애국과 부국강병富國強兵을 위하여 기독교를 변증하였다. 감리교 신문인 『신학월보』에 실린 '부자되는 법'이란 제목의 글에는 "우리나라(조선)의 우상 섬김, 미신, 타락한 전통 종교야말로 개인과 국가의 경제를 거덜내고 백성의 정신을 썩게 만든다."고 질타하였다. 반면에 오늘날 서양이 부강한 이유는 무엇보다도 "그 나라의 종교에 있다."고 전제한 다음, 서양의 정치 질서와 제도 또 사회 도덕과 풍습이 기독교 정신에 그 바탕을 두고 있다고 주장하였다. 또한 "우리나라 사람들 가운데는 지난날 주색잡기와 미신에 빠져 있다가 예수 믿고 새로운 삶을 시작한 다음부터 삶이 달라져서 지금은 경제적으로 윤택하고 도덕적으로 모범이 되었다."고 강조했다.

　1904년 러일 전쟁이 한창일 때, 『신학월보』(4권 8호: 1904년 8월)의 논설은 조선이 외국 군대의 싸움터가 된 서글픈 현실을 개탄하면서 "우리나라(조선)의 실낱 같은 혈맥은 다만 예수교회에 달려 있다."고 주장했다. 왜냐하면 성경의 모세나 예수께서 보여 주신 사람의 길은 "남을 위하여 목숨을 버리며 영원한 복을 위하여 목전에 좋은 것을 물리치신 것인바 지금 우리나라에서 이런 이치를 아는 자는 (오직) 예수교인뿐이요 이런 사정을 근심할 자도 (오직) 예수교인뿐"이라 보았기 때문이다. 이와 함께 이 논설은 "예수교인은 성경의 이치를 전국에 전파해서 … 나라와 동포를 구하는 길은 정치 법률에 있지 아니하고 교화로써 사람의 마음을 풀어 놓음에 있는 줄로 깨우치게 해야 한다."고 주장하였다. 그리고 "예수교인들이 2천만 잠자는 동포들을 깨우쳐야 할 사명이 있다."고 강조하면서, "(예수교인들이) 내 나라 내 동포의 건짐(구원)을 모른 체하면서 제 영혼 하나 구원을 얻고자 한다면 이것은 하나님의 참 이치와 예수의 근본 뜻을 알지 못하는 것이다."라고 지적하였다. 여기에서 '잠자는 동포를 깨우치는 일'이 곧 대중의 의식을 각성케 하는 일이라고 볼 수 있다.

계몽 담론 안으로 깊이 들어온 개신교는 이 담론에서 매우 중요한 의미를 가진 '서호문답'(『대한매일신보』, 1908년 3월 5-18일 연재)에서 "지금 예수교로 종교를 삼는 영(국) 미(국) 법(국)(프랑스) 덕국(독일)의 진보된 영관이 어떠하뇨. 우리 동포들도 이것을 부러워하거든 그 나라들의 승봉하는 종교를 좇을지니라."고 강조했다. 이 신문은 유·불·선교를 모두 가치 없다고 비판한 뒤, 예수교야말로 민족 구원의 유일한 길임을 선포하는 기치를 내걸었다. 이것은 '예수교'(개신교)와 민족 담론의 결합이었다.

그런데 1905년 을사 조약 이후 대한 제국(조선)의 국가 권력이 대부분 일본의 통감부로 이양되자 '충군'이 더 이상 힘을 발휘하지 못하게 되었다."왕조=국가라는 등식이 사라지게 되었다." 그러면서 이를 대체할 새로운 표상이 등장했는데 그것이 '민족'이었다. 이제부터는 민족이라는 표상이 "모든 개념을 빨아들이는 블랙홀이 되어 버렸다." 즉 민족 담론이 새로운 초월자로서 나타났다. 중국과 중화주의에 의지했던 조선의 백성이 이제는 서구 문명에 호기심을 갖게 되었고, 이 상황에서 민족 담론은 서구 문명의 위력에 의지하고자 했다. 그리하여 민족 의식에 대한 자각이 강하면 강할수록 근대 서구 문명화의 궤도를 따르고자 했다. 민족我을 강조할수록 서구 문명非我으로 다가서고자 했다. 개신교는 이런 점에서 천주교와 그 담론의 층위를 달리했다. 18세기부터 조선에서 포교된 천주교는 서양을 표상하기는 했으나 대체로 교리로 받아들여졌고, 조상 제사를 거부하면서 정치적 박해를 받아 왔다. 이러한 천주교와 달리 근대 계몽기에 전파된 개신교는 서구 문명을 등에 업고서 '문명의 빛'으로 다가왔다. 천주교가 오랜 세월 조선 정부와 갈등 관계 속에서 정치적 박해를 받았는데, 개신교는 정치에 개입하는 일을 자제하면서 의료·교육 등의 간접 선교를 통해서 구한말 계몽기에 기여했다. 이를 통해서 개신교는 근대 문명을 상징하는 종교로 비쳤고 또 근대 문명과 동일시되었다. 조선에 소개된 개신교는 다음과 같다. 세계에서 가장 부강하고 문명한 모든 나라는 개신교의 나라이고 또 개신교가 문명을 이루게 한 근본이므로 개신교를 믿어 문명을 이루어야 한다는 인식이었다. 문명 개화를 열망하는 조선인의 눈에는 서양 선교사가 살고 있는 근대식(서양식) 건물, 과학 기구, 생활용품 등 서양 문명이 개신교와 동일시되었다.

첫 내한 선교사들의 선교 활동 범위가 의료 사업과 교육 사업으로 한정되어 있었다. 그들이 목표했던 기독교 포교를 정부가 엄격하게 금지했다. 이런 상황에서도 예수 그리스도의 복음 전파와 교회 설립의 문이 조금씩 열렸다.

그런데 한국의 교회는 선교사가 이 땅에 오기 전인 1883년 황해도 소래에서 자생적 신앙 공동체로 세워졌다. 이 신앙 공동체의 기원은 만주에서 성경 번역을 중심으로 형성된 신앙 공동체로 거슬러 올라간다. 또한 1885년 봄 한국(조선)에 입국한 첫 선교사들은 일본에서 이수정이 번역한 한글 성경 쪽 복음서를 손에 들고 왔다.

네비우스(Nevius) 선교 원리와
토착 교회 설립

네비우스(Nevius) 선교 원리와
토착 교회 설립

1. 기독교 포교 금지, 선교사들이 드린 예배

제중원이 개원한 지 두 달이 지난 1885년 6월 21일에 몇몇 선교사들이 알렌의 주관으로 이 병원에서 예배를 드렸다. 알렌은 이 예배를 "조선(한국)에서 드린 첫 공식 주일 예배"라고 기록했다. 미국 장로교 북장로회 파송 의료 선교사 헤론John William Heron 부부가 이날 서울에 도착했는데, 이들도 이 예배에 참석했다. 그 이후로 매주일 제중원에서 선교사들이 예배드렸고, 이에 따라 '예배 공동체'가 성립되었다. 제중원은 조선의 법에 저촉되지 않는 치외법권治外法權 구역이었으므로, 법으로 금지된 종교 행위(예배)가 이곳에서는 가능했다.

제중원 예배 공동체의 성립은 두 가지 의미를 담고 있다. 첫째로 장로교 선교사 언더우드와 감리교 선교사 아펜젤러는 각자 다른 교파에 속했으나 그들이 함께 예배드림으로써 이 예배 공동체가 '연합과 협력'(에큐메니컬)의 성격을 가졌다. 둘째로 이 예배 공동체는 장차 조선인 교회가 생성되는 '씨앗'이었다. 물론 그때는 조선인에게 복음을 전할 수는 없으나, 나중에 이 예배 공동체에서 조선인들도 함께 예배드리게 되었기 때문이다.

제중원 예배 공동체의 첫 번째 성찬식이 1885년 10월 11일 거행되었다. 언더우드와 아펜젤러가 이 예식을 공동으로 집례했다. 이 자리에는 한국을 방문하고 있던 미국인 재일본在日本 선교사 루미스 Henry Loomis도 참석했고 또 미국 선박 마리온호의 선원들도 참석했다. 또한 제중원 예배 공동체의 첫 번째 세례식이 1886년 4월 25일 (부활주일) 거행되었다. 아펜젤러의 딸 엘리스Alice Rebecca Appenzeller와 스크랜턴의 딸 마리온Marion Fitch Scranton이 유아세례를 받았다. 그리하여 제중원 예배 공동체에서, 아직은 외국인들만의 예배이지만, 우리나라 개신교 역사의 새싹이 되는 첫 예배(1885. 6. 21), 첫 성찬식(1885. 10. 11), 그리고 첫 세례식(1886. 4. 25)이 거행되었다.

2. 노춘경이 세례 받음

1886년 7월 18일 제중원 예배 공동체에서 토착인(조선인)이 세례받는 사건이 일어났다.[2] 노춘경盧春京(일명 '노도사')이 자발적으로 나서서 세례를 받았다. 그의 세례를 언더우드가 집례했고 아펜젤러가 보좌했다. 노춘경은 자생적으로 기독교 신앙인이 된 인물로 알려져 있다. 1884년 가을 서양 문물에 호기심을 갖고 있던 노춘경이 선교사 알렌에게서 한문 성경의 쪽 복음(누가복음 등)을 빌려 갔다. 이것은 자기 목숨이 위태로울 수 있는 위험한 행위였다. 그는 알렌의 어학 선생으로 일하면서 알렌의 방에 있는 기독교 관련 서적을 몰래 읽으며 스스로 기독교에 관해 알아보고자 했다. 기독교 포교가 국법으로 금지된 상황에서 알렌이 그에게 직접 복음을 전하거나 기독교 진리에 관하여 소개할 수는 없었다. 그래서 알렌은 기독교에 관하여 그 어떤 내용이든 입 밖으로 표현하지 않았다. 의료 선교사인 그는 언제 어디서나 간접 선교를 시도했는데 진심을 담은 사랑으로 환자를 치료하는 방식으로 복음을 전하고자 했다.

어느 날 노춘경이 선교사 언더우드와 아펜젤러를 찾아갔다. 알렌의 입장과 달리, 보다 적극적으로 복음을 전하고자 했던 언더우드는 자기를 찾아온 노춘경에게 기독교 신앙 진리에 관하여 소개하고 설명했다. 노춘경과 언더우드는 함께 한문 신약성경 4복음서와 전도 서적을 읽어 내려갔다. 그가 『야소교 교리이지』耶蘇敎 敎理易知를 읽는 가운데서 드디어 기독교 진리를 깨닫고 신앙을 고백하게 되었다.

이제부터 노춘경은 외국인들 틈에 끼여서 제중원 예배에 참석하였다. 그는 자발적으로 세례 받기 원했다. 그의 세례식은 혜론의 집에서 (거행되었는데) 일하는 사람들을 모두 다 바깥으로 내보낸 뒤 문을 굳게 걸어 잠그고 커튼을 내리고 비밀리에 거행되었다. 수세자(노춘경)는 상투 끈을 풀고 맨머리로 세례를 받았다. 이처럼 노춘경의 세례 의식은 위험을 감수한 그의 결단에서 비롯되었고 또 선교사 언더우드에게도 추방될 위험을 무릅쓴 포교 행위였다.

3. 외국인연합교회(The Union Church in Seoul)

그러나 아직도 여전히 조선인(토착인)은 기독교 예배에 참석할 수가 없는 상황이었고 또 외국인들도 공개적으로 예배드릴 수가 없었다. 그러다가 1886년 7월 23일 선교사들이 조선 정부에게 이제부터 매 주일 11시 서울에 거주하는 외국인들이 미국 공사관 사무실에서 기 독교 예배를 드린다고 통보했다. 제중원 예배 공동체가 미국 공사 관으로 옮겨 가 또 공개적으로 예배를 드렸다. 11월 6일에 '외국인 연합교회'The Union Church in Seoul가 성립되었다.

그 이듬해(1887) 2월 이후부터는 외국인연합교회가 이제 더 이상 그들만의 신앙 공동체로 머물지 않았다. 선교사들이 세운 신식 학 교(배재학당, 언더우드 학당, 이화학당 등)의 학생들과 직원 등 조선인들이 예배 에 참석하기 시작했다.

4. 서상륜의 언더우드 방문, 새문안교회(서울) 창립

노춘경이 세례 받은 지 얼마 지나지 않은 때였다. 황해도 소래에 서 조선인 교회를 세운 서상륜徐相崙이 언더우드를 찾아왔다. 서상 륜은 1882년 4월 만주에서 스코틀랜드 연합장로교 소속 중국 선교 사 로스John Ross에게서 세례를 받았다. 1886년 12월 로스의 소개장 을 가진 그는 언더우드에게 소래로 와서 세례를 베풀어 달라고 요청 했다. 언더우드는 수년 전에—조선에서 기독교 포교가 엄격하게 금지된 상황이었기에—평안북도 지역에서 세례 받기를 간절히 원하는 조선인들을 데리고 압록강을 건너 중국 땅으로 건너가 접경 지역에서 세례를 베푼 경험이 있었다. 그는 이런 경험을 통해 조선인들이 자생적으로 기독교 신앙을 가진다는 점을 파악했다. 그리고 이제 서상륜의 초청을 받은 언더우드는, 그를 따라 소래로 가고 싶으나 아직도 여전히 기독교 포교가 금지된 상황이었으므로, 자신이 소래로 가는 대신에 그곳 교인들에게 서울로 오도록 했다.

1887년 1월 23일 주일에 소래에서 서울로 온 교인 3명(서경조·최명오·정공빈)이 언더우드에게 세례를 받았다. 이 가운데 한 명은 서상륜의 동생이자 소래 신앙 공동체의 지도자인 서경조였는데, 그는 훗날(1907) 한국 장로교회 첫 목사 7명 가운데 한 사람이 되었다. 이날의 세례가 그해(1887) 9월 첫 번째 한국 장로교회의 조직으로 이어졌는데 곧 정동교회(현 새문안교회)가 창립되었던 것이다. 그 일이 이렇게 기록되었다. "우리가 대문을 두드리자 대문이 열렸다. 창호지 문을 살짝 두드리자 방문이 열리고 우리는 방 안으로 들어섰다. 방 안에는 의장을 갖춘 학식 있어 보이는 남자 14명이 있었다. 이들 가운데서 한 사람이 이날 밤 세례를 받았으며, 무엇보다 제일 중요한 일은 장로 두 사람을 뽑는 일이다. 만장일치로 두 사람이 선출되었고 (이들이) 그 다음 주일에 장립을 받았다.[3] (이 두 사람은) 봉천에서 온 사람의 친척이었다. … 이날 교회를 세운 세례 교인 14명 중 13명이 봉천에서 온 그 사람…의 전도로 믿음을 지니게 되었다." '봉천에서 온 그 사람'은 서상륜을 지칭한다. 이리하여 세례 교인 14명으로 정동교회(새문안교회)가 1887년

9월 27일⁽화⁾ 창립되었다.

5. 네비우스(Nevius) 선교 원리를 선교 정책으로 채택

1) 계기

서울의 새문안교회가 설립되던 무렵, 조선인⁽토착인⁾들이 드문드문 언더우드를 찾아왔다. 이들 가운데는 생계를 위해 보수를 바라며 선교사의 조수 노릇을 하고자 신앙이 있는 척하는 경우도 더러 있었다. 또 이들 가운데는 선교사가 세운 신식 학교에서 교사로 일하고자 사정을 알아보기도 했다. 그런데 언더우드는 이들을 쉽게 선뜻 받아들이지 않고 며칠 동안 대화하면서 그들을 여러 측면으로 시험해 보았다.

이런 상황에서 언더우드는 조선 선교에 대하여 고민했다. 그는 선교에 대한 '무거운 책임감'을 느끼는 가운데서 (조선) 선교 현장에 대하여 '무지'無知하고 '무경험'無經驗하며 그리고 '무능력'無能力하다는 '자각' 의식을 갖고 있었다. 그러면서 그는 중국 산동에서 일하고 있는 선교사 네비우스John Livingston Nevius의 글을 정독하며 그의 선교 원리에 흥미를 갖게 되었다.[4] 1890년 봄 서울에 온 네비우스가 약 두 주간 머물면서 내한 선교사들과 여러 차례 모였다. 네비우스는 자신의 선교 원리를 설명했고, 이 설명을 들은 선교사들은 "깊이 숙고하고 기도한 끝에" 소위 '네비우스 방법'을 선교 정책으로 채택하였다. 이때 언더우드가 요약 정리한 네비우스 방법은 다음과 같다. 1) 모든 사람(토착인) 각자는 그리스도를 위한 교역자이어야 하고, 그는 자기의 생업을 가지고 스스로 생계를 해결해야 한다. 2) 토착인이 스스로 교회를 돌볼 수 있고 운영할 수 있는 범주 안에서 교회를 조직해야 한다. 3) 자질이 훌륭한 토착인을 전도인으로 선출하여 그의 이웃에게 복음을 전하게 한다. 4) 토착인이 그들의 예배당을 짓게 한다. 예배당은 이 나라의 전통 건축 양식에 따라 지어야 한다.

그리하여 미국 장로교 북장로회 내한 선교부는 한국에서 이제 막 시작된 개신교 선교를 위해 네비우스 방법을 채택했다. 그러나 선교사들은 이 방법을 한국의 실정에 맞게 창의적으로 선교 방법을 고안해 나갔는데 그 과정이 1890년부터 1930년대까지 약 40년 동안 진행되었다.

2) 선교 철학

네비우스 선교 원리를 채택한 미국 장로교 북장로회 내한 선교부 선교 정책의 첫 번째 단계는 선교 철학을 수립하는 일이었다.[5] 이 선교 철학에 따르면, 선교 현장에서는 토착 교회의 설립이 우선이고 그 뒤를 이어서 고아원, 학교, 병원 등 기독교 기관을 설립하는 단계를 밟게 했다. 설립된 기독교 기관은 교회의 발전과 성장을 위해 기여해야 한다. 그런데 네비우스 방법과 상반되는 선교 철학이 이미 아시아 여러 나라(인도, 버마, 일본 등)에서 상당 기간 시행되었는데, 이 선교 방법은 교회와 기독교 기관을 동시에 설립하는 것이었다. 예를 들어 인도에서 선교하는 선교사들은 엄청난 재원을 투입하여 아주 근사한 기독교 학교를 설립하고 또 최고의 시설을 갖춘 기독교 병원을 세웠다. 그렇게 투자한 목적은 토착인(인도인)이 기독교 병원에서 치료받는 가운데서 기독교가 아주 좋은 종교라는 인상을 갖게 하는 데 있었다. 또 토착인 아이들이 기독교 학교에서 배우는 가운데서 서양 문명의 우수함을 배우고 익히게 한다는 데 있었다. 이를 통해 토착인으로 하여금 서양 기독교와 서양 문명을 동일시하도록 하고 또 그들에게 서양 문명의 우수함과 우월성을 각인시키고자 했다. 특별히 기독교 명문 학교를 세우고 이 학교에 사회 부유층과 기득권층 자녀를 입학시킴으로써 기독교가 이방 나라(선교 현장)에서 상층부 지위를 차지하도록 꾀했다. 이것은 제국주의 선교 방식이었다. 서양(미국) 선교사들은 이러한 방식으로 서양의 제도와 기관 그리고 서양 문명을 아시아 여러 나라에다 이식시키고자 했다. 이 선교 사역의 이론적 배경이 되는 선교 철학은 이교도 국가를 기독교 국가 Christendom로 바꾸는 것이었다.

그러나 19세기 후반 미국 장로교의 북장로회에서 아시아 대륙 선교사 파송의 책임을 맡은 엘린우드Frank Field Ellinwood는 제국주의 선교 정책에 동의하지 않았다. 그래서 그는 한국에 파송되는 선교사인 알렌, 언더우드, 마펫Samuel Austin Moffett(마포삼열), 베어드William Martyn Baird(배위량), 아담스James Edward Adams(안의와) 등이 그와 같은 제국주의 선교를 되풀이하지 말아야 한다고 보았다. 그가 보기에 한국에 파송된 선교사가 해야 할 최우선 사역은 서양 문명을 전달하고 그 문명을 그

나라에 이식시키는 일이 아니라 복음의 기쁜 소식을 전파하는 것이 었다.

결국 '한국 실험'이란 뜻은 한국(조선)에서 시험삼아 실험적으로 시행해 보는 선교 방식인데, 미국 장로교가—조선(한국) 선교보다 한 걸음 앞서 선교한—아시아 여러 국가(인도, 일본 등)에서 실행한 선교 정책을 반성한 데서 비롯되었다. 즉 기독교와 서양 문명을 동시에 아시아에 이식한 선교 정책은 피선교지에서 서양식 학교와 병원을 세워서 서양 문명의 우수함과 우월성을 입증시키고자 주력했는데, 한국으로 파송된 선교사들은 교회 설립을 우선하는 가운데서 토착인을 존중하고 그들의 문화를 이해하는 데 주력하도록 했다. 이를 통하여 가난하고 미천한 토착인들 속으로 복음이 전파되는 데 초점을 맞추었다. 이것이야말로 예수의 뒤를 따르는 선교였고 또 19세기의 제국주의 선교 정책에 역행하는 하나님의 선교였다고 본다.

3) 선교 방법

네비우스 선교 원리는 자전自傳, self-propagation, 자립自立, self-support, 자치自治, self-government를 통한 토착 교회의 형성이었다. 자립 경제의 정신으로 스스로 자급 부담하여 교회와 학교를 설립하고, 독자적이고 독립적인 교회 치리가 네비우스 방법의 중심 알맹이였다. 그런데 이 당시 중국에서 사역한 선교사 대다수는 네비우스 선교 원리를 반대했다. 심지어 네비우스 자신이 일하는 산동에서도 이 선교 방법이 거부되었다. 한국 교회사 연구 분야에서 네비우스 방법에 대한 긍정적인 평가와 부정적인 비판이 나란히 양립하고 있다.

조선(한국)에서 토착 문화를 존중하고 그 문화를 활용하여 복음을 전하고자 했던 선교사들은 당시의 사람들이 항상 자연스럽게 모이는 '사랑방'과 '장날'(주로 5일장)을 잘 파악했다. 사랑방과 장날은 조선인에게 복음을 전할 수 있는 아주 적절한 선교 현장이었다. 그래서 이들은 이곳에서 복음을 전하는 선교 전략을 세웠다. 경상북도 대구에서 선교 활동을 시작한 베어드와 브루엔Hernry Munro Bruen(부해리) 역시 이 점을 잘 파악했다.

사랑방

사랑방은 남자들이 모이는 장소였다. 가옥의 전체 구조에서 사랑방의 위치는 주인이 거주하는 안채와 멀리 떨어져 있으면서 집 밖에서 안으로 들어오는 입구에 있었다. 길 가던 나그네가 저녁이 되면 제법 번듯한 집의 대문을 두드리고 주인에게 사정을 얘기해서 하룻밤 묵어 가는 사랑방이었다. 나그네가 며칠씩 숙박하기도 했다. 오늘날처럼 대중 매체가 없던 그 시절엔 동네 소식과 세상 돌아가는 소식이 사랑방을 통해 퍼져 나갔고 또 이 방에서 마을의 정보를 나누고 동네 여론도 형성했다.

이러한 사랑방을 선교사들이 복음 전파의 현장으로 잘 활용했다. 선교사들은 선교지부 건물 안에 사랑방을 만들기도 했다. 이들은 사랑방을 선교 활동의 중심 공간Center으로 활용했다. 이 방에서 선교사가 조사들을 만나서 사역에 관하여 의논했다. 기독교 신앙에 관심을 가진 동네 이웃들이 이 방을 기웃거렸고, 멀리서 온 길손을 이 방에서 재웠고, 이 방에서 손님들에게 식사를 제공했다. 선교사 베어드가 선교 본부로부터 가장 먼저 부여받은 일은 사랑방 운영을 위한 모금이었다. 거의 매일 손님들이 사랑방을 찾아왔다고 한다. 그는 방문객 일지를 기록하였다. 사랑방에다 그는 기독교를 소개하는 소책자, 쪽 복음, 그리고 기독교 소개 인쇄물을 비치했다. 사랑방에서 그는 동네 사람들과 대화를 나누며 복음을 전했고 또 기독교 서적을 번역했고 그리고 한글도 공부했다.

자주 대구 선교지부의 사랑방은 성경을 가르치는 교실로 사용되었다. 그러다가 대구에서 교회가 여기저기에 설립되면서 선교지부의 사랑방은 사라졌다.

대구 약령시(藥令市)

대구 약령시장은 전통적으로 봄(2월)과 가을(10월) 일 년에 두 차례 열렸다. 그런데 동학 혁명 이후에 그 전통이 쇠퇴했고, 선교사 브루엔이 대구에 왔을 때에는 가을 시장만이 활기를 띠었다. 약 6주 동안 열리는 가을 약령시장이, 그가 보기에, 복음을 전하는 최적의 기간이었다. 이 기간에는 대구 근처뿐만이 아니라 전국 각 지역에서 상인들과(약재를 채취한 사람, 약재 재배 농민, 의생醫生, 약종상 등) 소비자들이 모여들어서 약령시(남성로) 거리는 온통 노점상으로 가득 메워졌다. 브루엔과 아담스는 이 약령시를 적극 활용하여 복음을 전파했다. 시장의 중심부에 방 한 칸을 빌려서 기독교 서적을 판매하였다. 저녁에는 그 방에서 전도 집회를 하였다.

이러한 약령시 전도 활동이 대구에서 복음 전도 방식의 전통으로 자리잡았다. 1930년대에도 대구 제일교회 남전도회, 대구부 도당회, 교남 기독교 청년회YMCA, 그리고 경북노회 청년 면려회(C.E)가 각각 약령시 전도에 힘썼다.

1896년에 평양을 비롯한 여러 도시를 방문한 미국 장로교 북장로회 해외 선교부 총무 스피어Robert Elliott Speer는 귀국하여 약 47쪽의 보고서Report on the Mission in Korea of the Presbyterian Board of Foreign Missions를 작성하였는데, 한국에 '토착 교회'The Native Church가 정착되어 가는 상황을 자세하게 서술하였다. 이 보고서는 다음과 같이 마무리되었다. "(선교 현장에서) 우리의 교회를 설립하는 것이 아니라 오로지 그들의 교회를 설립해야 한다. … 우리는 모세와 예언자에 관하여 선포하는 자들이고 그 무엇보다도 그리스도에 관하여 선포하는 자들이다. 그래서 우리는 그리스도의 교회를 세우는 자들이며, 이 교회는 결코 제도로서의 교회 곧 미국의 제도 교회가 확장되는 것이 아니다. … 그리스도의 몸된 교회란 어떤 이념이나 제도로서의 교회가 아니며 사랑의 법으로 역사하시는 그분의 능력 안에서 세워지는 교회를 뜻한다." 이 말을 풀이해 보면, 선교는 미국 교회의 제도와 이념(신학)을 선교 현장으로 가져가서 그대로 옮겨 심는 것이 아니라 성경에 증언된 그리스도의 몸된 교회가 새로운 토양(문화)에서 새로운 형체로 자라나는 토착 교회를 뜻한다고 본다.

4) 교육 정책

1897년 미국 장로교 북장로회 내한 선교부는 이미 채택한 교육 정책을 구체적으로 실행하기 시작했다. 이때 윌리엄 베어드가 내한 선교부의 교육 자문Educational Advisor으로 일했고, 이 일을 위하여 그는 대구에서 이제 막 시작한 선교 사역을 중단하고 서울로 왔다. 그는 내한 선교부의 교육 정책을 수립하는 작업을 했다. 그는 1897년 내한 선교부 정기 연례 모임에서 '우리의 교육 정책'Our Educational Policy이라는 제목으로 그동안의 작업을 제출했다. 그 내용의 골격은, 선교부가 가장 우선해야 할 선교 사역은 토착 교회의 설립이고, 그 다음에 교회의 필요에 따라 교회 발전에 기여할 수 있는 학교, 병원, 고아원 등의 기독교 기관을 설립해야 한다는 것이었다. 또 학교 설립의 주된 목적은 토착 교회의 교인을 가르치고 양육하는 것이라고 보았다. 학생들이 자라나서 장차 "농부가 되고 대장장이가 되고 의사가 되고 교사가 되고 국가 공무원이 되고… (그들이 장차 어떤 분야에 종사하든) 모두 다 복음을 전파하는 전도자가 될 것"인데, 교회가 설립한 기독교 학교의 우선적인 목표는 교회를 섬길 교인 자녀의 교육이라고 제안했다. 이 제안을 내한 선교부가 선교 정책으로 채택했다.

이 선교 정책이 당장에 괄목할 만한 성과를 거두었는데, 전국에서 조선인 교회가 약 20-30곳 정도 초등학교를 설립했다. 학교 설립과 학교 운영을 조선인 교회가 자발적으로 주도했다. 내한 선교부가 하는 일은 학교의 교재 제작과 교사 훈련이었다.

첫 내한 선교사들에게 조선(한국)의 일상 생활 문화는 "불편하고 불결하며 비위생적이고 가난함"으로 부딪쳐 왔다. 선교사들은 선교 현장인 조선의 일상과 투쟁하는 가운데서 싫든 좋든 간에 그 문화를 몸에 익혀야 했다.

그런데 몇몇 선교사들은 그러한 투쟁 속에서 아주 수준 높은 정신 문화를 발견하게 되었다. 그러면서 이들이 한글의 가치를 발견했다. 이 점은 결정적으로 중요한 사건이었는데, 예수 그리스도의 복음을 토착 언어인 한글로 증언하는 가운데서 그 복음이 조선의 정신 문화 속으로 성육신했기 때문이다. 이 과정에서 성경이 한글로 번역되었다.

성경의 한글 번역은 또한 16세기 취리히 종교개혁에서 가장 중심 프로그램인 성경 번역(독일어 번역)의 유산을 계승한 것이었다.

제3강

토착 언어 속으로
성육신한 기독교 신앙

토착 언어 속으로
성육신한 기독교 신앙

1. 조선의 일상 생활 문화와 투쟁한 선교사

조선의 일상이 선교사에게 대체로 낯선 이질감으로 다가왔고, 여기에서 한층 더 그가 겪는 불편함과 불결함은 그로 하여금 조선의 일상 생활 문화를 거부하고 그것과 투쟁하도록 했다. 선교사는 몸에 배여 있는 모국(미국)의 생활을 그리워하며 그 생활 방식을 조선에서 그대로 유지하고자 했다.

캐나다 출신 선교사 게일James Scarth Gale이 조선의 일상 속에서 겪는 불편한 생활에 관하여 자세히 언급했다. 본국에서 날마다 빵과 고기를 먹고 커피와 우유를 마시던 그가 이곳에서 쌀밥이나 거친 잡곡밥과 소금에 절인 배추(김치)와 고추장으로 끼니를 해결해야 했다. 하루 세끼 식사야말로 그가 날마다 극복해야 할 선교 현장의 음식 문화였다. 또한 의자와 침대 생활에 익숙해 있는 그가 이곳에서 다리를 꼬고(양반다리) 방바닥에 앉는 일은 마치 고문당하는 체험이었다. 조금만 앉아 있어도 무릎과 엉덩이 뼈 그리고 발목 뼈가 끊어지듯 아파 왔다. 온돌방 체험은 더욱더 견뎌 내기가 힘들었다. 방바닥이 마치 '빵 굽는 오븐'처럼 달구어져서 잠자는 사람이 '빵으로 구워지는' 느낌이었다. 뜨겁게 덥힌 방 안에서 온몸이 시달리다 문득 잠이 들면 악몽을 꾸는데, 게다가 실내의 환기가 잘 되지 않아 사람의 맥박이 마구 뛰고 머리는 곤두서고 숨이 막혀 질식당할 것만 같았다.

게일은 또한 주택 환경의 비위생적인 불결함에도 적응해야 했다. 대다수 주택의 마당에는 농사에 쓸 거름(대소변)을 모아서 발효시키는 퇴비 구덩이가 있었는데, 이 구덩이에서 나오는 악취가 코를 막고 얼굴을 찌푸리게 했다. 집 바깥 도로에는 사람이 지나다니는 양편으로 생활 하수인 구정물이 도랑으로 흐르는데, 이 도랑에는 해충이 우글거렸다. 이 도랑물이 땅 속으로 스며들어 우물을 오염시키지 않을지 염려되었다. 또 썩어서 악취를 풍기는 야채 더미가 길가에 수북이 버려져 있었다.

해마다 여름이 오면 전염병이 도져서 전국적으로 많은 사람들이 앓아 눕고 목숨을 잃었다. 천연두와 콜레라가 가장 심각한 전염병이었다. 특히 1887년에는 콜레라가 온 나라를 휩쓸어서 수천 명이 쓰러졌다. 그 기세가 얼마나 대단했던지 아침에 멀쩡했던 사람이 정오에 사망하였고 또 한 가족 몇 명이 같은 날 사망하였다. 환자를 돌보던 선교사들은 자신도 전염병에 걸릴까 봐 무서워 벌벌 떨었다. 한번은 게일이 천연두의 발진으로 온몸이 부르튼 환자의 가정에 심방하였는데, 예배드리는 시간 내내 그는 이 질병이 자기에게 옮을까 봐 두려워하였다. 그는 마치 죽음에 포위된 느낌이었다. 이렇게 지독한 질병과 전염병이 대체로 불결하고 비위생적인 생활 환경에서 비롯된다고 판단한 선교사들은 이 환경과 투쟁해야 했다. 따라서 질병 퇴치와 위생 청결이 선교 활동의 주요한 과제였다.

2. 조선의 정신 문화와 한글의 가치를 발견

그런데 게일은 조선의 일상 생활 문화와 전혀 다른 토착 정신 문화를 발견하게 되었다. 게일은 이 나라의 일상이 불편하고 불결하며 비위생적인 데 반反하여 이곳 정신 문화의 수준은 대단히 높다는 점을 눈치채게 되었다. 겉으로 보이는 조선의 생활 문화는 매우 초라하여 별로 볼품이 없는데 그렇지만 그 내면에 들어 있어 보이지 않는 정신 문화의 수준은 매우 높다는 점을 알아챘다. 그는 이 나라 사람들이 본래 '책읽기를 좋아하는 민족'이고 '학문을 좋아하는 심성'을 가져서 매우 '높은 교육열'을 가졌다는 점을 파악했다. 또 그는 조선에서 발달된 학문(인문학)의 수준을 높이 보면서 "학문적 성과로 따져 본다면 조선의 (유)학자들의 업적이 예일 대학이나 옥스포드 대학 그리고 존스 홉킨스 대학 출신보다 높다."고 평가했다. 그는 차츰 조선의 정신 문화를 '존중'하게 되었다.

한 걸음 더 나아가서, 게일은 조선의 예절 문화가 성경의 히브리 문화와 친화력이 높다는 점을 발견했다. 성경의 다윗, 다니엘, 베드로, 그리고 바울 시대의 문화가 조선에 다시 살아난 듯 착각하게 했다. 이를테면 다윗이 사울 앞에 고개를 숙이고 경배하듯이(삼상 24: 8) 조선 사람들도 그렇게 고개 숙여 절을 했다. 성경의 히브리 사람들이 '샬롬' 하며 인사했는데, 조선 사람들도 인사할 때마다 비슷한 뜻을 가진 '안녕'이라 인사했다. 이와 관련하여 성경의 내용이 "서양인에게보다도 조선인에게 훨씬 더 명료하게" 들린다고 보았다. 예를 들어 예수께서 어느 중풍병자에게 "일어나 침상을 들고 집으로 가라"고 명하셨는데(마 9: 5-7), 이 말씀을 게일이 본국(캐나다)에서는 잘 이해할 수가 없었다. 중한 병을 앓던 허약한 사람이 어떻게 거창하고 무거운 침대를 혼자서 지고 갈 수 있는지 매우 의아했던 것이다. 그런데 그는 조선에 와서야 이 내용을 잘 이해할 수 있게 되었다. 이곳의 침상은 서양의 침대가 아니라 아침 저녁에 방바닥에다 간단히 개고 펴는 이부자리이기 때문이었다.

게일은 조선인의 관습과 언행에 배어 있는 '체면 문화'도 잘 이해했다. 그는 요한복음에 등장하는 니고데모가 체면 차리기에 익숙한 전형적인 조선의 인물과 같다고 보았다. 니고데모가 자기의 체면이 깎일까 봐 인적이 드문 한밤중에 예수를 찾아온 것이 아닌가? 이처럼 게일은 조선의 사회 관습과 예절 문화가 성경의 히브리 문화와 친화력이 있다는 점을 발견하였다.

게일이 조선 정신 문화의 가치를 발견하고 또 그 문화를 존중하는 과정에서 한글의 가치도 발견했다. 그는 감탄과 탄식을 한꺼번에 토해 냈다. 한글이야말로 누구나 '배우기 쉽고' 누구에게나 익히기 '간단한' 글인데, 그러나 한글 창제 이후 이 나라에서 이 글이 거의 사용되지 않았고 도리어 멸시만 당해 왔는데, "서기 1445년에 발명되어 조용히 먼지투성이를 (뒤집어쓰고) 자신의 때가 오기를 기다리고 있었으니" 이것이야말로 "하나님의 신비한 섭리 가운데서" 선교를 위해 "준비된" 아주 훌륭한 언어라고 감탄하였다.

　게일뿐만이 아니라 다른 선교사들도 복음 전파를 위한 한글의 가치를 발견했다. 이 점은 하나의 획기적인 사건이었는데, 예수 그리스도의 복음을 토착 언어인 한글로 증언하는 가운데서 그 복음이 조선의 정신 문화 속으로 성육신하기 때문이었다. 그러나 선교사에게 한글 배우기가 결코 쉬운 일이 아니었다. 내한 선교사들은 선교 사역을 시작하면서 토착 언어인 한글을 배우느라 애쓰며 곤욕을 치러야 했다. 선교사의 한글 학습을 위하여 매년 1단계에서 3단계에 이르는 학습 과정이 개설되었다. 모든 선교사는 일 년에 3차례 아주 엄격한 한글 시험을 반드시 통과해야 했다. 당시에는 『한불자전』韓佛字典이 한글 학습에 큰 도움을 주었다. 게일도 조선에 도착한 이후 3년 동안 한국어를 배우고 한글을 익혔으며, 또한 날마다 한문 공부를 했다.

　게일은 한글 문법을 연구하여 『문법책』Grammatical Forms을 출판하였다. 『한영자전』Korean-English Dictionary도 출판하였다. 사전 편찬은 선교사의 한글 학습을 위한 작업이었을 뿐만이 아니라 한글 발전에 초석을 놓은 일이기도 했다. 언더우드 역시 선교사의 한글 학습에 필요한 사전을 만들었다. 그는 1885년부터 5년 동안 한글 단어를 체계적으로 수집하고 정리하였다. 그는—여러 선교사들의 선행 작업을 바탕으로—사전을 만들면서 한글 맞춤법의 표준도 만들었다. 그는 한글의 단어를 낱낱이 『한불사전』과 대조하여 표준 맞춤법을 만들었다. 이 사전이 완성되자 일만 개의 단어와 동의어가 정리되었다. 물론 이 방대한 작업을 혼자서 해낼 수가 없었다. 게일과 헐버트 그리고 송순용이 제작에 동참하였다. 드디어 1890년에 『영한자전』과 『영한문법』이 완성되었다. 사전의 제작은 성경을 한글로 번역하기 위한 선행 작업이고 또 한글 성경의 기초 작업이라고 본다.

3. 만주와 일본에서 선행된 한글 성경 번역[6]

이미 중국 만주에서 성경을 한글로 번역하는 작업이 시작되었다. 1877년 여름 중국 만주에서 성경이 우리말로 번역되기 시작했다. 번역자는 스코틀랜드 연합장로교 소속 선교사 로스John Ross와 그의 한국어 선생인 의주에서 온 상인 이응찬李應贊이었다. 이들은 신약성경 요한복음과 마가복음을 번역하였는데, 한문 성경 신약전서문리『新約全書文理』(1852년 번역)를 한글로 옮겼다. 이 무렵 로스를 만난 서상륜徐相崙이 신약성경 번역(누가복음)에 참가했다. 그 이듬해(1879) 초반 로스가 안식년 휴가로 귀국했고, 번역 작업을 매킨타이어John Macintyre가 이어받았다. 의주 출신 한국인 10여 명이 신앙 공동체를 이루고 성경을 우리말로 번역하였다. 성경 번역에 참여한 한국인 대다수는 의주에서 온 상인이었다. 이들은 서북 지역 자립적 중산층을 형성했으며 한문과 중국어(만주어)에 능통한 학인學人이었다. 이들은 기독교 교리를 배우거나 세례를 받기 위해 로스와 매킨타이어를 찾아갔다가 번역자로 일했다. 짧게는 한두 달 길게는 여러 해 동안 성경 번역에 참여했다. 현재 그들의 이름을 낱낱이 파악할 수 없는데, 지금까지 알려진 사람은 이응찬, 백홍준, 김진기, 서상륜, 서경조, 이성하, 이익세, 최성균 등이다. 성경 번역 이후에, 고향으로 돌아간 그들은 권서 등으로 전도 활동을 하였다.[7] 헬라어 성경(원어 성경)을 참조하면서 번역이 진행되었다. 번역자가(대표 이응찬) 한문 성경에서 번역 초안을 만들어 놓으면, 매킨타이가 헬라어 성경을 대조하며 번역문을 검토하였고, 검토된 번역문을 선교사와 번역자가 함께 살펴보았고, 최종 수정된 원고를 이응찬이 정서하였다. 1881년 5월에 로스가 만주로 돌아왔다. 9월부터 로스는 매킨타이어와 한국인 번역자들이 작업한 번역 원고를 수정하고 다듬는 작업을 하였다. 그 결과물이 『예수셩교누가복음젼셔』(1882)였다. 1887년에는 신약 『예수셩교젼셔』가 완간되었다.

일본에서 기독교 신앙인이 된 이수정이 이 나라에서 세례를 받고 (1883년 5월) 미국 선교사 루미스H. Loomis(요코하마 주재 미국 성서공회 일본 지부의 총무)의 제안에 따라 성경을 번역하기 시작하였다. 그는 한문문리성경을 대본으로 하여 일본어 성경을 참고하며 성경을 번역하였다. 한문문리성경에다 이두식으로 토吐를 붙이는 『懸吐漢韓현토한 신약성경』을 완성해 나갔다.[8]

4. 국내에서 진행된 한글 신약성경 번역

1885년 이래로 조선에 들어온 선교사들은 로스역과 이수정역을 인정하려고 했다. 그러나 언더우드는 로스역에 대하여 비판적이었다.[9] 1886년 4월, 그는 의주 지역 방언으로 번역된 이 성경이 전국적으로 통용될 수 없을 것이라 판단했다. 이 무렵부터 선교사들 사이에서 소위 '로스역 논쟁'이 시작되었다.[10] 로스역 성경 판매의 실적과 사용 실태를 몇 해 동안 지켜보는 동안에, 이 성경에 한문체가 많고 의주 지역 방언으로 번역되었으며 또 인쇄 상태가 썩 좋지 않다는 점이 드러나면서, 이 역본의 인쇄를 중지하자는 결론이 났다. 성경 번역 사업의 책임이 서울 선교사들에게로 넘어왔다. 성경 번역을 위하여 조직된 '상임성서위원회'(1887)는 1890년에 로스역의 개정을 포기하고 성경을 새로 번역하기로 결정하였다. 그런데 위원회가 제대로 운영되지 못하였고, 몇몇 개인이 신약성경을 부분적으로 번역하였다. 1892년에 개인역으로 『마태복음젼』, 『ᄉ도ᄒᆡᆼ젼』이 발간되었다.

1893년 5월 16일, 이제까지 거의 실적이 없었던 상임성서위원회를 해체하고 상임성서실행위원회(1893-1903)를 조직했다. 이 위원회와 그 아래 소속된 번역자회가 채택한 성경 원본은 옥스퍼드에서 발간된 팔머의 헬라어 신약성경 *The Greek Testament with the Readings Adopted by the Revisers of the Authorized Version*, ed. by E. Palmer, Oxford, 1881을 대본으로 하고 대체로 영어 성경 개역본(RV, 1882년판)과 흠정역 영어 성경KJV을 사용하였다. 선교사들은 헬라어 성경과 영어 성경을 대본으로 삼아 번역하고, 한국인 조사는 한문문리(Delegates' Version: 文理)신약전서를 대본으로 번역하되 일본어 성경도 참고하였다. 성경 번역에 참가한 이들은 송순용宋淳容, 조한규趙閑奎, 최병헌崔炳憲, 김명준金明濬, 이창직李昌稙, 이원모李源謨, 정동명鄭東鳴, 홍준洪埈 등이다. 이들은 한학에 조예가 깊었고, 대다수 서울이나 중부 지방 출신이었다. 로스역 번역자가 한문과 중국어에 능한 서북 지역(의주) 출신의 상인이었다는 점과 대조적이다. 한국인 번역자는 개인역 단계에서 한문문리신약전서를 비롯한 여러 한문 성경을 대본으로 한글 초역을 담당했다. 이들은 선교사를 도와 번역에 자신의 의견을 제시하면서 단어의 본디 뜻을 밝혀 내고 문장이 쉽게 술술 읽히도록 동역하였다. 그러나 이들에게 시험역에 대한 표결권을 주지 않았다.

1896년까지 약 3년 동안 진행된 성경 번역 사업은 개인역 단계와 수정역 단계에 머물렀다. 1896년에 마태복음에서 사도행전까지 개인역으로 출간되었다. 이 무렵에 한국 개신교는 크게 부흥하고 있었다. 특히 청일 전쟁(1894) 이후에 신자의 수가 급증했다. 이와 함께 성경의 수요가 쇄도하였다. 이러한 수요에 발맞추어, 성경 번역자들은 공관복음서, 사도행전, 사도 바울의 서신을 번역해 나갔다. 1900년 5월에 신약성경 전체의 2/3 가량을 번역자회의 공식적 의결을 거쳐 시험역으로 내놓았다. 그러나 실제로는 복음서와 사도행전 그리고 로마서만 시험역이었고, 나머지는 이 단계에 이르지 못하였다. 그럼에도 불구하고 이 시험역과 개인역 단계의 서신서를 함께 묶어서 임시 방편이나마 신약성경 단권을『신약전서』출간하였다. 1900년 5월 8일은 성서공회주일이었다. 이날 아펜젤러는 정동교회에서 단권으로 묶인 신약성경을 손에 들고 감격에 차서 설교하였다.

5. 한글로 번역된 성경: '구역'(舊譯)

　신약성경을 단권으로 출판한 이후, 성경 번역 사업은 두 가지 방향으로 진행되었다. 하나는 이미 출간한 신약성경을 공인역으로 만드는 작업이었고, 또 다른 하나는 이제부터 비로소 구약성경을 번역하게 되었다. 아직까지 『시편촬요』 외에는 번역된 구약성경이 없었다. 신약성경 개정 작업은, 선교사 번역자들의 잇단 안식년 휴가 때문에, 1902년 10월까지 제대로 추진되지 못했다. 설상가상, 그해 6월 번역자 독회에 참석하기 위해 목포를 향해 떠났던 아펜젤러H. G. Appenzeller가 조사 조한규와 함께 군산 앞바다에서 사고로 순직하였고 이와 함께 번역에 필요한 귀중한 자료도 바다 속으로 들어갔다. 10월부터 선교사 게일, 언더우드, 그리고 레이놀즈W. D. Reynolds가 개정 작업에 전념하였다. 드디어 1904년 5월에 신약전서의 개정이 완성되었다. 그러나 이 원고에서 무려 1,000개 이상의 오류와 철자법의 혼동이 발견되었기에, 심히 불완전한 신약성경 공인역이 출판되었다.

　1905년 2월 15일부터 번역자회는 미완성의 공인역을 수정하기 시작했다. 1년 동안 추진되었다. 번역을 위한 대본은 1881년에 옥스퍼드에서 발간된 헬라어 신약성경이었다. 1906년에 공인역 『신약전서』 2만 부가 발간되었다. 이 신약성경은 1938년 『신약개역』이 발간될 때까지 30여 년 간 한국 교회가 공식적으로 사용했고, 개역 (1938년판)과 구분하기 위하여 '구역'舊譯이라 했다.

1900년에 『신약전서』가 단권으로 묶여 나오고 1904년 임시역 신약전서가 발간되는 과정에서, 한글보다는 한문에 익숙한 양반 지식층 기독교인을 배려하는 국한문 혼용본 신약전서가 요구되었다. 그러나 1903년까지만 해도 다수의 선교사들은 네비우스 선교 정책에 따른 한글 성경 번역에 만족하고자 했는데, 언더우드와 게일이 국한문 혼용본을 주장하였다. 두 선교사는 이 당시 독립협회 사건으로 감옥에 갇혀 있는 양반 지식인에게 복음을 전하고 있었다. 1904년 7월 27일 실험적 의미를 담아 신약성경 복음서(공관복음)의 국한문 혼용본이 출판되도록 했다. 번역자는 유성준兪星濬이다. 1906년 4월에 영국 성서공회와 미국 성서공회가 함께 『신약전서』新約全書를 발간했다. 발간 직후에 이 성경을 황제 고종에게 헌정하였다.

구약성경의 한글 번역은 신약성경의 번역에 비해 늦게 시작되었다. 1897년부터 구약성경이 부분적으로 번역되기 시작했다. 미국 성서공회의 권서였던 피터즈Alexander Albert Pieters가 그해 7월에 시편 번역을 시작했고,[11] 또 이때 발간된 『조선 그리스도인 회보』에 사무엘서와 열왕기서가 개인역으로 번역되어 실렸다. 1899년에 상임 성서실행위원회가 번역자 아펜젤러, 레이놀즈William Davis Reynolds, 게일, 스크랜턴W. B. Scranton 등에게 각각 번역할 부분을 나누어 주었다. 그 이듬해 2월에 게일이 사무엘상·하, 아펜젤러가 창세기, 언더우드가 시편 번역을 개인역으로 완성하였다. 그렇지만 대부분의 번역 작업이 제대로 진행되지 못했다. 구약성경의 본격적인 번역은 1904년 10월부터 신약성경의 공인역을 출판한 다음에 진행되었다. 그렇지만 이 번역의 수정 작업 때문에, 또다시 1년 가까이 구약성경 번역이 뒤로 미루어졌다. 이러한 가운데 1906년에 그나마도 창세기와 시편 번역이 완성되어서 출간되었다.

　부진한 구약성경의 번역에 박차를 가하고자, 1907년 봄에 한국인 번역 조사 이창직과 김정삼이 선교사 레이놀즈와 함께 번역 위원(3명)으로 임명되었다. 이것은 한국 장로교회의 첫 목사 안수(1907년. 7명)에 버금가는 획기적인 사건이었다. 지금까지는 한국인 번역 조사들에게 발언권만 주고 표결권을 주지 않았는데, 이제부터는 이들이 선교사와 동등한 자격을 가지고 일하였다. 번역 위원이 열심히 번역하여 그해 6월까지 출애굽기 번역을 마쳤다. 지난해(1906) 출간된 창세기와 시편 번역에 이어서, 잠언, 출애굽기, 사무엘 상·하, 말라기를 출간하였다. 1909년까지 레이놀즈를 비롯한 번역 위원이 에스더, 아가, 에스겔, 다니엘 번역을 마쳤고, 게일은 욥기와 호세아를 번역하였다. 이어서 게일은 예레미야를 완역하였다. 언더우드는 소선지서를 번역하여 레이놀즈에게 보냈다. 1910년 봄, 드디어 구약성경의 번역이 완성되었다.

　1911년에 『구약전서』가 출간되었다. 2,650면의 방대한 분량이라 상하 2권으로 출판되었다. 상권은 창세기-역대하(1,350면), 하권은 에스라-말라기(1,300면)이다. 1911년에 완성된 구약전서를 1906년에 공인된 신약전서와 함께 일반적으로 '구역'舊譯이라 부르는데, 1938년과 1956년 그리고 1961년에 발간된 '개역'改譯성경과 대비되었기 때문이다.

6. 개역성경(1938)

1911년 구약성경 한글 번역이 완성되어 출판됨으로써 신구약 한글 성경이 교인들 손에 들려졌다. 그런데 이미 그때부터 성경의 '개역'이 필요하다는 의견이 개진되었다. 신약성경은 그동안 두 번에 걸쳐(1904, 1906) 개정 작업을 하였기에 그런대로 만족할 수 있었던 반면, 구약성경은 대부분 1907년부터 3-4년 동안 짧은 기간에 번역이 진행되었고, 게다가 번역자들이 개별적으로 작업하였으므로 공동의 수정 작업이 필요했다. 그리하여 구약성경의 개역 작업을 먼저 착수하게 되었다.

구약성경이 출판된 직후에, 구약 '개역자회'The Board of Revisers가 구성되었다. 개역 작업은 처음부터 난관에 부딪혔다. 잦은 위원 교체와 사임이 가장 큰 원인이었다. 가령 레이놀즈는 이제까지 15년 동안 성경 번역 작업에 매달려 왔으므로 심신이 지쳐 있었기에 위원직을 사임하였다. 그 대신 자문역을 맡았다. 1916년에는 성경 번역에 가장 오랫동안 참여해 온 언더우드가 사망하였다. 1920년 호주 장로교 소속 엥겔Gelson Engel이 개역 위원으로 들어왔고 또 미국 장로교 북장로회의 어더만Walter C. Erdman이 위원으로 들어왔다. 게다가 위원회의 번역 방침을 둘러싸고 갈등과 불화가 일어났다. 언더우드 사

망 이후, 게일이 위원회의 회장직을 맡았는데 그는 '조선어풍'朝鮮語風
번역을 추구했다. 이것이 다른 몇몇 위원과 마찰을 빚었다. 결국 게
일이 스스로 위원직을 사임하였다.[12] 개역 작업이 계획대로 추진되
지 못했다. 1926년 히브리 성경에 능통한 피터즈, 미국에서 신학 공
부를 마치고 돌아와 장로회신학교(평양) 교수로 취임한 남궁혁南宮爀,
미국 프린스턴 신학교에서 구약을 전공하고 돌아온 김관식金觀植, 베
어드의 조수였던 김인준金仁俊이 위원으로 들어왔다. 그러자 개역 작
업이 활발해졌다. 개역 작업을 1931년 이전에는 베어드가 주관했
고, 그 이후에는 피터즈가 주관했다.

구약성경의 개역 작업은 이렇게 진행되었다. 1925년 창세기의
개역이 마무리되어 인쇄되었고, 1926년에는 출애굽기와 레위기가
마무리되었으며, 1930년에는 구약성경 39권 중 17권의 개역 작업
을 완료하고 발간하였다. 마침내 1936년 봄 모든 작업을 끝마쳤고
그해에 『구약전서 기역』이 발행되었다. 1936년 일단 완성된 개역 구
약성경은 다시 일부 수정되어 1938년 발간되었다. 시작한 지 25년
만에 마무리되었다. 이 작업에 참여한 번역자 수는 선교사 11명 한
국인 4명(특히 이원모와 김인준)이었다.

신약성경의 개역 작업은 1926년 신약 개역자회가 조직되면서 시
작되었다. 미국 장로교 남장로회의 원S. D. Winn, 호주 장로교의 컨닝
햄Frank William Cunningham, 북장로회의 로스Cyril Ross(노세영)가 개역 위원으
로 임명되었다. 이 작업이 1937년에 마무리되었다. 그해에 단편으
로 4복음서와 사도행전이 인쇄되어 출간되었고, 그 이듬해에 개역된
『신약 개역』이 발행되었으며 신·구약이 합본되어 『성경 개역』이 발

행되었다.

7. 개혁교회의 유산을 이어 가는 한글 성경 번역

이제 잠시 한국 장로교회의 뿌리인 16세기 스위스 개혁교회에서
진행되었던 성경 번역의 역사를 살피고자 한다. 1520년대 취리히에
서 일어난 종교개혁이 세계 개혁교회reformed church의 시작이었고, 이
종교개혁의 중심에는 성경 번역 운동이 있었다. 종교개혁자 츠빙글
리H. Zwingli의 주도 아래 하나님의 말씀Text을 취리히의 상황Kontext에
서 도시 국가 취리히의 대중 언어(독일어)로 번역하는 작업이 종교개
혁의 중심 내용이었다.[13] 하나님의 말씀인 성경을 독일어로 번역한
것은 '말씀이 육신이 되셨던' 성육신이 16세기 독일어권 취리히에
서 재현된 사건이라 해석할 수 있다. 하나님의 말씀은 오직 예수 그
리스도 안에서 선포되어 구원 사건이 일어나며, 그 말씀은 또 오직
성경을 통해 구원 말씀으로 증언된다. 츠빙글리는 성경이 새 시대
에 새롭게 하나님의 말씀으로 들리도록(깨달아 알게 되도록) 증언했고, 신
구약성경의 모든 본문은 예수 그리스도 복음의 빛으로 그 뜻이 밝혀
져야 하는데 이 성경 곧 하나님의 말씀은 하나님의 주권과 자유하심
속에서 성령의 역사로 그 뜻이 환히 밝아 온다고 강조했다.

취리히 종교개혁과 더불어 세 가지가 새롭게 시작되었다. 성경
번역과 주석에 집중된 신학 교육, 성경 주석에 기반한 설교, 그리고
성경에 근거하여 진행된 학문적·실천적 신학 논쟁Disputation이다. 이

모든 것에 성경이 항상 중심에 있었다.

원어 성경을 번역하는 작업은 하나님의 말씀을 일반 대중이 잘 이해하는 언어(독일어)로 번역하여 널리 반포하려는 의도가 전제되어 있었다. 그래서 번역된 성경(독일어 성경)을 출판했다. 1531년에 독일어로 완역된 신구약성경이 『취리히 성경』이란 이름으로 출간되었다. 이를 통하여 새로운 변화가 일어났는데, 그때까지는 예배 공동체의 모두가 한자리에서 하나님의 말씀을 들었는데, 이제부터는 예배 공동체의 각자가 개별적으로 그 말씀을 토착 언어(독일어)로 읽게 되었다.

16세기 스위스 취리히에서 시작된 개혁교회와 19세기 말에 출발한 한국의 장로교회를 동시에 떠올려보면, 양자兩者를 이어 주는 역사적 연결점은 없다. 시간적으로 약 400년의 시차가 있고 또 공간적으로도 서로 접촉점이 없다. 그런데 스위스에서 시작된 개혁교회의 유산이 우회적으로 영미권 선교사들을 통해 한국으로 전래되었다고 본다.

이어서 한국에서 1948년 이후에 개역성경 수정 작업이 착수되었고, 1961년 『개역성경전서』가 출간되었다. 이 성경을 한국 개신교가 최근까지(『개역개정판 성경전서』가 출간되기까지) 널리 사용해 왔는바 '강대용 성경'(또는 예배용 성경)으로서 그 권위를 인정받았다. 『개역성경』(1938년판)을 개정하기 위해 1983년부터 준비 작업이 시작되었고, 1993년 8월에 대한성서공회 주관으로 한국 개신교 17개 교단 대표(성서학자, 목회자, 국어학자 등)로 구성된 '성경전서 개역한글판 개정감수위원회'가 조직되었다. 1995년 11월에 『개역개정판』 신약이 먼저 출판되었다.

그 이후 구약성경 개정 작업이 1997년 6월에 마무리되었고, 11월에 『성경전서 개역개정판』 2,000부가 감수용(비매품)으로 출판되었다. 이 성경에 대한 각계의 의견을 수렴한 후, 1998년 8월 말에 『성경전서 개역개정판』 초판이 발행되었다. 개역개정에 사용된 원전 성경은 구약 슈투트가르트Stuttgart 히브리 성경BHS을 신약 네슬레-알란트Nestle-Aland판을 사용했다. 그런데 초판과 재판(2000)에서 몇몇 실수가 발견되고 문제점이 제기되어서 수정 작업을 거친 제3판(2003)과 제4판(2006)이 발간되었다.

한국 개신교 약 130년의 역사 가운데서 한글 성경 번역은 가장 중요한 의미를 가지고 있다. 1882년에 출간된 『예수성교누가복음전서』에서부터 2006년에 출간된 『성경전서 개역개정판』(제4판)에 이르기까지, 한국 교회는 성경을 여러 차례 새롭게 번역하였다. 이러한 성경 번역의 역사는 이중적인 뜻을 내포하고 있다. 한편으로는 '하나님의 말씀을 사랑하는 성경 중심의 한국 교회'를 확인하고, 또 다른 한편으로는 성경의 '원문'이 한 차례의 번역으로 그 뜻을 완벽하게 옮길 수 없으니 계속 번역 작업을 착수해야 한다는 점을 말해준다. 이 점에서 성경 원문에 철저하려는 번역이 앞으로도 계속 나오리라 본다.

한글 성경 번역의 역사는 국어 발달사와 직결되어 있다고 본다. 성경이 한글로 번역되기 시작한 19세기 후반에는 한글 철자법조차 정리되어 있지 않았다. 한글이 우수하고 배우기 쉬운 언어임에도 불구하고 오랜 세월 그 가치를 인정받지 못한 채 천대를 받아 왔다.

그런데 성경의 한글 번역이 진행되면서 한글의 맞춤법과 철자법이 함께 정리되기 시작했다. 이 글에서는 자세히 다루지 않았으되, 성경 번역의 예비 단계로서 선교사 로스와 그 동역자들이 『한국어 교본』Corean Primer을 발간하였고(1877), 그리고 게일과 언더우드 등이 사전을 출판하였는데, 이것이 한글의 정착과 발전에 획기적인 공헌을 했다고 본다. 사전 발간 이후에 진행된 성경의 한글 번역은 이 땅에 복음이 한국인의 심성과 한국의 정신 문화 속으로 뿌리를 내리는 데 결정적인 역할을 했다. 그리하여 한글 성경 번역 과정에서 이루어 낸 국어 발달사를 보다 더 깊이 연구하는 과제를 상정해 본다.

한국 장로교회는 첫 세대부터 사람을 길러 내고 인재를 양성하는 데 크게 힘썼다. 구한말 시대 특히 20세기 초반에 처한 사회 정치적 상황에서 교회는 위기에 빠진 나라를 구해 내고자(救國) 열정적으로 교육에 힘썼다. 교회는 일반 학교 교육의 현장에서는 '기독교 학교'를 설립했고 또 교회 교육 현장에서는 '주일학교'를 설립했다. 이것이야말로 '교회 곁에 학교 혹은 교회 안에 학교'라는 칼뱅(Jean Calvin) 개혁교회의 유산을 한국 장로교회가 계승한 것이다.

제 **4** 강

사람을 길러 내는 교회

사람을 길러 내는 교회

1. 교회의 기독교 학교 설립

1) 초등학교

　네비우스 선교 원리를 선교 정책으로 채택한 미국 장로교 북장로회 선교부는 학교를 설립하고자 교육 정책을 수립했다. 1897년 선교부가 채택한 '우리의 교육 정책'Our educational policy은 "학생들을 (교회와 사회의) 일꾼으로 자라게 하고, 이를 위하여 학교는 학생들의 신앙 증진과 정신 함양을 위해 교육시켜야 할 것이며, 그 무엇보다도 이 학생들이 교회의 주축이 되어서 토착 교회native church를 조직하게 해야 한다."고 밝혔다. 이들이 장차 "농부나 대장공이 되건, 의사나 교사가 되거나 혹은 정부의 관리가 되든 간에 복음을 전하는 능동적인 복음 전도자가 되어야 한다."고 했다. 이와 함께 학교 운영의 재정 정책에 변화가 왔다. 언더우드 학당의 경우에 그때까지는 선교부가 학당에 드는 모든 재정을 감당해 왔는데, 이제부터는 학비의 일부라도 부담할 수 있는 학생에 한하여 입학을 허락하였다.

그런데 내한 선교사만이 기독교 학교를 설립한 것이 아니라 조선(한국) 교인도 기독교 학교를 설립하였다. 1895년 조선 정부가 교육의 근대화를 추진하려고 학부學部를 조직했는데, 바로 이때 서울의 신문내(새문안)교회가 영신학당永信學堂을 세웠다. 이 학교의 설립은 미국 선교사가 교회 안에 세운 구세학당救世學堂의 발전에 힘입었다. 구세학당의 학생인 송순명松淳明이 영신학당의 선생으로 가르쳤다. 그리하여 선교사들이 운영하는 기존의 기독교 학교와 토착인(한국인) 교인이 세운 기독교 학교가 함께 양립하였다. 그런데 10년 전 상황을 기억 속으로 떠올리면, 그 당시엔 부모들이 선교사를 '양귀자'(서양 귀신)라 부르며 자녀를 그들이 세운 신식 학교로 보내려 하지 않았다. 그러나 이제는 조선 교인 스스로가 이 학교를 설립하였다. 같은 해 평안도 용천군 신창新倉교회, 정주군 정주읍定州邑교회, 박천博川군 남호南湖교회도 각각 사숙私塾을 설립하였다. 사숙 혹은 학당은 정부(학부)의 인가를 받아서 정식 학교로 발전하였다.

평양 장로교회도 교회 곁에다 학교를 설립했다. 1898년에 교회가 교인 자녀의 교육을 위해 판교동에 사숙私塾을 설립하고 또 보통문 안에도 사숙을 설립했다. 이 두 학교의 학생은 각각 50여 명이었고, 영수 길선주와 정익로를 교회가 사숙 위원으로 지명했고 또 교인 여럿을 교사로 임명했다. 이 학교가 숭덕학교로 발전했다. 1900년 봄에 장대현교회는 여성 인재를 양성하기 위해 창동과 서문 밖에 각각 두 여숙(女塾. 여학교)을 세웠다. 1904년 5월 5일에는 교회가 맹학교盲學校를 설립했는데, 아마도 (시각) 장애인을 위한 최초의 학교라고 본다. 교회가 학교를 설립한 동기는 모두 "교인 자녀들을 교육하기 위함"이었다. 전통 한문 교육과 신新지식 교육(영어·산수 등)에 경건 교육(성경·기도)을 병행하였다.

서울에서도 연동교회가 같은 해에 연동소학교를 설립했다. 평안도 의주군 남산교회도 사숙을 설립하였다. 1900년에는 의주읍교회, 선천읍교회, 황해도 황주군 용연교회가 각각 사숙을 설립하였다. 많은 경우 교인들이 직접 학교를 운영하면서(재정 부담) 가르치는 선생으로 일하였고 선교사는 보조자(지원자)로서 협력하였다. 1904년에 설립된 초산읍 배신培信소학교와 안주읍 유신維新소학교는 빠른 속도로 발전을 거듭하여 교실을 새로 짓고 크게 늘려 갔다.

경상북도 대구에서는 1900년에 교인들이 남자 소학교를 설립했다. 대구의 첫 장로교회인 남문안예배당(현재 대구제일교회)이 설립된(1897) 지 불과 3년 만에 이루어진 학교 설립이다. 대구 지역의 첫 신식 학교를 교회가 설립한 것이다. 학교의 공식 이름이 '사립 대남학교'私立 大南學校 또는 '예수교 대남소학교'耶蘇敎 大南小學校였다. 여자 소학교도 이 무렵에 설립되었고, 그 이름이 '신명여자소학교'였다. 학교 설립에 필요한 재원의 절반을 교인들이 직접 마련했고 나머지 절반의 재원을 선교사들이 개별적으로 헌금하였다. 계속해서 학교 운영을 위하여 교인들이 헌금했고, 이 헌금으로 학교 운영비 절반 정도를 담당했다. 대남소학교의 학생 수가 1904년에는 28명이었고, 1905년에 47명, 1908년에 167명이었다. 학생이 기하급수적으로 불어났다.

이러한 방식으로 선교사들이 세운 학교와 나란히, 전국 곳곳에서 조선인 교인과 교회가 기독교 학교를 설립했다. 이 가운데서 평안도 지역이 가장 활발했다. 그런데 이 학교 가운데는 정규 학교로 발전되지 못하고 도중에 문을 닫는 학교(사숙, 학당)도 더러 있었다. 예를 들어 1904년에 설립된 철산읍교회의 학당, 선천군 동림교회의 학당, 곽산읍교회와 박천군 구읍교회의 학당은 재정난에 부딪혀 스스로 폐교했다.

2) 중등학교, 대학교

중등학교 교육 제도가 실시된지 2년 뒤, 1897년 8월 미국 북장로회 내한 선교부는 베어드로 하여금 평양에서 중등학교를 설립하도록 했다. 중등학교를 설립하게 된 일차적 동기는 초등학교(소학교)가 졸업생을 배출했기 때문이다. 베어드와 한학자 박자중朴子重이 그 이듬해(1898) 가을에 '사랑방' 중등 교육 과정 학생을 정식으로 모집했다. 약 60여 명이 지원하였고, 베어드는 이 가운데서 학력, 건강 상태, 가정 환경 등을 고려하여 18명을 선발하였다. 이 학교가 1904년에 첫 졸업생을 배출하였다. 이 학교는 이제 한 단계 더 높은 대학부를 설치하고 대학 교육 과정을 시작하였다. 평양에 대학을 설립하는 일은 지역 교회의 염원이었다. 그래서 1906년 음력 5월(양력 6월)에 장로교회 지도자들이 장대현교회에 모여서 대학 설립을 위해 논의하고 그 자리에서 모금하였다. 당장에 논밭을 바친 사람 6-7명이 나오고, 고가高價의 집을 바친 사람, 이제부터 세상 떠날 때까지 매일 10전씩 헌금하기로 작정한 사람, 해마다 신화 5원씩 헌금하기로 작정한 사람, 건축 자재(목재, 추촛돌, 대못)를 바치겠다는 사람, 갖고 있던 보석과 귀중품(시계, 반지, 은장도 등)을 내놓은 사람, 물질 대신에 노동으로 헌신하겠다는 사람들이 나왔다. 그리고 평안남북도와 황해도의 장로교회도 평양 대학 설립을 위해 동참하겠다고 밝혔다.

중등 교육 기관의 설립이 전국으로 확대되었다. 평안북도 선천읍교회의 초대 장로 양전백(나중에 목사가 됨)은 1905년 교인들과 함께 신성학교信聖學校를 설립하였다. 그 이듬해에 의주읍교회는 장유관張有寬 등의 발기發起로 양실학원養實學院을 설립했다.

서울의 미국 장로교 북장로회 선교지부도 1901년 연지동(연동교회)에 중학교中學校를 설립하였다. 교사校舍로 교회의 부속 건물(첫 번째 예배처소)을 사용했다. 교장인 선교사 게일은 폐교된 민노아학당(1897년 10월 폐교)의 맥을 잇는 중학교를 운영하였다. 1902년에 선교지부가 연지동 1번지에 학교 대지를 매입하였고 학교의 이름을 '예수교중학교'로 지었다. 교실은 두 개의 방을 터서 넓힌 6간 정도의 온돌방이었고 벽에다 칠판을 매달아서 선생은 서서 가르치고 학생은 방바닥에 앉아서 배웠다. 첫 입학생들은 서병호·민충식·이덕준 등 6명이었다. 가끔 교장의 사택과 연동교회당이 특강 강의실로 사용되었다. 교회당에서 진행된 특강과 예배에는 연동여학교 여학생들도 흰 휘장을 사이에 둔 오른편 자리에 참석했다. 강의실 한가운데에 설치한 휘장은 소위 남녀칠세부동석男女七歲不同席의 유교 관습에 따른 것이었다. 게일은 예수교중학교(경신)와 연동여학교(정신)를 관장하고 두

학교의 연지동 시대를 여는 새로운 기반을 구축했다. 1905년에 그는 교사들과 협의하여 예수교중학교의 이름을 '경신'중학교라 지었다.

경상북도 대구에서도 교회가 경영하는 대남소학교가 1906년 무렵 졸업생을 배출했다. 이어서 이 졸업생들을 상급 학교로 진학시키는 과제가 대두되었다. 그 당시 대구에서 교회가 운영하는 소학교의 수가 49개였고 학생 수는 433명이었다. 이 사안을 협의하기 위하여 미국 장로교 북장로회 대구 선교지부와 부산 선교지부에 소속된 선교사들이 대구로 모였다. 이 모임에서 아담스James E. Adams가 대구에서 남자 중학교를 설립하도록 위임받았다. 이에 따라 아담스는 대남소학교 졸업생들을 중심으로 27명의 학생을 모아 1906년 5월 1일 대구 선교지부의 행랑채 흙벽돌 초가에서 4년 과정의 남자 중학교Boys' Academy를 개교했다. 학생들 가운데서 절반 정도가 기혼 남성이었다. 처음 4주 동안 아담스가 가르쳤고, 이어서 6주 동안 사이드보담Richard H. Sidebotham이 가르쳤다. 여름에는 방학으로 쉬다가 10월에 다시 개학했다. 중학교는 이 당시에 최고 학부였다. 학교의 이름을 박덕일(남문안예배당 장로)이 지었는데, '계성'啓聖이라 했다. 계성은 '거룩한 출발' 혹은 '영적인 출발'spiritual beginning을 뜻했다. 1907년 10월 15일 마르다 스콧 브루엔Martha Scott Bruen(선교사 브루엔의 부인)이 여자 중학교Girls' Academy를 개교했다. 신명여학교信明女學校였다. 마르다 브루엔은 이미 1902년 소녀들에게 가사家事(집안 살림살이)를 가르치던 바느질학교sewing school를 맡아서 신명여자소학교로 개편하였고, 이 소학교를 1907년에 여자 중학교로 확대 개편하였다.

2. 기독교 학교의 특성

1) 교육 구국 운동과 애국 계몽 운동

구한말 시대에 서울 연동교회 담임 목사 선교사 게일은 고종 황제의 고문으로 활동했다. 그는 당시의 지식인들과 폭넓게 교제했다. 특히 독립협회 사건으로 투옥된 이상재·김정식·이승만·유성준·이원긍·홍재기·안국선 등을 게일이 심방하고 그들과 사귀었다. 이들이 출옥한 다음 이상재·이원긍·김정식·홍재기·유성준 등이 차례로 연동교회의 교인으로 등록했다. 또한 이들 가운데서 독립협회의 회원이(이창직·김정식·유성준 등) 연동교회 중학교에서 교사로 일하였다. 당시의 중학생은 신식 교육을 받는 지성인이었으므로, 교회가 설립한 중학교의 학생은 신앙 인격을 갖춘 신新지식인이었음이 틀림없다.

이러한 점은 그 당시 대한 제국(한국)에서 크게 일어난 사립 학교 설립 운동과 관련성이 있다고 본다. 1904년 이래로 서울을 비롯하여 전국에서 사립 학교 설립 운동이 교육 구국 운동教育救國運動 차원으로 일어났다. 학교 교육을 통해 인재를 양성하여 외세를 막아 내고 나라의 주권을 지켜 내자는 운동이었다. 러시아와 일본이 전쟁을 치른 결과, 10년 전 청일 전쟁의 결과와 마찬가지로, 1904년에 일본이 승리하자 그때의 충격이 되살아났다. 이뿐만이 아니라 한국에 대한 일본의 식민 지배 야욕이 드러남에 따라 온 나라가 불안감에 휩싸였다. 1905년에 나라의 외교권을 일본에게 빼앗긴 사건은 대중의 불안 심리와 위기 의식을 가중시켰고, 교육 구국 운동은 애국 계몽 운동의 차원으로 추진되었다. 빼앗긴 외교권을 되찾으려면 나라의 힘을 길러야 하겠는데 그 힘은 교육을 통한 인재 양성에서 온다는 확신이 애국 계몽 운동으로 추진되었다. 전국적으로 사립학교 설립 운동이 일어났다.

교회가 운영한 기독교 학교가 애국 계몽 운동에 깊이 개입된 경우는 감리교의 상동교회尚洞敎會(서울) 부설 기관인 청년학원靑年學院이 대표적이다. 교회 담임목사 전덕기와 이동녕·이회영·이준·김병헌·김구 등이 국권 회복 운동國權回復運動을 전개했다. 상동 청년학원의 교사와 학생들은 을사조약의 무효, 대한문 앞 상소 운동, 종로의 가두 시위 연설, 구국 금식 기도회, 철야 기도회를 개최하였다. 이 사건 직후에 안창호는 국권 회복을 위한 새로운 길을 제시하였다. 그는 자주 독립의 과제가 시급하기는 하지만 이보다 앞서 나라를 일으킬 인재를 길러 내야 한다고 주창했다. 여기에 동조한 많은 지사志士들이 사립 학교 설립에 동참했다. 이동휘가 보창학교普昌學校를 설립했다. 이준은 국민교육회國民敎育會 회장으로 일하면서 보광학교普光學校와 한남학교漢南學校를 세웠다. 이승훈은 오산학교五山學校를 세웠다.

2) 여성 교육

교회가 세운 기독교 학교는 여성에게도 학교 교육을 실시했다.

특별히 1899년에 연동소학교가 여학생을 모집한 점이 특히 눈에 띈다. 게일 목사는 여성 인권을 위한 여성 교육에 많은 관심을 갖고 있었다. 그는 동양의 전통 종교(불교, 유교 등)에는 여성 인권에 대한 의식이 별로 없었다고 판단하면서 말했다. "동북 아시아의 여성들은 나사렛 예수가 이곳으로 오기까지(선교) 약 2,000년을 기다렸으며, 이제는 이 여성들이 등에 지고 있던 무거운 짐을 예수의 발 아래로 내려놓고 그들의 슬픔을 하소연하게 되었다. 예수는 여성의 처지에서 그들의 소원을 들어 준 유일한 동양인이다."[14] 게일은 이처럼 여성 인권을 위한 여성 교육의 중요성을 잘 파악했다. 같은 맥락에서 그는 정동에서 장로교회 첫 여성 교육 기관으로 시작한 정동여학당이 1895년에 여선교사 도티Susan A. Doty의 주관으로 "의지할 데 없는 여자아이 10여 명을 모집하여 초등 교육을" 실시하고자 연지동으로 옮겨 온 점도 잘 알고 있었다.

부산에서 설립된 여성 교육 기관도 두드러진다. 선교사 멘지스Miss Belle Menzies, 閔之使는 어학 선생 박신연朴信淵의 도움을 받아 1895년에 여학교를 설립했다. 학교 설립은 2년 전에 시작한 고아원 사역의 결과였고, 이 학교의 이름을 박신연이 '일신여학교'라 붙였다. '날로 새롭다'日新는 이름을 가진 이 학교는 여성의 인권이 무시되고 여성 교육의 기회가 경시되던 시대를 살아온 여성이 이제는 교육을 받아야 한다는 확신에서 출발했다. 이 학교는 3년 과정의 소학교였고, 첫 입학생 3명으로 시작하였다. 학생들 대다수가 고아였다.

여성 교육은 여성의 삶을 바꾸는 데 크게 공헌하였다. 이제까지 여성의 삶은 가장권家長權이 절대화된 가부장적 가족 제도에 매여 있었다. 이 제도는 유교적 통치 이념인 충효 사상에 기반을 둔 것이었다. 이러한 가족 제도와 사회 질서 아래에서 여성의 과제는 남아男兒 출산을 통한 부계 혈통父系血統의 유지, 그 혈통의 순수성을 지키려는 명분으로 강조된 여성의 정절과 과부의 재가再嫁 금지, 죽은 조상에게까지 확대된 효의 실천을 위한 조상 제사에 대한 책임이었다. 그런데 이제는 신식 기독교 교육을 받은 여성들이 개화되기 시작했다. 때마침 여성 개화는 개화파 지식인들을 중심으로 일어난 사회 개혁 운동이기도 했다. 독립협회가 주관한 남녀 평등, 과부의 재가 허용, 조혼 폐지, 축첩 폐지, 여아 매매 금지 등의 사회 개혁에 선교사들의 교육이 호응했다.

이러한 가운데서 기독교인이 된 여성들은 봉건 시대의 엄격한 내외법에서 해방되었다. 내외법은 여성의 사회 활동을 배제시키고 집안에서만 지내도록 하는 오랜 관습이었다. 그런데 기독교인이 된 여성들이 이제 집 밖으로 나와 남성들과 나란히 교회에서 예배를 드리게 되었고, 이로써 교회는 간접적으로 봉건 시대의 관습인 내외법을 깨뜨리는 역할을 했다. 더 나아가서 교회는 남녀에게 동등한 권리가 주어졌다는 의식을 토론회를 통해 불어넣었고(1897년 12월 31일, 정동교회), 실질적인 남녀 동등을 위해서는 여성이 남성과 동등한 교육을 받아야 한다는 점을 강조했다. 차츰차츰 기독교가 강조하는 여성 교육론과 여권론에 대한 사회적 호응도가 높아졌다.

1908년 1월에 발간된 『예수교 신문』에 따르면, 여성이 주목하는 기독교 신앙에는 고리타분한 '구습을 버리는 것'도 포함되어 있었다. 이들은 신학문을 아무리 열심히 배운다고 하더라도 예수를 믿지 아니하면 구습에서 완전히 벗어났다고 볼 수 없다고 강조했다. 이처럼 교회 여성들은 신앙 안에서 구습을 벗어 버리는 데 특별한 강조점을 두었다. 한 걸음 더 나아가서, 여성들은 신약성경 복음서를 통해 여성을 대하시는 예수님의 행적을 읽으면서 여성됨의 '자긍심'을 가지게 되었다. 예컨대 예수님이 치유하신 혈루병 앓는 여인, 예수님이 살려 주신 나사로의 누이 마리아, 예수님 부활의 첫 목격자인 여성들을 통하여 '여성도 남성과 동등한 인격체'라는 의식을 가졌다.

3. 교회가 설립한 기독교 학교에 대한 통계

19세기 말 한국의 근대화가 시작되면서 신식 학교가 설립되던 상황과 맞물려서, 신생新生의 장로교회가 신식 학교인 기독교 학교를 설립했다. 먼저 초등학교를 설립했고, 초등학교 졸업생이 배출되자 그 다음 중등학교를 설립했고, 중학교 졸업생이 배출되자 대학도 설립했다. 학교 설립의 일차적인 동기는 교인 자녀를 교육시키기 위함이었다. 교육의 내용은 세 가지 영역이 함께 병행되었다. 신앙 교육(성경·기도)과 신新지식(영어·산수 등), 그리고 전통 교육(한문 등)을 병행하였다.

1907년에 보고된 장로교의 '장로공의회 통계 보고표'에는 장로교회가 설립한 전국의 기독교 학교에 관하여 낱낱이 보고했다. 『독노회록 및 제1회 총회록』(대한예수교장로회 총회, 1907-1912)에 따르면, 1905년에 전국의 장로교가 운영한 소학교는 139개(학생 수 2,730명)였고, 1906년에는 238개(학생 수 5,124명, 교회 수 584개), 1907년에는 405개(학생 수 8,615명, 교회 수 785개), 1908년에는 542개(학생 수 13,147명, 교회 수 897개)였다. 게다가 1908년에는 중등학교와 대학교에 대한 통계도 작성되었는데, 중학교의 수가 17개(남자 중 11개, 여자 중 6개)에 학생 수가 894명(남 683명, 여 211명)이었으며, 대학교의 수는 2개에 학생 수가 30명이었다. 1908년도 통계 보고를 다음과 같이 도표로 작성해 보았다.

지역	예배당	소학교	학생 (남/녀)	중학교 (남/녀)	학생 (남/녀)	대학교	학생
경기도	99	39	647/205	1/2	126/65	1	14
평안남도	168	110	3021/790	2/1	295/100	1	15
평안북도	104	148	3100/621	1/1	0	0	
황해도	95	83	1700/328	0/0	0	0	
전라남도	63	27	386/52	1/0	84/0	0	
전라북도	105	30	400/35	2/1	62/39	0	1
경상도	230	85	1010/468	1/1	68/7	0	
함경도	33	20	237/147	3/0	48/0	0	
합계	897개	542개	10501/2646명	11/6개	683/211명	2개	30명

이 통계표에서 파악한 대로, 1905년에서 1908년까지 장로교의 교회 수는 해마다 100-200개 정도씩 늘어났으며 또 교회가 설립한 기독교 학교의 수도 해마다 비슷한 수치로 늘어났다. 또한 교회 수 대비對比 학교 수를 계산해 보면, 1905년에 평균 세 교회 당 소학교 하나를 설립하였고, 2년 뒤 1907년에는 두 교회 당 소학교 하나 이상을 설립했다. 이 통계 수치는 교회가 활발하게 기독교 학교를 설

립했다는 점을 대변하고 있다. 학교 설립 운동이 가장 왕성한 지역
은 평안남도였다. 또한 평양의 교회들은 제각기 설립한 학교를 연합
하여 하나의 학교로 묶었는데, 1907년 숭덕崇德학교의 창립이 바로
그것이다. 이 학교의 운영과 관리는 지역의 교회들이 분담하였다.

장로교 제3회 독노회(1909)는 전국의 교회가 세운 모든 학교를 통
괄하는 부서를 만들었다. 노회(총회) 안에다—정부의 학부와 비슷한
명칭인—학무국을 설치하였다. 5명(평양에서 2명, 서울에서 3명)으로 구성
된 학무국은 전국의 장로교회가 설립한 학교를 관리하는 임무를 맡
았다.

4. '사립 학교령'(1908) 공포,
   기독교 학교의 운영에 타격

교회가 설립한 기독교 학교가 일제의 침략 정책으로 커다란 타격
을 입었다. 일제는 1906년 대한 제국에 통감부를 설치하여 정부의
교육 담당 기관인 학부에 일본인을 참여시켰다. 이들은 학제 개정,
일본어 도입, 교과서 편찬에 개입하였다. 일제는 소위 '모범 교육'이
라는 이름 아래 시시때때로 사립 학교의 유지를 가로막거나 운영을
방해하였다. 일제는 관·공립 학교를 중심으로 학제를 개편해 나갔
다. 이 작업은 당시 애국 계몽 운동을 주도하고 있던 사립 학교(특히
기독교 학교)를 견제하려는 의도임이 분명했다.

1908년에 '사립 학교령'이 공포되었다. 이를 통하여 일제는 학교

설립에서부터 교재 선택에 이르기까지 일일이 모든 것을 다 간섭하기 시작했다. 당국의 명령을 위배하거나 유해하다고 판정된 학교를 강제 폐쇄시킬 수 있는 법령이었다. 사립 학교를 탄압하는 법령이었다. 교회가 운영하는 기독교 학교가 사립 학교의 범주에 속했으므로, 기독교 학교는 당연히 당국의 통제 아래 들어갔다. 1909년 이래로 사립 기독교 학교의 수가 해마다 줄어들었다. 장로교회가 운영하는 소학교가 1909년에 694개였는데 일 년 동안 10개가 없어졌다. 그 다음 해에는 또다시 50여 개 학교가 없어졌고, 또 그 다음해(1912)에는 또다시 100개 가량 없어져서, 교회가 운영하는 소학교의 수가 539개로 줄었다. 이와는 대조적으로 중학교 수는 거의 변동 없이 유지되었다.

1909년에 서울 연동교회의 부속 학교인 연동여소학교의 이름이 정신여소학교로 바뀌었고 또 연동남소학교의 이름도 경신남소학교로 바뀌었다. 바로 직전에 연동여학교는 관청의 허가를 받아 중등 교육을 확대 실시하고자 사립 정신여중학교私立 貞信女中學校로 이름을 바꾸었고, 또 연동중학교도 같은 차원에서 관청의 허가를 받아 사립 경신학교私立 儆新學校로 이름을 바꾸었다. 이렇게 중학교의 이름이 바뀜에 따라 교회 부속 소학교의 이름도 바뀌었다. 1913년 초에는 정신여소학교와 경신남소학교를 통합하여 학교 이름을 보영학교普永學校로 바꾸었다. 이렇게 이름을 바꾼 주된 이유는 사립 학교 곧 기독교 학교에 대한 당국의 통제 때문이었다.

1911년 8월에 조선 총독부는 제1차 '조선 교육령'을 공포하였다. 총독부는 또한 대한 제국 시절의 학부를 축소해서 내무부 산하 학무국에서 교육 행정을 맡게 했다. 총독부는 지속적으로 사립 학교 탄압 정책을 밀고 나갔다. 이러한 정책에 따라 전국의 사립 학교가 크게 줄어들었다. 이러한 상황에서 장로교 총회의 학무국은 교단 산하 기독교 학교를 계속 유지하기 위하여 총독부의 내무 학무국과 교섭하였다. 이와 함께 총회는 전국 대리회(노회)에 지역 교육 위원을 각각 2명씩 임명하여서 그 지역의 학교를 돌아보고 보살피게 하였다. 또 총회의 교육 위원이 학교의 설립과 통폐합을 주관하게 했다. 이것은 총독부의 사립 학교 탄압 정책에 대한 방어책이었다. 그래서 전국 모든 지역의 교단 소속 학교는, 어떤 사건이 발생하면 곧바로 머뭇거림없이, 지역 교육 위원을 통하여 총회의 사무국으로 연락하도록 했다. 이런 식으로 장로교 총회는 지역 교육 위원회를 통해 기독교 학교를 유지해 나갔다.

그러나 그러한 노력에도 불구하고, 장로교회 소속 기독교 학교의 운영 상황이 계속 어려워졌다. 특히 학교의 재정에 압박이 가해지면서 운영이 버거워졌다. 장로교 제1회 총회(1912)의 회의록에는, 전국의 노회가 각각 학교의 상황에 관하여 보고하였는데, 많은 학교가 재정난으로 허덕이다가 더 이상 지탱하지 못하여 통폐합된 곳이 적지 않았다. 그렇지만 수많은 교회가 꿋꿋하게 열심을 다해 인재 양성에 공을 들였고 또한 경건 교육(성경·기도)에 특별히 애썼다. 눈에 띄는 점은 나라 잃은 민족의 교회로서 국어 교육에 크게 힘썼다는 점이다.

5. 교회의 주일학교

1) 주일학교의 시작

한국 개신교 선교 희년(50주년) 기념 대회(1934년 6월 30일–7월 3일)에서 발제자 로버츠Stacy L. Roberts(라부열)는 그동안의 선교 사역을 되돌아보면서, 한국 교회의 시작은 곧 주일학교의 시작이라고 보아도 좋을 것인데 어른에서부터 어린아이까지 '모든 교인'이 초창기부터 주일학교에 참석했다고 보고했다. 선교사 곽안련Allen D. Clark도 다음과 같이 진술했다. "최초의 공식적인 주일학교는 … 1890년 서울의 소년학교에서 조직된 듯하다. … (그러나) 그 이전에도 교회에 오는 사람 누구다 다 실제로 주일학교에 오는 것이나 다름이 없었다. 사역의 많은 부분이 가르침에 있었기 때문이다." 이처럼 한국 개신교의 출발점에 주일학교의 시작도 있었다고 회고했다.

처음의 주일학교는 성경을 배우는 아주 단순한 모임으로 시작되었다. 한국 장로교회에서는 첫 세대부터—한국인들의 심성과 기질에 맞추어—'가르침과 배움'이 크게 강조되었다. 때로는 예배의 설교보다 성경 공부를 더 강조했다고 한다. 교육 환경은 매우 열악했다. 작은 초가草家를 예배당으로 마련한 교회가 대부분이었던 상황에서, 예배드리는 작은 공간 이외에는 가르치고 배우는 교실이 따로 없었다. 예배당에서 성경을 가르치고 배우는 '성경반'이 진행되었다.

주일(일요일) 오전이나 오후에 모이는 성경반이 자연스럽게 주일학교로 발전했다. 성경반 모임의 주축은—어린이들이 아니라—어른들이었다. 그렇지만 성경반에 아이들을 배제시키지는 않았다. 아이들도 어른들과 함께 성경반에 참석하였다. 모임이 점차 커짐에 따라 모두가 한자리에 모일 수 없게 되었으므로, 반을 여럿으로 나누게 되었는데, 남자반과 여자반으로 나누었고, 남자 어른, 남자 아이, 부인, 여자 아이로 분반했다. 교회의 모임 공간이 하나뿐인 상황에서 어린아이들이 맨 먼저 모였고, 그 다음 남자 어른들이 모였고, 그리고 그 다음에 부인들이 모였다.

대략 1900년부터 주일학교의 모임이 전국으로 확산되었고, 이에 따라 주일학교에서 가르칠 교사의 양성이 필요하였다. 평양의 경우, 남산현교회(감리교)가 '교사 양성반'을 만들어 선교사 노블William Arthur Noble의 부인Mattie Wilcox Noble이 주관하여 훈련시켰다. 주일학교를 마치고 따로 모인 교사들은 다음 주일 성경 공부 공과를 준비하였다. 교사 훈련은 선교사가 맡거나 한국인 조사가 맡았다. 장로교보다 한 발 앞선 감리교의 주일학교 교육이었고, 1903년에 감리교에서는 어린이들이 따로 모이는 '유년 주일학교'가(아마도 5-15세) 조직되었다.

2) '소아회'로 시작된 어린이 주일학교

1907년까지 한국 장로교에서는 교회 안에서 조직 체계를 갖춘 주일학교가 거의 존재하지 않았다고 한다. 성경을 배우는 성경반으로서 주일학교가 초창기부터 있었는데, 그러나 교회가 어린이들을 의식하고 그들을 위해 만든 별도의 유년 주일학교는 조직되지 않았다.

유년 주일학교가 정식으로 조직된 계기는 세계 주일학교 연합회 총무 함일H. M. Hamil이 대한 제국(한국)을 방문하던 기간에 이루어졌다. 그는 여러 지역의 교회를 돌아보면서 어린이만 따로 모이는 유년 주일학교가 있는지 그 여부를 살펴보았다. 그리고 그는 교회지도자들에게 유년 주일학교를 별도로 조직하도록 강하게 권면하였다. 그 결과 어린이를 배려한 어린이만의 주일학교가 조직되었다. 이때 서울 연동교회, 평양 장대현교회와 선천 북교회, 전주 서문교회에서 '소아회'小兒會를 조직하여 어린이만 따로 모이는 유년 주일학교가 시작되었다.

1907년 5월 서울 연동교회에서 유년 주일학교가 소아회로 조직되었다. 연동교회 소아회는 매주일 오후에 어린이들이 성경을 배우고 찬송을 부르는 모임이었다. 소아회는 이때부터 그림으로 설명한 성경 이야기를 시청각 교재로 사용하였다. 찬송을 가르치기 위해 시장에 가서 옥양목을 한 마씩 끊어 사서 붓으로 찬송 가사를 쓰고 나무로 궤도 틀을 만들어서 벽에다 달았다. 소아회는 열심히 아이들에게 전도했다. 소아회는 연동소학교 재학생 약 800명 가운데서 12명을 택하여 인도반(전도대)을 조직하였다. 전도대는 매주 토요일 오후에 모여서 다음날(주일) 계획에 관하여 협의했고 또 주일 오후에는 사방으로 흩어져서 아이들을 모았다. 연동교회는 1911년에 왕십리교회의 소아회를 조직했고 또 1913년에 뚝섬교회의 소아회를 조직했다.

소아회 조직과 함께 한국 장로교 주일학교의 역사에 새로운 장이 시작되었다. 이때부터 교회 안에 어린이를 위한 어린이만의 정식 주일학교가 소아회란 이름으로 시작되었다. 소아회는 또 이때부터 세계 주일학교 연합회와 연결 고리를 갖고서 출발하였다. 즉 첫 시작부터 세계 교회의 주일학교와 국제적으로 교류하고 협력하는 에큐메니컬 운동 차원으로 소아회가 진행되었다. 소아회의 공과 교재는 미국의 주일학교 공과 교재를 번역하여 사용하였다. 이 교재를 번역하는 데 대략 1년 정도 걸렸으며, 그래서 우리말로 번역된 공과 교재를 미국보다 1년 뒤에 사용하였다. 소아회의 교육 내용은 미국 유년 주일학교의 교육 내용을 그대로 받아들이면서 미국 주일학교와 거의 대등한 수준이었다.

연동교회 집사 김종상은 기독교 신문 『예수교회보』의 주필이었는데 신문을 통해 그는 어린이에 대한 어른의 관심과 인식을 바꾸고자 노력했다. 이때만 해도 교회와 사회에서 어린이의 인권이 존중받지 못했고 또 어린이는 인격적으로 대접받지 못하였다. 사회 인식이 이러한 상황이라 소아회에 대한 교회 어른의 여론은 흔쾌하지 않았고 또 심지어는 교인 일부가 소아회 모임을 극력 반대했다고 한다. 이들과 달리 김종상은 주일(일요일) 낮이면 예배당 뜰에 어린이를 모아 놓고 약 두 시간 동안 재미난 성경 이야기를 들려 주었다. 그의 이러한 노력과 수고는 어린이날을 제정한 소파 방정환 선생의 업적에 비할 만하다고 본다. 1918년에 연동교회는 소아회를 유년 주일학교로 그 이름을 바꾸었다.

3) 주일학교의 발전

한국 장로교의 주일학교는 1907년에 소아회로 시작되면서 세계 주일학교 연합회the World's Sunday School Association와 교류하였다. 1909년에 세계 주일학교 연합회의 시찰단이 대한 제국(한국)을 방문하여 주일학교 지도자들과 만남을 가졌다. 1911년에 한국 교회의 주일학교 위원회에 큰 변화가 있었는데, 선교사만으로 구성된 주일학교 위원회의 조직에 한국인 교회 지도자도 참석하게 되었다. 현순·윤치호·한석원·남궁혁·홍병선 등이 주일학교 위원으로 참석했다. 주일학교 위원회는 세계 주일학교 연합회와 교류하고 협력하면서 국내 주일학교를 발전시키고자 했다. 위원회는 세계 주일학교 연합회에게 한국 개신교의 주일학교 사업을 총괄할 총무를 파송해 달라고 요청했다. 이 요청이 실현되지 못하자, 1913년 한국 6개 개신교(교단의) 선교회가 각각 대표를 파송하여 주일학교의 연합 사업에 참여하게 되었다.

1920년에 제8회 세계 주일학교 연합회가 일본 동경에서 열렸다. 여기에 참석했던 세계 각국의 기독교 교육 지도자들은 일제의 식민 지배에도 불구하고 기운차게 발전하는 한국 교회에 관하여 보고를 받았다. 이들 가운데서 다수가 회의를 마치고 동경에서 한국으로 왔다. 이들은 서울·평양·개성·대구 등 여러 도시를 순회하며 방문했는데, 여러 지역의 교회에서 이들을 환영하는 강연회가 열렸다. 이것이 계기로 작용하여 기독교 교육에 대한 관심이 전국 교회 사이에서 크게 높아졌다. 그 결실로 1921년에 제1회 '조선 주일학교 대회'가 개최되었다. 이 대회를 주관한 장로교 총회(대회장 남궁혁)는 전국에서 모여든 참가자들을 위해 숙식 장소 마련은 물론이고 철도국과 교섭해서 열차표도 할인했다. 총회는 참가 신청을 노회 단위로 받았다.

조선 주일학교 대회의 첫날엔 참가자 등록을 하고, 반을 조직하고(유년·청년·장년·직원·영어 등 5개반), 저녁 7시 30분에 중앙 예배당에서 개회식을 가졌다. 대회의 주최측은 참가 인원을 600명 정도로 잡았는데, 이 예상을 깨고 1,000명이 훨씬 넘게 등록하는 성황을 이루었다. 둘째 날부터 본격적으로 시작된 주일학교 대회는 오전에 각 반별로 나뉘어 강습회, 오후에는 서울 관광(남대문·제중원·창덕궁·비원·조선은행·경성 감옥 등)이나 토론회, 저녁에는 활동 사진 관람(쿼바디스 등)이나 음악회와 유희에 참석했다. 주일(일요일)에는 오전에 정동교회 주일학교를 참관하고, 오후에 승동교회와 종교교회의 주일학교를 참관하고, 그러고 나서 주일학교 생도 대회를 가졌다. 대회 마지막 날에는 오전에 강습회, 오후에 수업 증서 수여식, 저녁에 성극 구경에 이어 폐회식을 했다.

제1회 조선 주일학교 대회 이후에, 이 대회를 앞으로도 계속해서 개최하고 또 교회의 기독교 교육을 조직적으로 발전시키기 위하여 상설 연합 기구를 만들어야 한다는 의견이 대두되었다. 1922년 11월에 개신교 여러 교단이 조선 주일학교 연합회Sunday School Association of Korea를 조직했다. 이로써 한국 개신교 주일학교의 역사에 일대 전기가 마련되었는데, 이 연합회는 한국 개신교 10개 교단 총회와 외국

(미국 등) 선교회의 연합 사업을 추진하기 위한 상설 기구였다. 장로교의 교단 총회와 조선 주일학교 연합회가 상호 협력하는 방식을 살펴보면, 조선 주일학교 연합회가 정책을 결정하며 그 정책을 장로교 총회의 종교 교육부가 집행하였다. 조선 주일학교 연합회는 예수교서회(야소교서회)가 주관해 오던 주일학교 교재(공과)를 출판하게 되었다. 또한 하기(여름) 아동 성경학교가 시작되어 주일학교의 양적 증가에 기여했다. 1923년에 정James K. Chung 목사가 미국에서 귀국하여 조선 주일학교 연합회의 부총무로 일하였다. 이 연합회는 주일학교의 공과 교재를 제작하고 또 주일학교의 잡지를 발간하였다. 1925년 1월부터 계간지『아희생활』이 발간되었다. 이 연합회는 또한 성인(어른) 교인들의 신앙 교육과 훈련에도 크게 기여했다.

한국 장로교 제14회 총회(1925)의 보고에 따르면, 조선 주일학교 연합회는 1927년부터 주일 공과를 좀 더 세분하여서 '보통 공과'와 '계단 공과'(유치부용)를 제작했고 또 하기 아동 성경학교를 확장시켰다. 이 연합회는 주일학교의 교사 양성에도 큰 힘을 쏟았다. 해가 거듭되면서, 주일학교 연합회의 사업이 확장되었다. 이 가운데서 출판 사업(공과, 기독교 교육 관련 도서 제작)이 큰 비중을 차지했다. 조선 주일학교 연합회는 1929년도부터 교회학교 교사 양성을 위해 새로운 사업을 하였다. 선교사 소안론William L. Swallen이 평양에서 개인적으로 운영해 오던 '성경통신과'를 인수 인계받아서 이 사업을 진행했다. 이 과정에 교회의 제직과 주일학교 교사가 등록해서 성경을 공부하도록 권했고 또 목회자에게도 이 과정에 등록하도록 권했다.

대략적인 통계 수치로 볼 때, 1930년에 한국 개신교에는 약 5천

개의 주일학교와 25만 명의 주일학교 학생, 그리고 2만 5천 명의 교역자와 교사가 있었다. 이 가운데서 약 8-9할이 장로교회에 속하였다. 조선 주일학교 연합회의 사업이 세월 따라 점점 번창해 나갔다. 그러나 거기에 필요한 재정 충당은 상대적으로 날이 갈수록 이 연합회에게 무거운 짐이 되었다. 세계 주일학교 협의회가 조선 주일학교 연합회에게 재정 후원을 하였고, 또 한국 장로교 총회와 감리교 연회도 정기적으로 이 연합회를 지원했는데, 그럼에도 불구하고 이 연합회의 재정이 자꾸 고갈되었다. 그런데 1932년 이후에는 세계 주일학교 연합회의 재정 지원이 크게 삭감되어서 조선 주일학교 연합회의 운영에 타격을 주었다. 그래서 한국 장로교는 1934년에 홀로서기를 시도하며 총회 안에 교육부를 설치하고 교단의 주일학교 교육을 계속 추진해 나갔다.

6. 일제의 압력, 조선 주일학교 연합회의 강제 해체

1938년 한국 장로교 총회가 일제의 강압을 이겨내지 못하여 신사참배를 결의했던 바로 그해에, 조선 주일학교 연합회도 일제의 공권력으로 강제 해체되었고 또 계간지 『아희생활』도 강제 폐간되었다.

성경을 배우는 사경회를 기반으로 형성되어 가던 한국 교회의 기독교 신앙이 신앙 각성 운동으로 내면화되었다. 1903년 원산에서 시작된 이 신앙 운동은 1907년 평양에서 절정을 이루었다. 이때 한국 장로교의 신앙이 교인들의 심성에 뿌리를 깊이 내리며 토착화를 이루었다고 본다. 신앙 각성 운동의 핵심 알맹이는 성령의 역사 속에서 일어난 죄의 고백과 죄 용서였다. 신약성경 사도행전 2장이 재현된 성령의 역사였다.

제 5강

한국적 기독교 신앙 형성:
평양 신앙 각성 운동

한국적 기독교 신앙 형성:
평양 신앙 각성 운동

1. 사경회, 날연보, 주일성수, 그리고 새벽 기도회

19세기 후반에 시작된 한국의 장로교가 토착 교회로 정착되는 과정에서 성경을 배우는 사경회查經會, bible class가 가장 중요한 역할을 하였다. 1890년에 선교사 기포드가 언더우드의 집에서 시작했다고 알려진 사경회는 한국인의 기질에 잘 맞아떨어졌다. 이 점을 잘 파악한 선교사들이 사경회를 통해 남녀노소의 교인들에게 신앙 교육과 훈련을 시켰다. 참석 대상과 참석 범위에 따라 사경회의 종류가 다양하였다. 개個 교회의 사경회, 같은 지역(시찰회) 교회들이 함께 모이는 사경회, 지역의 중심 도시(평양)에서 모이는 연합 사경회, 전국의 교인들이 참석하는 연합 사경회, 남자들만 참석하는 사경회, 여성들만 참석하는 사경회, 남녀가 함께 참석하는 사경회, 교회 지도자(조사)들만 참석하는 사경회 등이 있었다. 사경회가 점차 자리잡히자, 조선인 교회 지도자(조사)들이 작은 규모의 사경회를 인도하며 성경을 가르쳤다. 큰 규모의 연합 사경회에서는 주로 선교사가 사경회를 인도하고 가르쳤다. 중간 규모의 사경회(시찰회 사경회)에서는 선교사와 조사가 함께 가르쳤다.

사경회는 대체로 농한기의 겨울철에(특히 음력설 명절 기간) 열렸고 약 10일에서 14일 동안 진행되었다. 초창기에는 사경회의 비용(여행·교통비, 숙박비, 수업료 등)을 미국 장로교 선교부가 지원했는데, 차츰차츰 참석자 본인이 사경회비 전액을 부담하였다. 사경회에서 가르치고 배우는 방법이 다양했는데, 성경을 주제별로 가르치거나 책별로 가르치기도 했고 가장 흔하게는 한 절씩 주석적으로 책의 개요를 정리하는 방식으로 가르쳤다. 이 중에서 마지막 방법(주석적 개요 정리)이 참석자들 사이에서 가장 인기가 높았다. 장로교의 사경회에서는 기독교 교리도 가르쳤고 또 교회 행정과 정치도 다루었다. 수시로 교회 지도자 회의도 사경회 기간에 열렸다.

사경회의 진행은 묵고 있는 숙소별로 새벽에 기도와 찬양으로 예배를 드렸다. 아침을 먹고 나서 참석자들이 예배당으로 모였고, 약 30분 동안 경건회를 가졌으며, 그러고 나서 반별로 흩어져서 오전 성경 공부가 진행되었다. 오후에도 성경 공부가 진행되었고, 성경 공부 이후엔 찬송을 배웠다. 늦은 오후에는 참석자들이 둘씩 짝을 지어 전도용 소책자를 들고서 동네를 돌며 집집마다 방문하여 복음을 전했다(축호 전도). 전도인은 방문한 집 주인에게 교회의 저녁 집회를 알리는 초대장도 돌렸다. 저녁에는 전도한 사람과 전도받은 사람이 함께 전도 집회 성격의 부흥회로 모였다. 이처럼 축호 전도를 겸한 사경회는 자전自傳의 선교 원리 곧 스스로 자원하여 전도하는 원리의 실천이었다.

'날연보'日捐補, Day Offering가 1905년 미국 북장로회 평안북도 선천 선교지부의 보고서에 소개되었다. 1904년 철산에서 시작된 날연보가 일주일 뒤에 선천으로 파급되었다. 계속해서 날연보는 근처 다른 지역으로 퍼져 나갔고 1907년 신앙 각성 운동 이후엔 전국으로 확산되었다. 날연보는 그 당시의 주된 전도 방법이었다. 이것은 주님께 돈이나 물질로 드리는 헌신이 아니라 시간으로 드리는 헌신이었다. 주님을 위해 헌신하려는 날을 헌신자(교인) 스스로가 정했고, 그는 이날 모든 일상을 뒤로 하고 오로지 주님의 일에만 헌신하였다. 이때의 날연보는 복음 전도였는데 '무보수 자원 전도'였다. 날연보의 실천 기간은 대개 5일에서 10일 사이였다. 날연보를 작정한 사람은 자기 집을 떠나서 기독교인이 전혀 없는 동네로 들어가 거기에서 복음을 전하였다. 유급 전도가 아니라 자비량으로 헌신하는 전도였고 그 효과가 매우 컸다고 한다.

주일성수主日聖守 곧 주일(일요일)을 거룩하게 지키는 신앙이 한국적 개신교(장로교)의 신앙 형태로 자리를 잡았다. 주일에는 교인들이 평일의 세속 노동을 멈추고 하나님께 예배드리며 성경 공부에 참석하고 기도드리는 거룩한 날로 지켰다. 교인들이 주일 하루 동안 두세 번 교회에 나갔는데, 오전에는 모든 교인들이 여러 반으로 분반分班하여 성경 공부를 한 다음에 예배드렸고, 오후에는 둘씩 짝을 지어 동네 안팎으로 나가 복음을 전했다. 이처럼 주일성수의 내용은 예배, 성경 공부와 기도, 그리고 전도였다.

새벽 기도회는 사경회에서 자생적으로 시작된 경건 훈련이었다. 1904년 평양 사경회에서 새벽 기도회가 사경회의 정식 순서에 포함되어 있었다. 오늘날 널리 알려진 평양 장대현교회의 담임 길선주 목사의 새벽 기도회는 1909년에야 비로소 장로 박치록에게 둘이서 매일 새벽(4시 30분)에 기도하자고 제안하면서 시작되었다고 한다. 이제까지 살펴본 대로, 날연보와 주일성수 그리고 새벽 기도회는 서로 공통점이 있다. 모두 다 시간과 관련된 경건 훈련이었다. 이러한 경건 훈련을 통하여 한국 장로교(개신교)의 신앙이 그 형태를 잡아 갔다.

2. 1907년 평양에서 절정을 이룬 신앙 각성 운동

이 경건 훈련을 기반으로 그 형태를 잡아 가던 한국 장로교의 신앙이―1903년 원산에서 시작되어―1907년 평양에서 절정을 이룬 신앙 각성 운동을 통해 내면화되었다. 1월에 평양 장대현교회와 다른 몇몇 교회에서 죄의 고백과 회개를 중심으로 일어난 신앙 각성 운동은 매년 정기적으로 열리던 사경회 기간에 일어났다. 겨울철이면 평양에서 다양한 사경회가 열렸다. 북한 서북 지역의 교회 지도자가 참석하는 연합 사경회, 1월 첫 두 주간 동안 남자들이 모이는 연합 사경회, 2월에는 평양 상인을 대상으로 열리는 특별 사경회가

있었다. 한 해 전(1906) 음력설(1월 25일)에 시작된 평양 사경회는 전도
운동과 겸하여 열렸는데 그 전도 집회의 열기가 뜨거웠다.

1) 1906년 8월

1907년 평양 신앙 각성 운동은 1906년 8월 이곳 선교사들의 '성
경 공부와 기도 모임'Bible study and prayer에서 촉발되었다. 이 모임에서
는 선교사 모두의 절박함이 하나의 공감대를 형성했는데, 그것은 불
안감과 위기감이었다. 선교사들은 1890년 이래로 네비우스 선교 원
리에 따라 토착 교회native church 설립을 실천하고자 교회의 운영권과
치리권을 하나씩 둘씩 토착인(한국인) 교회 지도자에게 넘겨 주었다.
그런데 이제 와서 선교사가 불안해졌다. 그 이유는 토착인 교회 지
도자들이 이 모든 것을 넘겨 받은 이후에 과연 그들이 자력으로 자
립하여 계속 잘해 나갈 수 있겠는지 확신이 서지 않기 때문이었다.
선교사가 파악한 바로는, 교회 지도자 가운데서 다수가 아직까지 기
독교 신앙에 대한 분명한 정체성을 갖고 있지 않았다. 이와 함께 선
교사들이 또 다른 위기감을 안고 있었다. 최근에 1905년 을사늑약
체결 이후로, 적지 않은 토착인 교인이 선교사를 대하는 태도가 싸
늘해진 점 때문이었다. 얼마 전까지만 해도 토착인 교인 다수가 미
국을 어려울 때 도움을 주는 '각별한 친구'special friend로 여겼는데, 그
러나 한국에 대한 일본의 '통제'control(을사늑약)를 미국이—영국의 뒤를
따라—서둘러 인정해 준 이후에, 미국에 대한 토착인 교인의 신뢰가

크게 약화되었다. 선교사 방위량William N. Blair은 한국인의 '반외세'anti-foreign 성토 속에는 일본을 향한 증오심과 더불어 미국에 대한 '실망감'disappointment도 내포되어 있다고 생각했다. 이러한 인식으로 말미암아 선교사가 위기 위식을 갖게 되었다.

이러한 불안감과 위기감 속에서, 평양의 선교사들이 1906년 8월에 8일 동안 성경 공부와 기도회를 개최하였다. 강사는 미국 남감리교 선교사 하디Robert A. Hardie였다. 그를 강사로 초청한 까닭이 있었는데, 그가 1903년 겨울 원산의 연합 집회(장로교, 감리교, 침례교)에서 하나님의 은혜를 체험하였기 때문이다. 그는 이번에 신약성경 요한1서를 강해하였다. 성경 공부와 기도회에 참석한 선교사들은 성령의 역사를 체험하면서 자신의 죄를 깨닫고 그 죄를 고백했다. 그러면서 이들은 조선인 교인에게도 하나님의 동일한 은혜가 나타나기를 간절히 기도했다.

2) 10월의 저녁 집회, 송년 모임

약 두 달 뒤(10월)에 평양 장대현교회에서 저녁 집회가 며칠 동안 열렸다. 미국에서 온 존스턴Howard Agnew Johnston 목사가 최근 인도에서 일어난 하나님의 은혜 곧 성령의 역사에 관하여 설명하였다. 그리고 그가 청중을 향해 "성령 받기 원하는 사람 일어나시오!"라고 외쳤다. 그러자 장로 길선주가 그 자리에서 벌떡 일어섰다. 그 이후, 교인들은 성령의 임재를 위하여 '날마다 한 시간씩'one hour each day 기도하기 시작했다.

해마다 연말이면 내한 선교사 가족들이 성탄절부터 새해 첫날까지 한 곳에 모여 명절을 함께 지냈다. 그들은 지나온 한 해의 선교·사역을 되돌아보고 또 새해의 사역에 관하여 의견을 나누었다. 그런데 이번 연말 모임에서는 새해 벽두에 시작되는 겨울 사경회를 잘 준비하고자 하였다. 그래서-예년과 달리-이번에는 즐겁고 유쾌한 오락 순서를 빼기로 하였다. 그 대신에 매일 저녁에 새해의 사경회를 준비하는 기도회로 모였다. 임박한 정월의 사경회 기간에는 선교사들이 날마다 정오에 모여서 기도회(정오 기도회)를 가지기로 하였다.

3) 1907년 평양 사경회

예정대로 새해(1907) 1월 2일 장대현교회에서 겨울 남자 사경회가 시작되었다. 전국에서 약 1,500명 이상의 남자 교인들이 이 교회로 모였다. 저녁 집회는 1월 6일부터 시작되었다. 선교사와 토착인(한국인) 교회 지도자가 함께 집회를 인도했다. 여성 교인들은 평양의 다른 4개 교회(사창골교회, 산정현교회, 남문밖교회, 서문밖교회의 남자 사랑채)로 분산되어 모였다. 나이 어린 남자(학생)들은 숭실대학Academy 채플로 모였다.

토요일 저녁 집회 시간에, 선교사 방위량이 고린도전서 12장 27절에 근거하여 말씀을 선포하였다. 그는 말씀 선포를 통하여 청중으로 하여금 죄가 무엇인지 깨우치게 하고자 했다. 그는 교인끼리 서로 다투고 싸워서 교회가 분쟁에 휩싸이는 사건을 죄와 연결시켜서 설교했는데, 만일 어떤 사람이 사고로 손가락을 다치면 이로 말미암아 온몸이 아프듯이, 교인 가운데서 한두 사람이 싸워서 서로 미워하게 되면 이로 말미암아 온 교회가 고통 속으로 빠진다고 설명했다. 그러면서 그는 실제로 사고로 절단된 자기 손가락을 내보이며 이 손가락을 다쳤을 때 온몸이 얼마나 아팠고 고통스러웠는지 간증하였다. 이 설명을 듣는 청중은 죄가 무엇인지 대충이나마 알게 되었다.

이튿날인 주일에는 교인들 각자가 자기 교회에서 예배를 드렸다. 장대현교회에서는 장로 길선주가 예배 시간에 하늘의 능력에 사로잡혀 설교하면서 인간의 죄가 자기 자신을 얼마나 옥죄이고 괴롭히는지 몸짓으로 설명하였다. 이를 지켜보던 교인 몇몇이 자신이 지은 죄를 실토하였다. 어떤 이는 마룻바닥에 나뒹굴고 엉엉 소리내어 울며 죄를 고백하였다. 그날 저녁에 장대현교회에서 집회가 열렸다. 참석자들은 오늘 저녁에 무언가 하늘의 역사가 일어나기를 잔뜩 기대하였다. 그런데 그 기대는 전혀 채워지지 않았고, 집회는 차갑다 못해 싸늘하게 식은 분위기로 진행되다가 마쳤다. 참석자들은 잔뜩 무거운 마음을 안고서 집으로 돌아갔다.

이튿날(월요일) 정오 기도회에 모인 선교사들은 절박한 심정으로 "오늘 저녁에는 성령의 역사가 일어나기를" 간절히 기도했다. 그날 저녁이 되었고, 집회가 시작되었다. 선교사 이길함Graham Lee이 집회를 인도하였다. 교인들이 통성으로 기도하였고, 몇몇이 신앙을 간증하였고, 다 함께 찬송을 부르다가 집회가 끝났다. 그런데 교인들

약 500~600명 정도가 집으로 돌아가지 않고 예배당에 남았다. 이들이 다시 자리를 정돈하고 한곳으로 모여서 기도를 시작하였다. 모두 다 한마음이 되어 통성(한 목소리로)으로 기도하는데, 그 소리가 마치 폭포수처럼 들리기도 했고 또 파도 소리처럼 들리기도 했다. 통성 기도가 지속되는 동안에 교인들 일부가 지은 죄를 깨닫게 되었고 이것이 자꾸자꾸 무거운 중압감으로 느껴졌고 그 중압감을 참아 내다가 드디어 더 이상 참을 수 없는 지경에서 흐느끼며 울음을 터뜨렸다.

이곳저곳에서 사람들이 지은 죄를 '고백'confess하였는데, 어떤 이는 마룻바닥에 털썩 주저앉아서 통곡했고 또 어떤 이는 자기 몸을 마룻바닥에 내던지듯 구르며 주먹으로 탕탕 치고 지은 죄 때문에 괴로워했다. 선교사 방위량과 이길함의 요리사로 일하는 교인도 지은 죄를 고백하는 가운데서 너무나 괴로운 나머지 "목사님, 말씀해 주십시오. 저에게도 용서받을 수 있는 소망이 있는지요?" 자백하면서 그는 바닥에 나뒹굴며 울고 또 울었다. 이런 식으로 많은 이들이 지은 죄를 고백하고 자백했다. 기도회는 새벽 2시까지 계속되었다.

죄 고백 이후에 원수처럼 미워하던 사람들이 화해하는 사건이 있었다. 예컨대 강씨(한때 선교사 방위량의 조사)와 김씨(장대현교회 장로)는 서로서로 반목질시하며 지내고 있었다. 이날 저녁 강씨는 성령의 역사로 자신이 김씨를 미워한 죄를 자백하는 용기를 얻었다. 그는 김씨에게 다가가 용서를 빌었다. 사람들이 이를 보고 깜짝 놀랐다. 자존심이 매우 강한 강씨가 자신을 낮추어 김씨에게 용서를 구하기 때문이었다. 그런데 김씨는 아무런 대꾸 없이 고개를 다른 곳으로 돌리고 강씨를 외면했다.

이튿날(화요일) 아침, 선교사 이길함과 방위량은 지난 밤 기도회에 참석하지 않은 선교사들을 찾아가 지난 밤 집회에서 성령의 역사가 일어났다는 소식을 알렸다. 그리고 그날 저녁이 되어서 집회가 또 다시 시작되었다. 교인들은 오늘 저녁에도 어제처럼 성령의 역사가 일어나기를 기도하였다. 집회의 모든 순서가 끝났고, 예배당에 남은 교인의 수가 오늘도 어제처럼 약 600명 정도 되었다.

모두 다 통성으로 기도하기 시작했다. 드디어 어제 밤 강씨를 외면했던 김씨가 벌떡 일어나서 강단으로 걸어 나갔다. 그리고 그는 자신의 죄를 고백하기 시작하였다. 그는 "(자신이) 교회의 장로임에도 불구하고 강씨를 미워했을 뿐만이 아니라 선교사 방위량도 증오했다."고 고백했다. 그는 자신의 마음이 이제까지 얼마나 답답하고 괴롭고 고통스러웠는지 털어놓으면서 마룻바닥에 털썩 주저앉더니 마치 발작하는 사람처럼 울부짖었다. 다른 이들도 그와 함께 울며 기도하기 시작하였다. 예배당 안에는 죄 고백의 기도 소리로 가득하였다. 강씨도 어제처럼 죄를 회개하며 바닥에 엎어져서 목을 놓아 크게 통곡했다. 주변 사람들이 그에게로 다가가 그를 팔로 감싸안으며 진정시켰다. 강씨는 차츰 안정을 되찾고 조용해졌다. 그는 김씨 곁으로 다가가서 팔로 그를 감싸안았다. 두 사람이 서로 얼싸안은 채 목을 놓아 엉엉 울었다. 한참 뒤에 김씨가 선교사 방위량에게 다가가서 울먹이며 말했다. "목사님, 저를 용서해 주시겠습니까? 저를 위해 기도해 주시겠습니까?" 그러자 방위량이 그와 마주 서서 기도하려고 "아버지… 아버지…"를 불렀는데, 그러나 더 이상 기도를 이어 가지 못하고 흐느끼기 시작하였다. 방위량이 김씨의 어깨에 기대어 울먹이며 기도하기 시작했고, 이 장면을 바라보던 교인들도 함께 울먹거리며 기도하였다. 그들이 자리에서 일어나 하늘을 향해 두 팔을 쭉 펼치고 기도하였다. 시간이 지나고, 선교사 이길함이 조용히 찬송을 인도하기 시작하였다. 찬송을 따라 부르는 교인들이 차분해졌다. 이날 밤의 기도회는 어제처럼 새벽 2시까지 계속되었다. 이날 밤에도 "모든 죄가 공개적으로 고백"되었다every sin was publicly confessed. 미움과 증오심, 절도, 간통, 아내를 사랑하지 않는 죄 등등 사람이 지을 수 있는 모든 죄악이 낱낱이 하나님 앞에서 고백되었다.

평양의 남자 사경회는 이로써 화요일에 끝났다. 성령의 역사를 체험한 사경회였다. 이 소식이 전국으로 퍼져 나갔다. 또 한편, 네 곳으로 분산되어 모였던 여성 집회에서도 동일한 성령의 역사가 나타났다. 토요일 저녁에 성령이 크게 역사하였고, 이 자리에서 선교사들의 속을 썩이던 한 소녀가 지은 죄를 뉘우치고 회개했다. 계속해서 월요일과 화요일에도 성령의 역사가 일어났다.

사경회가 끝났고, 그 다음날 저녁에 수요 기도회로 모였다. 장대현교회에서 집회 직후에 또다시 성령의 역사가 크게 일어났다. 교인이 함께 통성으로 기도하는 가운데서, 몇몇 남자 교인들이 자리에서 일어나 자신의 죄를 고백하기 시작했다. 몹시 충격적인 사건은, 교인들의 존경을 받고 있던 주 장로가 자신의 죄를 고백하기 시작했는데 간음한 죄와 부적절한 재정 사용을 토해 냈다. 그는 온몸을 부들부들 떨면서 "이 세상에서 나처럼 무지막지한 죄인이 어디에 있겠습니까?"라고 울부짖었다. 그러면서 온힘을 다해 손바닥으로 여러 번 바닥을 내리쳤다. 그는 계속 울부짖으며 지은 죄를 회개하고 하나님께 용서를 빌었다. 당장 죽을 것처럼 보이는 그를 주위 사람들이 안타까이 바라보고 있다가, 몇몇이 그의 곁으로 다가가 팔로 감싸안고 위로했다. 이 밖에 다른 교인들도 자신의 죄를 크게 뉘우치며 회개하였다.

성령의 역사로 일어난 죄 고백의 사건은 평양의 여러 초·중등학교에서도 일어났다. 수요일 오전에 숭의여학교the Advanced School for Girls and Women에서 성령의 역사가 일어났다. 오전 10시 정규 예배 시간에 학생들이 울면서 지은 죄를 고백하였다. 학생들이 기도에 몰입되었으므로 정해진 시간에 예배를 마칠 수가 없었다. 12시까지 기도회가 지속되었다. 목요일 예배 시간에도 그 전날의 신앙 사건이 되풀이되었다. 금요일에도 역시 이 사건이 반복되었다. 또한 수요일 오전에 숭실중학교The Central Church boy's school에서도 동일한 성령의 역사가 일어났다. 예배드리던 학생들이 눈물로 지은 죄를 고백하였고, 그리고 오후 1시까지 예배가 지속되었다. 목요일 오전에는 숭덕여자소학교primary school for girls에서 성령의 역사가 일어나서 학생들이 죄를 깨달아 고백하였다.

선교사들의 수요일 정오 기도회에서도 성령의 역사가 동일하게 일어났다. 평소에 30분 정도 모이던 기도회가 이날에는 2시간 동안 진행되었다. 『조선예수교 장로회 사기』의 기록에 따르면, 계속해서 평양의 여러 교회에서 특별 집회가 한 달 이상 지속되었다. 이 기간에 수천 명이 "중생重生의 성신 세례를 받았다."

3. 성령의 역사-한국 교회의 오순절 사건

1907년 평양 신앙 각성 운동 기간에 나타난 가장 뚜렷한 특징은 '성령의 역사'였다. 선교사 방위량은 이 역사를 신약성경 사도행전의 '오순절 성령 사건'에 비유하였다. 예루살렘에서처럼 평양에서도 성도들이 한곳에 모여 모두 다 한마음이 되어 오로지 기도에 전념하는 가운데서 홀연히 위로부터 급하고 강한 바람처럼 성령이 임했다는 것이다. 이러한 성령의 역사에 근거하여, 당시의 선교사들은 1907년 평양 신앙 각성 운동이 "한국 교회의 역사에서 아주 중요한 전환점"이라고 평가하였다.

1) 죄 고백

1907년 1월에 일어난 평양 신앙 각성 운동 기간에 성령의 역사로 말미암은 가장 뚜렷한 사건은 '죄 고백'이었다. 선교사들의 기록을 찾아보면, 성령의 역사로 "지은 죄가 드러나고", "죄를 자각하고", "죄 짐에 짓눌려서 크게 울고", "심한 고통 속에서-마룻바닥을 치고 옷을 쥐어뜯으며-죄를 고백하고", "진심으로 뉘우치고", "죄 용서를 탄원"하였다. 그리고 나서 죄 용서의 기쁨을 얻고, "말씀 안에 있는 영원한 생명"을 발견하고, 죄악의 사슬을 끊어 믿음 안에서 "평화를 얻게 되었다."

이때 고백한 죄의 종류가 아주 다양하였다. 마음에 담겨 있던 죄

(미움, 시기, 질투, 증오심, 앙심, 심술, 교만), 밖으로 드러난 악한 행위(거짓말, 눈속임, 사기 행각, 술, 담배, 도박, 마약), 신앙인으로 삼가야 할 직업(주막집)과 첩살이, 처벌받을 죄(절도, 강도, 간통, 방화, 살인)까지 낱낱이 고백하여서 "마치 지옥이 제 모습을 드러낸 것"으로 비유되었다. 죄 고백을 성령의 역사라고 확신하는 까닭은, 그것이 성령의 역사가 아니고는 도저히 토해 낼 수 없는 죄 고백이었기 때문이다. 다시 말해서 사람의 기억에서 완전히 사라져서 까맣게 잊고 있던 지난날의 죄과를 마치 활동 사진(영사기) 돌리듯이 생생하게 다시 떠올리게 한다든지 또 인간의 상상을 초월하는 극단적인 범죄 행위도 낱낱이 자백하게 하였다.

죄를 고백한 사람들 또한 남녀노소男女老少 다양했다. 남자 어른은 물론이고 9살 정도의 어린아이에 이르기까지 저마다 지은 죄를 고백하였다. 이러한 가운데서 특별히 눈에 띄는 점은 공개적인 죄 고백이다. 즉 지은 죄를 하나님 앞에서 개인적으로 고백하였을 뿐만이 아니라 공중公衆 앞에서도 공개적으로 자백自服하였다. 또한 집회의 참석자뿐만이 아니라 집회의 인도자도(서양 선교사, 한국 교회 지도자) 모두 다 지은 죄를 자백하였다. 성령의 역사에 따라 집회 인도자와 참석자의 구분이 없었고 또 복음을 전하는 선교사와 복음을 받아들이는 토착인(한국인)의 구분이 없이 모두 다 죄를 고백하고 자백했다.

죄 고백은 치유 사건이었다. 죄로 말미암아 병들어 있던 인간의 내면이 그 죄를 깨달아 고백하면서 밖으로 토해 내고 회개하는 과정에서 치유되었다. 죄 고백의 열매는 삶의 변화로 나타났다. 부정직한 삶에서 정직한 삶으로 돌아선 것이다(훔친 돈과 물건을 되돌려 준 것). 죄 고백에는 이런 식으로 윤리성이 이미 내포되어 있었다. 또한 죄의 고백은 사회적 차원으로 일어났다. 예컨대 지은 죄를 모두 다 토해 낸 다음에 이제까지 미워하던 사람들끼리 감싸안으며 서로서로 자기 잘못을 인정하며 용서하고 용서받는 가운데서 서로 화해하였다. 죄 고백을 통한 하나님과 사람의 화해가 사람과 사람의 관계성 회복으로 이어졌다.

2) 한국 기독교 신앙의 정체성 확립

성령의 역사로 말미암은 죄 고백과 신앙 체험을 통하여 한국 장로교의 신앙 정체성이 확립되었다. 선교사 무어John Z. Moore는 "한국의 전통 종교(불교)에서는 죄 고백과 죄 용서에 대한 역동적인 체험은 물론이고 그 이후에 찾아오는 기쁨과 평화도 결여되었다."고 보았다. 또한 "한국인의 의식 속에는 죄에 대한 확실하고도 명백하며 또 심각하고도 진실한 이해가 없다."고 보았다. 심지어 기독교 신앙인이 된 다수의 한국인도 자신이 죄에 관하여 배우기는 했으나 죄를 진심으로 깨닫고 깊이 뉘우쳐 본 적이 없다고 했다. 그러나 선교사들은 이 점을 자연스럽게 받아들였다. 왜냐하면 서양과 동양 사이에는 서로 친밀한 '유사성'이 없고 '공통분모'도 없으므로 한국인이 서양인과 동일한 방식으로 기독교 신앙의 체험을 가질 수 없다고 보았기 때문이다. 선교사들은 한국인이 기독교인이 되려는 동기를 세 가지로 보았다. 첫째는 지금의 위험한 세파世波를 헤쳐 나가려고 안전하게 보호받을 피난처를 찾아 서양 선교사가 있는 교회로 찾아오는 경우이다. 둘째는 낡고 시대에 뒤떨어진 한국의 전통을 버리고 서양의 선진 문명을 배워 보려는 경우이다. 셋째는 영적인 갈증을 채우고자 기독교인이 되어 보려는 경우이다. 그런데 이 세 가지 동기 가운데서 그 어느 것도 죄 고백을 통한 신앙 정체성의 형성과는 거리가 멀다고 보았다.

그런데 1907년 신앙 각성 운동을 통해 토착인(한국인) 교인들이 지은 죄를 고백하고 크게 뉘우치는 신앙 체험을 하자, 선교사들이 가장 먼저 놀랐다. "그들도(토착인) 우리(선교사)와 동일한 신앙 체험"을 하였기 때문이다. 또한 한국인 교인들 스스로도 이제야 비로소 참 그리스도인이 되었다고 밝혔다. 그 가운데서 어떤 이는 "내가 10년 동안 예수를 믿었는데, 오늘에 와서야 비로소 하나님의 성령과 나의 영이 서로 교통하는 것을 깨달아 알게 되었다."고 말했다. 죄 고백과 회개로 깨끗하게 정화되어 맑고 순수한 신앙 심성을 가지게 된 한국 신앙인들이 이제야 비로소 참된 그리스도인이 되었다고 스스로 인식하였다. 선교사 크램Willard G. Cram(기의남)에 따르면, 신앙 각성 운동을 통하여 "하나님의 성령이 한국 장로교의 성격character을 갖추게 하셨다."

여기에서 확인되는 점이 있다. 그것은 평양 신앙 각성 운동은 이미 기독교 신앙인이 된 사람들의 신앙을 새롭게 한 것인바, 이 각성 운동의 일차적인 목표는 교세 확장을 위한 전도 운동이 아니었다. 평양 신앙 각성 운동은 교인 수 증가나 교세 확장에 대한 기대감으로 출발한 것이 아니었다. 이미 교회 안에 있는 사람들이 성령의 능력을 체험하여 죄 용서와 구원에 대한 확신을 갖게 되었고, 또 삶이 변화되는 윤리적 결단이 일어났다. 통계적으로도 1907년에는 개신교 교인 수의 증가율이 떨어지고 있었으며, 교인 수 증가를 위한 전도 운동은—1907년 운동이 끝난 뒤에—백만(인) 구령 운동(1910-1911)으로 전개되었다. 이러한 사실에 근거하여 1907년 평양 신앙 각성 운동은—서양 개신교의 신앙 각성 운동처럼—'신앙의 잠에서 깨어나는 운동'Erweckung이란 표현이 훨씬 타당하다고 본다.

3) 성령의 종말론적·우주적 역사

신앙 각성 운동을 통하여 선교사들은 성령의 종말론적·우주적인 역사를 인식하였다. 서양식 신앙 체험이 성령의 역사 속에서 한국 교인에게도 동일하게 일어남을 보면서, 선교사들은 언어, 민족, 문화 등의 차이를 뛰어넘는 성령의 '우주적'universal인 역사를 깨닫게 되었다.

이제까지 선교사들은 동양과 서양 사이에 어떠한 종류의 유사성이나 공통분모가 없다고 파악해 왔는데, 이번의 신앙 각성 운동을 통하여 이들의 인식이 바뀌었다. 여기에 관하여 선교사 무어는 두 가지로 정리했다. 첫째로 "하나님이 모든 족속을 한 혈통으로 만드사"(행 17: 26)라는 말씀대로 지구상의 모든 민족이 성령의 역사로 '형제 자매'(자매 형제)가 되었다는 점이다. 둘째로 이제는 오히려 서양이 동양에게 배워야 할 것인바, 어린아이처럼 순전하게 믿고 기도에 힘쓰는 한국인의 신앙을 서양 기독교인이 오히려 본받아야 한다는 점이다. 이로써 선교사들은 이제부터는 한국 사람들이 선교의 대상이 아니라 그리스도 안에서 형제 자매인 점을 깨달았다. 또한 이번의 신앙 각성 운동을 통해 선교사 자신들도 죄를 고백하고 뉘우쳤으니, 선교사도—비록 복음을 전하기는 하지만—복음을 새롭게 깨우쳐야 한다고 자각하였다.

이렇게 성령의 종말론적·우주적인 역사에 대한 인식은 오늘날 일부 한국 신학자들이 그 당시의 서양 선교사들은 제국주의의 첨병이었다는 주장을 다시 생각해 보게 한다. 서양 제국주의가 팽창하는 과정에서 기독교는 식민지 대중에게 제국주의적 이데올로기를 불어넣어서 민족의 운명을 몰각하게 하는 역할을 했다는 입장이다 (박순경). 이 주장은 신앙 각성 운동을 통하여 기독교의 신앙 범주가 토착인에게 내재화되어 그 속에 안주해 있으면서 사회와 민족의 현실에 대하여는 눈을 감게 하였다는 뜻이다. 실제로 신앙 각성 운동 기간에 일어난 죄 고백이 대다수 개인 차원에서 일어났고 기껏해야 사람들 사이의 관계성 회복 차원이었다. 이러한 신앙 형태에서는 스러져 가는 민족 상황에 대하여 고민하고 고통스러워하는 점이 거의 발견되지 않는다. 또한 그 당시에 선교사 공의회는 정교 분리 원칙에 따라 개인의 영혼 구원을 강조한 선교 정책에 치우쳤으며, 또한 이권 개입에 참여한 서북 지방 주재 일부 선교사들의 행위를 떠올려 보면, 서양 선교사들을 비판하는 주장에 설득력이 있다고 본다. 그러나 이 주장은 서양 선교사들이 한국인으로 하여금 민족의 몰락을 잊어버리게 하려는 의도 아래 일부러 죄 고백을 강요하였던 것처럼 느껴진다. 그렇다면 이 주장은 죄의 인식과 고백이 성령의 역사가 아니라 사람(선교사)이 인위적으로 만들어 낸 것으로 이해한 것이다. 여기에서 떠오르는 질문은, 신앙 각성 운동 기간에 선교사 자신들도 지은 죄를 고백하였는데, 이들은 도대체 누구의 강요에 의해 자신의 죄를 회개하였던가? 따라서 위의 주장은 죄를 깨닫게 하시고 고백케 하시는 성령 하나님의 주권적 역사를 파악하지 못한 것으로 판단된다.

4. 정리

1907년 평양에서 절정을 이룬 신앙 각성 운동이 일어나게 된 역사적 배경에는 대한 제국의 사회 정치적 위기 상황이 안겨 준 사회 정치적 불안 심리가 깊숙이 스며 있었다. 선교사들 또한 그들 나름의 불안감과 위기감을 안고 있었다. 사회 변동에 따른 위기 의식은 근세 시대에 영국과 미국 그리고 유럽 대륙에서 일어난 신앙 각성 운동의 배경이었다.

20세기 초반 한국 장로교의 신앙 각성 운동은 감리교와 장로교 선교사들의 상호 협력 속에서 1903년 이래로 전개되었다. 이것은 초창기 한국 장로교 역사에서 신앙 각성 운동과 에큐메니컬 운동의 연계를 보여 준 좋은 사례이다. 신앙 각성 운동의 가장 두드러진 특징은 성령의 역동적인 역사였다. 성령의 역사로 지은 죄를 깨닫고 하나님께 고백하며 사람들 앞에서도 그 죄를 공개적으로 자백하였다. 이러한 죄 고백은, 장대현교회에서 보았듯이, 집단적으로 일어났고 이에 따라 집단적인 성령 체험을 하였다. 성령의 역사를 통한 죄 고백은 '통전적 신앙'(머리–가슴–삶)이 형성되게 하였다. 이러한 신앙 형태는 한국적 개신교(장로교) 신앙으로 내면화되었다. 죄 고백 이후에 실천된 삶의 변화는 영적·지적·윤리 도덕적 갱신이었다. 이 갱신은 사경회를 바탕으로 여물었고 또 이를 통하여 교회가 부흥되게 하였다. 이 경우의 부흥이란—수적인 증가와 양적인 팽창에 우선 순위가 있는 것이 아니라—성령의 역사 속에서 복음의 능력으로 사람이 하나님의 자녀로 거듭나고 변화되어 이 복음을 이웃에게 증언하면서 저절로(자연스럽게) 교인 수가 늘어났다. 즉 갱신을 통한 부흥이었다.

네비우스 선교 원리에 따른 선교 정책이 1890년 이래로 한국 장로교가 토착 교회로 형성되던 중, 1907년 신앙 각성 운동은 예수 그리스도의 복음이 토착인(한국인)의 심성에 깊이 뿌리를 내리고 내면화되게 했다.

1912년에 한국 장로교는 총회를 조직하여 창립했다. 이로써 토착 교회의 성립이 가시적으로 완료되었다. 총회의 창립은 한국의 근현대사 측면에서도 매우 중요한 의미를 갖고 있다. 1910년 8월 한일 강제 병합 이후 일본 제국이 대한 제국(한국)을 식민 지배하기 시작했다. 이미 1905년 을사늑약 이래로 실질적 통치권을 잃어버린 대한 제국이 한일 강제 병합 이후 일본 제국으로 편입되었고, 그때부터 일제가 대한 제국을 식민지로 통치하기 시작했다. 그러한 때, 1912년에 한국 장로교가 스스로 헌법을 제정하고 전국적인 조직을 갖춘 총회 체제를 창립한 것이다. 장로교의 총회는 국권을 빼앗기고 식민 지배를 받는 국가에서 어느 정도 자치권과 자율성을 가진 교회 조직체였다.

장로교의 총회 조직(1912)

장로교의 총회 조직(1912)

1. 공의회(Council) 시기(1893-1906)

한국 장로교는 1912년 총회를 조직하기까지 공의회Council 시대 (1893-1906)와 독(립)노회 시대(1907-1911)를 지나왔다.

먼저, 1884년부터 1898년까지 미국 북장로교와 남장로교, 호주 장로교, 캐나다 장로교 등 4개 교단 장로교회 선교사가 한국(조선)으로 들어와서 사역하기 시작했다. 내한 선교사들은 협의 기관의 필요성에 공감했다. 미국 북장로교 선교부를 구성한 선교사 알렌·언더우드·헤론이 1889년에 호주 장로교와 연합하여 '장로교 선교연합 공의회'The United Council of Presbyterian Missions(='장로회 공의회')를 조직했다. 그런데 1년 뒤(1890) 호주 출신 선교사 데이비스Joseph Henry Davis의 사망으로 연합 공의회가 폐지되었다. 1892년에 미국 남장로교 선교사들이 내한來韓하자 남·북장로교 선교사들은 "장로교 정치를 쓰는 선교 공의회"The Council of Missions Holding the Presbyterian Form of Government라 일
컫는 모임을 조직했다. 그 직전에 1891년 호주 장로교 소속 선교사
5명이 내한來韓했다. 1893년에 3개국(미국, 호주, 캐나다) 장로교 4개 교단
에서 각각 한국으로 파송된 선교사들이 '공의회'Council를 조직하였다.

공의회 시대는 두 시기로 나누어진다. 1893년부터 1900년까지
는 '선교사 공의회' 시기(제1기)였고, 1901년부터 1906년까지는 '합동
공의회' 시기(제2기)였다. 제1기에는 외국 선교사들만이 치리회의 회
원이었고, 제2기에는 선교사와 한국 교회 '총대'들이 합동하여 치리
회의 회원이었다. 제2기의 회원은 한국인 장로 3명, 조사 6명, 외국
선교사 25명이었다. 1893년 공의회가 출발할 때만 해도 한국 교회
를 대표할 만한 토착인(조선인) 지도자가 없었는데 그로부터 8년이 지
난 1901년에는 장로와 조사 등으로 구성된 조선인 지도자들이 나타
났다. 이렇게 전반부와 후반부로 구분되는 공의회 시대는 1893년부
터 1906년까지 장로교회에 어떠한 변화가 있었는지 짐작할 수 있다.

공의회는 치리治理 기구로서 그 기능을 담당하였다. 그러나 이것
은 잠정적인 기구로서 "장래將來에 적법適法대로 설립"되는 '치리회'가
나타날 때까지 한시적으로 존속한다는 전제 아래 시작되었다. 공의
회는 개혁교회 신앙과 장로교 정치를 사용하는 단일單一 교회(교단) 설
립을 목표로 삼았다. 공의회는 각 도(지역)에 당회권을 가진 위원회
sessional committees를 조직하여 활동하게 했다. 공의회의 관할 지역이
전국에 걸쳐 워낙 광범위하기 때문에 하부 조직(일종의 대리회)으로 공
의회 위원회committees of the council를 두었다. 1901년까지는 황해도와
평안남북도 지역의 평양 공의회 위원회와 나머지 지역의 목사(선교사)

가 속한 경성 공의회 위원회, 이렇게 두 개 위원회만 있었다. 그해에 (1901) 호남 지역의 전라(도) 공의회 위원회와 영남 지역의 경상(도) 공의회 위원회가 조직되었다. 그 이듬해(1902)에는 함경도 지역의 함경 (도) 공의회 위원회가 조직되었다. 공의회 위원회의 감독 아래 당회 위원회가 있었는데, 이 위원회는 세례 후보자 심사, 성례 계획, 권징 시행, 그리고 장로 선거 준비 등 나중에 개 교회의 당회가 담당하게 되는 모든 기능을 수행했다. 개 교회가 실시하는 장로 선거는 공의회 위원회의 허락 아래 시행하는 것이 원칙이었는데, 한국 장로교회에서 장로 선거는 1900년에 처음 실시되었고, 그리고 1904년까지 25명의 장로를 장립했다.

1901년에 선교사와 한국인 총대가 함께 참여하는 합동 공의회의 이름을 '조선예수교장로회 공의회'로 정하였다. 이 공의회는 전국에 흩어져 있는 교회가 한자리에 모여 의논하는 회의체였다. 이 공의회는 장차 탄생할 노회의 근간이 되었으며, 계속해서 노회를 거쳐 총회에 이르는 장로교 치리 과정의 체계를 예상하며 조직되었다. 조선예수교장로회 공의회는 1907년 (한국의) 독(립)노회가 조직되기까지 한국인 교회 지도자를 훈련시켰다. 한국인 총대는 아직 교회 일 처리에 완숙하지 못했으므로, 치리권은 영어를 사용하는 회의에서만 행사했고, 한국어를 사용하는 회의에서는 한국인 총대들 사이의 친목 도모와 또 총대들이 교회 운영을 배우고 실습하는 장이 되었다.

1904년에 조선예수교장로회 공의회의 규칙이 처음으로 채택되었다. 이 규칙은 공의회의 목적이 한국에 (서양 교회의 선교부로부터) '독립(한) 교회'를 세우는 데 있다고 밝히면서, 이 독립 교회는 개혁교회reformed church의 신앙을 인정하고 장로교presbyterian 정치를 사용하게 될 것이라 천명했다. 공의회의 규칙에서 주목할 만한 내용은 조직 개편이었다. 기존의 공의회 위원회는 노회 위원회小會, Presbyterial committees로 개편되었고, 노회 위원회는 아직 당회가 구성되지 아니한 교회를 돌보며 당회권을 행사했고, 당회가 조직된 교회에게는 그 당회로 하여금 한글로 기록한 회의록을 만들어 보관하도록 했다. 노회 위원회는 장로와 집사의 선출을 허락하는 권한을 가졌고 또 직분자로 선택된 임직 예정자를 6개월 동안 교육시켜서 안수 받아 임직하도록 했다. 노회 위원회는 또한 목사 후보자를 시취하여 양성할 책임과 권한을 지니지만—아직은 정식 노회가 조직되지 아니했으므로—목사 안수를 주지 못했다. 노회 위원회는 그러나 한국인 조사에게—특별한 경우—그 지역 관할 선교사의 감독 아래 원입교인을 문답하여 교회로 받아들일 수 있는 권한을 부여했다.

조선예수교장로회 공의회의 가장 중요한 임무는 대한 제국(한국)에서 토착 장로교회를 세워 나가는 절차를 밟는 일이었다. 맨 먼저 신앙의 표준을 확립하는 결의가 이루어졌다. 공의회는 1904년에 웨스트민스터 소요리문답 5천 부를 간행하기로 결정했고, 1905년에는 교회 헌법 준비 위원회가 이른바 '12신조'(1904년 인도 장로교에서 제정)를 대한 제국(한국) 장로교의 신조로 제안했다. 이 제안서가 1907년 대한 제국(한국) 장로교를 조직하는 독(립)노회에 제출되어서 1년 동안 임시로 채택되었다가 1908년에 완전 채택되었다. 하지만 교회 정치의 형태에 관하여는 그때 여러 가지로 논의 중이었다. 공의회가 1905년에 이 문제를 진지하게 토의했지만 결론에 이르지 못하였다. 또다시

1906년에 이 문제가 논의되었고, 웨스트민스터(영국 장로교회) 정치 모범대로 제정한 정치 형태가 공의회에 상정되었지만, 공의회는 1년간 더 연구하기로 결의했다. 1907년에 한국의 독(립)노회가 창립되도록 결정된 상태에서, 마지막 회기로 모인 공의회 자리에서 웨스트민스터 정치를 우리말로 번역하여 인쇄한 문건이 제출되었다. 공의회는 웨스트민스터 정치 원리와 형태가 아직은 미숙한(연약한) 한국 장로교회에겐 상당히 무리일 것이라 판단하여 장로교의 일반 정치 원리에 기초하여 단순하고도 간단하게 제정된 정치 원리를 사용하기로 결의했다. 또한 장차 한국 교회가 (이대로) 잘 자라서 장로교의 교리에 익숙하게 되면 그 형편에 맞는 정치 체제를 제정하는 것으로 결의했다. 이러한 결의에 따라 독(립)노회가 창립될 때에는(1907) 간단하고도 단순한 형태의 정치 제도가 제출되었다.

대한 제국(한국)에서 장로교 독(립)노회가 조직되면(1907), 이제까지 공의회가 주관하던 대부분의 업무가 노회로 이관될 것이기 때문에, 공의회는 1906년에 잔무 처리 규칙 제정 위원회를 조직하였다. 또한 한국어를 사용하는 공의회는 노회가 설립된 다음에 폐지하기로 했고, 노회 총대는 목사와 장로만으로 참석하도록 하며, 총대에게 발언권과 투표권을 부여하기로 결정했다. 그리하여 독(립)노회 창립 직전에 모인 공의회는 이제까지 행사行事했던 치리권을 노회에다 넘겼다. 또한 영어로 논의하는 공의회는 계속 유지하되 이 공의회는 선교사들의 연합 사업과 관련된 업무(신학교 관리, 찬송가 발간, 일본인과 중국인 전도 업무, 사전 발간과 신문 발행 등)를 다루기로 했다. 영어 사용 공의회는 새로운 이름을 가졌는데 '長老會미슌合衆會'로 정했다.

2. 한국 장로교 독(립)노회 조직: 朝鮮全國獨老會(1907)

1907년 9월 17일 평양에서 "朝鮮全國獨老會"(이하 독(립)노회)가 조직되어 대한 제국(한국) 장로교가 본궤도로 올라섰다. 독(립)노회는 내한 선교사들이 상호 협력과 연합 사업을 하면서 형성된 에큐메니컬 정신(연합과 일치)의 결실이었다. 만일 내한來韓 선교사들에게 협력과 연합의 정신이 없었더라면, 아마도 한국 장로교는 처음부터 몇 개의 교단으로 나뉘어 시작되었을 것이다. 이렇게 연합과 협력의 정신으로 한국 장로교의 독(립)노회가 조직되었고, 또 이 정신이 한국 교회의 기초가 되었다. 이 점이 '대한예수교장로회 독노회'(1907년 9월 17일, 제1회)의 서문에 아래와 같이 기록되었다.

　…하ᄂ님께서 우리나라 인민을 도라보샤 〔미국〕 남쟝로교회와 북쟝로교회와 〔영국〕〔오스드렐냐〕 장로교회와 〔가나다〕 쟝로교회의 쥬를 밋ᄂ 모든 형뎨ᄌ매들의 ᄆᅠ음을 감동식혀 이 네 곳 교회 총회로 선교ᄉ를 택명ᄒ야 이곳에 보내시매… 이 네 곳 총회에서 특별히 대한국 장로회 로회를 세우기로 허락ᄂᄂ고로 장로회 회쟝 마포삼열 목ᄉ께셔 네 곳 총회의 권을 엇어 한국 교회에 로회되ᄂ 취지를 설명ᄒ시되… 쥬 강생 일천구백칠년 구월 십칠일 오정에 한국 로회를 설립ᄒ 후 대한에 신학교 졸업학ᄉ 닐곱 사름을 목ᄉ로 쟝립ᄒ고 대한국 예수교 장로회 로회라 ᄒ셧스니 이는 실노 대한국 독닙 로회로다.

이 서문은 한국 장로교의 출발 선언문이라 말할 수 있다. 장로교회의 기초 조직은 '노회'presbytery인데, 위의 서문은 한국 장로교가 한편 외국 선교부들의 연합과 협력의 결실이고 또 다른 한편 외국 선교부로부터 독립하는 '독(립)노회'獨老會로 시작한 것을 선포했다. 1893년 선교사들이 공의회를 조직하여 여기까지 오는 데 13년 세월이 걸렸다.

독(립)노회 산하 7개 대리회가 전국에 조직되었는데, 경충·평북·평남·경상·황해·전라·함경 대리회였다. 5년 뒤 총회 창립에 따라 독(립)노회 산하의 대리회가 노회로 성립되었다. 즉 전국 7개 노회로 총회가 결성되었다. 전국의 지역 분계에 따라 경기·충청남북·강원을 합쳐서 '경충노회', 함경남북은 '함경노회', 경상남북은 '경상노회', 전라남북은 '전라노회', 황해도는 교세가 강하므로 '황해노회', 그리고 평안남도와 평안북도 역시 교세가 강했으므로 각각 노회를 조직하였다.

3. 장로교회의 정치 원리

독노회는 종전까지의 노회 위원회를 대리 위원회Sub-presbyteries로 바꾸었다. 그렇지만 그 이름만 바뀌었지 하는 일은 여전히 동일했다. 노회는 전국의 각 대리 위원회에 장로 피택과 목사 후보자의 시취 그리고 목사 위임installation에 대한 권한을 부여했다. 대리 위원회로 하여금 오늘날 노회의 기능과 역할을 하도록 했다.

제1회 독노회는 조선예수교장로회 공의회가 제안한 신경과 정치를 채택했는데, 웨스트민스터 소요리문답과 12신조를 한국 장로교의 헌법으로 보고받으며 이것을 1년 동안 임시로 채택하고 계속 검토하기로 결정했다. 제2회 독노회(1908)는 12신조와 소요리문답을 완전 채택했다. 정치 규칙도 동일한 절차를 거쳐 채택했다. 정치 규칙은 이미 제1회 노회록에 '대한예수교장로회 규칙'이라는 제목으로 첨부되었다. 이 규칙은 독노회가 창립되기 직전에 제안되었고, 또 이 규칙은 1922년에 제정된 헌법으로 대체될 때까지 존속되었다.

1907년 이래로 5년 동안의 독노회 시기가 있었고, 1912년에는 한국 장로교의 총회가 창립되었다. 이로써 독노회 시대는 마감되었다. 장로교회의 치리는 당회, 노회, 총회로 이어지는 체제가 완성되었다. 이에 앞서 제5회 독노회(1911)는 이제까지 치리권을 행사한 도당회都堂會에게 그 권한을 폐지하기로 결의했다. 총회의 창립과 더불어, 총회는 대리 위원회의 조직을 폐지하고 또 영수회와 제직회에게 치리권을 허락하지 않기로 결의했다. 이와 함께 평신도 교역자 노릇을 해 온 조사와 개 교회 지도자인 영수 제도의 존속 여부를 놓고 논의했다. 총회는 독노회의 신경·소요리문답·정치 규칙을 그대로 이어받아 존속케 하는 한편, 곧바로 총회의 헌법을 웨스트민스터 신조를 표준삼아 개정하고자 했다. 즉 1907년에 채택된 교회 헌법을 그대로 유지하려 하지 않고 웨스트민스터 신조에 따른 새로운 헌법을 제정하고자 했다. 그로부터 10년 뒤 1922년의 총회는 웨스트민스트 정치 원리를 채택하여 새로운 헌법을 만들었는데, 이 정치 원리는 미국 장로교가 해석한 웨스트민스터 정치 모범이 그대로 전해진 것이었다.

이 정치 원리는 네 가지 특징을 갖고 있는데 그것은 대의주의, 집단 지도주의, 입헌주의, 관계주의였다.[15]

① 대의주의는 투표로 선출된 직원에 의해 교회가 운영된다는 뜻이다(제1장 제6항). 교인이 항존직 직원을 선출할 수 있는 권리를 지닌다는 점은 변경될 수 없는 장로교 정치 원리이다. 위임목사를 선출할 때 공동의회가 선거하는 것(제15장 제1-4항), 또 장로와 안수집사가 세례교인의 선거로 선출되는 것이(제13장 제1항) 이 원리에 근거한다. 또한 하급 회의가 상급 회의로 파송하는 총대를 선거로 선출하는 것도 대의주의 원리를 표현한다.

② 집단 지도주의는 교회가 목사나 장로 혹은 어느 개인의 결정이 아니라 치리회의 집단 지도 체제를 통해 운영되는 원리이다. 이는 집단적인 결정이 오류를 범할 수 없다는 뜻이 아니라 어느 한 개인이나 소수가 결정하는 것보다 위험이 적다는 생각이 반영되었다. 집단 지도 체제는 장로 동등의 원리parity, 다시 말하면 목사와 치리 장로의 동등의 원리로 연결될 수 있다. 이것은 노회가 임직한 목사와 개 교회 교인 대표인 치리 장로가 함께 치리회를 조직하도록 한 규정과 관련된다. 치리회는 목사와 장로가 모두 있어야 조직이 구성되고 또 목사와 장로가 모두 출석해야 성수가 된다.

③ 입헌주의는 장로교가 헌법에 따라 다스려진다는 원리이다. 1922년 한국 장로교회가 제정한 헌법은 웨스트민스터 표준에 따라 신앙고백서(신경, 소요리문답 등)와 규례서(예배 모범, 권징 조례, 정치 등)가 모두 갖춰진 최초의 교회 헌법이었다. 신앙고백서는 교인에게 자신이 누구

이며, 무엇을 믿으며, 어떤 일을 하려고 하는지를 선포한다. 성경 안에 계시된 예수 그리스도가 교회의 가장 권위적인 표준이 되지만, 신앙고백서는 간결한 형태로 성경의 가르침을 제시하고 있다. 장로교는 신경과 요리문답을 포함한 신앙고백서를 가지는 것이 성경의 권위를 약화시킨다고 생각하지 않으며, 이 신앙고백서가 성경을 바르게 해석하는 기준을 제공한다고 본다.[16] 신앙고백서가 교회의 믿음을 가르친다면, 규례서는 교회 정치와 예배와 권징의 원리와 내용을 제시한다. 1922년 헌법의 규례서는 교회 정치, 예배 모범, 권징 조례의 세 부분으로 이루어져 있는데, 이렇게 헌법에 규정된 대로 정치와 예배와 권징이 이루어져야 한다는 것이 장로교회의 확신이다.

입헌주의는 대의주의와 직접 연결되는데, 회중에 의해 선출되어 권한을 위임받은 교회 직원은 헌법에서 규정된 범위 안에서 권한을 행사해야 한다. 이러한 목적으로 장로교의 규례서는 목사, 장로, 집사의 권한과 직무, 당회, 노회, 총회와 같은 치리회의 권한과 직무를 상세하게 규정했다.

④ 관계주의는 교회가 하나라는 성경적 원리에 기초해 있다. 장로교는 온 세상 모든 기독교인이 한 분 주님, 하나의 믿음, 하나의 세례, 한 분 하나님을 고백하고 있으며(엡 4:5-6) 또 그리스도의 몸을 이룬다(고전 12장)고 믿는다. 따라서 홀로 고립된 장로교는 존재할 수가 없다. 온 세계의 장로교는 마치 그물망처럼 연결되어 있다.

관계주의는 당회, 노회, 총회로 이루어지는 치리회 조직에서 가장 잘 나타나 있다. 치리회는 유아독존적인 회가 아니요 서로 연결되어 있다. 각 치리회의 권한과 직무는 헌법에 규정되어 있다. 치리회는 또한 법(규칙)에 근거하여 대표를 세워서 모든 일을 처리한다. 당회가 지교회를 다스리고, 노회는 그 지역의 교회와 교역자를 다스리며, 총회는 교단 소속 모든 지역 노회·교회의 공통 관심사에 대한 관할권을 지니고 있다. 이러한 관계주의를 바탕으로, 모든 치리회는 총대를 선출하여 상급 회의에 참여하는데, 당회는 노회에 참여할 치리 장로를 선출하고, 노회는 총회에 참여할 총대를 선출한다. 또한 상급 치리회는 하급 치리회를 감독할 권한과 의무를 지니고 있다.

19세기 후반에 학교 설립과 병원 설립으로 시작된 한국 개신교(감리교, 장로교 등)의 선교 사역은 그 당시 사회에서 기독교의 공공성과 사회 공적 책임성을 일깨웠다고 본다. 아픈 사람을 치유하는 기독교 병원과 인재를 양성하는 기독교 학교에 대한 인식이 당시의 사회에서 뚜렷하게 각인되었다고 본다.

또한 신앙 각성 운동(1903-1907)으로 한국인의 심성에 내면화된 개신교는 1910년 이래로 일제의 식민 지배 상황에서 나라의 주권 회복과 민족 독립을 위해 참여했다. 이른바 '105인 사건'과 기미년(1919) 독립 만세 운동에 기독교가 참여한 사건이 대표적인 경우다. 그 이후, 1920-1930년대에는 장로교회가 다양한 계몽 운동과 농촌 운동(농촌 경제 살리기) 등을 통해 사회 봉사(diakonie)의 영역을 넓혀 나갔다. 그리하여 한국 교회는 일제의 식민 지배 기간에 사회-정치적, 경제적, 문화적인 영역으로 사회 공적 책임을 실천했다.

제 7 강

교회의 공공성,
사회 책임 전통 확립

교회의 공공성,
사회 책임 전통 확립

1. 장로교회 당회의 사회 윤리적 기능

교회의 공공성과 사회 공적 책임성은 교인들의 바른 삶에서 출발했다고 본다. 교인의 바른 삶은 '하나님 앞에서'Coram Deo 살아가려는 신앙 정신을 실천하는 일상에서 드러난다. 교인의 바른 신앙 정신과 맑은 삶이 교회 안에서뿐만이 아니라 사회에서도 영향을 끼친다는 점, 이 점에 착안하여 장로교회 당회의 역할과 기능을 역사적으로 살펴볼 필요가 있다. 한국 장로교회의 당회는 세계 개혁교회의 직제가 도입된 것인데 이것이 '윗사람(어른)을 존경하는' 한국의 대가족 전통 문화와 잘 맞아떨어졌다고 본다. 또 당회는 이때부터 교인들을 바르고 정직한 삶으로 인도하기 위해 치리하는 역할과 기능을 담당했다.

그런데 19세기 말 내한 선교사들의 눈에 비친 조선(한국) 사회의 도덕성은 대단히 해이했고 윤리 의식도 희박했다. 교회 다니는 교인인데도 여전히 술과 담배를 즐겼고 또 노름하고 점을 보았고 심지어는 축첩도 망설이지 않은 경우가 허다했다. 특히 돈 문제에 있어서 선교사들은 한국 교인을 신뢰하지 못했다고 한다. 교인 가운데서 선교사의 돈을 횡령한 사건이 심심찮게 일어났다고 한다. 이런 경험을 참작하여 선교사들이 엄격한 치리 규칙을 만들었다.

장로교 공의회(1893-1906)는 신앙 훈련의 단계를 만들었다. 신앙 훈련은 학습교인 단계에서부터 세례교인이 되는 과정이었다. 자타自他가 인정하는 기독교(장로교) 교인이 되려면 먼저 분명한 신앙고백을 해야 했고 그 다음엔 높은 수준의 도덕성과 깨끗하고 고매한 윤리적 삶을 살도록 했다. 이러한 교인이 되도록 이끌어 주는 임무와 역할을 당회가 담당했는데, 이것은 개혁교회 전통과 유산으로 내려오는 당회의 치리 기능이었다. 당회원인 장로는 교회 평신도 대표로서 당회에 참석하며 자기 스스로가 매사에 엄격한 신앙 도덕에 따라 모범적인 신앙 생활을 해야 했다. 당시의 일반 사회에서 성인이면 별로 거리낌없이 했던 음주, 흡연, 노름, 축첩을 장로는 단호히 삼가야 했다. 장로는 또한 기독교 신앙 정체성을 지키는 가운데서 성수주일을 지키고 또 조상 제사를 거두었다. 만일 장로가 성경적 삶의 기준을 어기거나 사회에서 물의를 일으키면 권징을 받아야 했다. 한 걸음 더 나아가서 장로의 직계존속(아들, 딸)이 음주, 흡연, 그리고 사회적 모범이 되지 못한 행위를 한 경우에도 그 장로는 권징의 대상이 되었다.

그리하여 당회는 교회의 치리 기구로서 교인의 삶을 바르게 인도하는 역할을 하였는데 이를 통해서 의식적 혹은 무의식적으로 사회 차원의 윤리적 기능도 수행했다. 당회가 교회 안팎에서 생활 윤리를 정화하는 기능을 함으로써 사회 공적 역할을 수행했던 것이다.

2. 정신 문화의 계발

내한 선교사 몇몇은 우리나라의 정신 문화를 잘 파악했고 이 가운데서 특별히 한글의 가치를 발견했다. 게일은 한글이야말로 누구나 '배우기 쉽고' 누구에게나 익히기에 '간단한' 언어로서 '하나님의 신비한 섭리 가운데서' 선교를 위해 '준비된' 아주 훌륭한 언어라고 감탄했다. 그는 한글 『문법책』Grammatical Forms과 『한영자전』Korean-English Dictionary을 출판했다. 언더우드 또한 게일과 헐버트와 함께 『영한英韓자전』과 『한영자전』을 출간했다. 선교사들의 사전 제작은 성경을 한글로 번역하는 데 기초 작업이 되었다. 그 이후에 한글 성경은 문맹을 타파하는 데 결정적인 역할을 했다. 예를 들어 1920년대 경상북도 안동 지역의 장로교회는 사숙·강습회·야학 등의 학교를 세워서 한글을 가르쳤는데, 한글 교육의 주된 목표는 교인들에게 성경을 읽히기 위함이었다. 이런 종류의 학교가 1914년 이래로 장로교 총회의 통계표에 나타났는데, 이 학교를 '별학교'別學校라 불렀다. 이런 식으로 기독교(개신교)는 겨레 언어인 한글의 발전과 민족 정신 문화의 창달에 기여했다.

3. 인재 양성

기독교 학교의 설립은 19세기 후반 조선 정부의 교육 정책 개혁과 맞물렸다. 정부는 갑오개혁(1894)을 추진하면서 교육의 근대화를 위해 교육 담당 부서인 '학무아문'을 조직했다. 일 년 뒤에 이 정부 조직의 명칭이 '학부'로 바뀌었다. 학부는 한국 근대 교육 체제의 틀을 만들었는데, 그 범주에서 1895년 7월에 '소학교'小學校가 설립되어 초등 교육 단계가 시작되었다. 이때부터 교회의 학교 설립이 빠른 속도로 전국으로 확산되었고, 1908년에는 장로교의 두어 교회가 한 개의 학교를 설립할 정도였다. 교회가 설립한 소학교의 졸업생이 배출되자, 교회가 그 다음 단계의 교육 기관인 중학교를 설립했고 또 그 다음에는 대학(숭실대학)을 설립했다.

학교 교육은 서양 문명을 소개하는 지식 전수와 함께 학생의 의식을 근대화에 부응하도록 바꾸었는데, 그 학생들이 나중에 성인이 되어 사회의 계몽에 기여하게 되었다. 또한 여성의 학교 교육을 통하여 여성 의식이 깨어나게 했으며, 또 여성의 학교 교육은 가부장적 전통 가족 질서를 변혁하여 가정과 사회에서 여성의 인권이 향상되는 데(남녀 평등, 과부의 재가 허용, 조혼 폐지, 축첩 폐지, 여아 매매 금지 등) 이바지했다. 또한 러일 전쟁(1904)과 을사조약 체결(1905) 이후에는 국력 신장國力伸張과 국권 회복國權回復을 위한 일반 사립 학교의 설립이 전국적으로 확산되었는데, 여기에 많은 교회가 학교를 설립하여 동참했다. 1919년 3·1 만세 운동 직후에 일제의 식민 지배는 소위 무단 통치에서 기만적 문화 통치로 바뀌었다. 그러자 독립 운동의 형태 또한 실력 양성론으로 바뀌었다. 이때 전국의 많은 교회가 실력 양성의 맥락에서 유치원과 기독교 학교를 설립하였다.

4. 민족의 독립을 위한 정치 참여: '105인 사건'(1911), 3·1 만세 운동(1919)

대한 제국이 1910년 일제에게 나라의 주권을 빼앗겼다. 그 이듬 해, 일제는 한국에서 반일 민족 세력을 제거할 목적으로 합법성을 가장한 재판 제도를 채용하여 대규모 탄압 사건을 조작하였다. 당 시에 이 사건의 이름은 '데라우치 총독 모살 미수 사건'이었다(윤경로). 이 사건을 조작한 총독부의 주장에 따르면, 1910년 음력 8월에 데 라우치 총독이 압록강 철교 개통식의 축하를 위해 서북 지방으로 시 찰한다는 풍문이 나돌았다. 이 소문을 들은 서울 신민회의 간부들 은 여러 차례 비밀 모임을 갖고 총독 암살 계획을 모의하였다는 것 이다. 이 거사를 실행하려는 계획으로써, 신민회가 서북 지역에 사 는 주민들 가운데서 일본에 대하여 반감이 강한 사람들을 모아 총 독이 방문하는 경의선 주변 8개 도시의 기차 역전에서 환영객으로 가장하여 총독을 암살케 한다는 것이었다. 그리고 거사의 배후에는 외국 선교사들의 사주와 지휘가 있다고 했다.

물론 이것은 꾸며 낸 조작이었고, 일제는 이 조작된 거사 사건을 실제인 양 조사하기 위해 1911년 음력 9월 3일부터 피의자를 체포 했다. 그날 오전에 선천의 신성중학교 교사와 학생들이 아침 기도회를 마치고 교실로 들어가는 중이었는데, 느닷없이 일제 경찰이 나타나 교사 7명과 학생 20명을 체포하여 서울로 압송해 갔다. 이때부터 피의자 검거가 대대적으로 집행되었다. 장로교회의 목사 양전백 梁甸伯(1870-1933)도 체포되었다. 서울로 압송된 피의자들은 가혹한 고문을 받았다. 일제 심문관이 미리 짜놓은 각본에 따라 일방적으로 사건 내용을 열거하고 피의자가 "예"라고 대답할 때까지 무자비하게 고문을 가하였다. 고문을 견뎌 내다가 더 이상 견디지 못한 피의자들은, 몇몇을 제외하고는, 허위로 자백할 수밖에 없었다. 이 사건에 휘말려 체포되어서 법정에 기소된 사람의 수는 123명이었다. 이들 가운데서 105명이 유죄 판결을 받았다. 그래서 이 사건을 오늘날 '105인 사건'이라 부른다.

이 사건으로 체포되었던 양전백은 제1심에서 6년형을 선고받았고 그리고 제2심에서 무죄를 선고받아 1913년 3월에 석방되었다. 선천으로 돌아온 그를 맞이하는 환영 인파가 기차역 광장을 가득히 메웠다. 3년 만에 교회의 강단에 서서 설교하려던 그는 맨 먼저 자신의 죄를 고백하였다. "나는 이제 교직敎職을 사辭하여야 되겠습니다. 연약한 육신을 가진 나는 재감중통초在監中痛楚에 이기지 못하여 하지 않은 일을 하였다고 이 입으로 거짓말을 하였으니 주의 교단에 설 수 없는 자가 되었습니다."[17] 이 고백을 듣는 교인들의 뺨에서 눈시울을 적시는 눈물이 흐르기 시작하였다. 그동안 이들은 마치 목자 잃은 양떼처럼 남쪽(서울) 하늘만 바라보며 담임목사님이 석방되어 무사히 돌아오기만을 간절히 기다리고 있었기 때문이다.

일제의 식민 지배에 맞서 빼앗긴 국권을 찾으려는 독립 운동이 1919년 초반에 '3·1 만세 운동'으로 전국에 걸쳐 일어났다. 3·1 만세 운동이 일어난 배경은 일제의 무단 정치와 경제 침략, 미국 대통령 윌슨과 러시아 지도자의 민족 자결 원칙 선언, 고종의 승하에 대한 신민적臣民的 통분과 그의 독살毒殺 사망설로 인한 민족 울분의 폭발이라고 알려져 있다. 이 운동의 특징 가운데 하나는 여러 종교(천도교, 불교, 기독교 등) 지도자들이 서로 다른 신앙 세계를 가졌음에도 불구하고 민족의 독립을 위하여 합심하였다는 점이다. 경상북도 안동 지역의 경우에도 사회 지도층인 유생儒生과 기독교인이 합세하여 독립 만세 운동을 일으켰다. 이 과정에서 유생 출신의 기독교인이 그 누구보다도 앞장서서 이 운동에 참여하였다.

한국 개신교가 3·1 만세 운동에 참여한 과정을 살펴보면, 처음에는 서북 지역과 서울에서 각기 따로따로 추진되다가 1919년 2월 중순경에 두 지역의 세력이 합쳐졌다. 서북 지역에서는 장로교와 감리교의 교역자를 중심으로 추진되었고, 서울에서는 기독교 청년 연합회YMCA와 세브란스延世 병원 학생들이 추진하고 있었다. 당시의 서북 지역 개신교는 전국 교세의 약 절반에 해당될 정도로 왕성하였다. 또 이 지역에서 항일 운동이 잇달아 일어났던 까닭에, 이 지역의 교인들은 예민하게 항일 의식을 갖고 있었다.

최남선崔南善(1890~1957)이 작성한 '독립 선언서'獨立宣言書에 기독교(개신교) 지도자 16명을 포함하여 모두 33명의 민족 대표가 서명 날인함으로써 3·1 독립 만세 운동이 시작되었다. 당시의 한국 개신교의 역사는 불과 40년이 채 되지 못하였고 교세 또한 25만 명 정도였다.

3·1 만세 운동은 평화적으로 진행되었다. 그럼에도 불구하고 일제는 무력으로 이 운동을 진압했다. 일제 총독부의 공식 발표에 따르면, 만세 시위에 참가한 군중의 수를 51만 명으로 추정했다. 또 이 기간에 체포되어 공소公訴된 사람의 수가 약 2만 명이었다. 이 만세 운동의 배후 세력으로 교회를 지목한 일제는 경찰과 헌병의 병력으로 교회를 파손하고 불태우고 교인들을 잡아 가두었다. 가장 대표적인 예가 수원水原 부근의 제암리提岩里교회의 소실 사건이었다.

5. 장로교 총회가 실천한 사회 봉사

한국 장로교의 총회는 1920년대에 교회 '진흥 운동'(부흥 운동)의 차원에서 다양한 사회 봉사를 추진했다. 이 운동은 총회가 주관하여 실천한 교회의 사회 공적 책임이란 점에서 흥미를 가질 만하다. 총회는 농촌 운동(1928-1937), 질병(한센병, 결핵) 퇴치 운동, 절제 운동(금주, 금연), 그리고 공창 폐지 운동을 전개했다. 물론 장로교뿐만이 아니라 다른 기독교 단체(기독교 여성 청년 연합회YWCA, 조선 여자 기독교 절제회 등)도 문맹 퇴치, 야학과 강습소, 공창 폐지 운동, 위생 운동, 육아법, 절제 운동(금주·금연)을 벌였다. 그리고 물산 장려 운동(자급자족, 상공업의 진흥, 국산품 애용)은 민족의 독립을 지향하는 경제 자립 운동이었다.

이 가운데서 농촌 운동이 가장 조직적이고 장기적으로(약 10년) 추진되었다. 장로교의 제17회 총회(1928)는 농촌 운동을 시작하고자 농촌부(부장 정인과)를 설치했다. 총회는 1920년대 중반부터 시작된 농어촌 경제의 침체와 이 지역 교회의 위기 현상(교인 감소, 재정 위기)을 심각하게 인식하고 있었고, 예루살렘에서 개최된 국제 선교 협의회의 보고서에 자극을 받은 장로교는 총회에 농촌부를 설치했다. 총회는 기독교 청년 연합회YMCA가 실시했던 농촌 조사와 농촌 운동을 기반으로 여러 기독교 기관과 협력하여 농촌 운동을 추진했다.

장로교 총회는 농촌 운동을 '농민 계몽'과 '농사 개량' 그리고 '농촌 지도자 양성'에 초점을 맞추었다. 총회의 농촌부는 농업 전문 기술자를 초빙해서 농사 강습회를 개최했고 또 숭실대학 안에 농업 학교를 설립했다. 또 총회는 농촌 운동을 모범적으로 잘 하는 농촌을 격려했고 농민들이 선진 농사 기술을 익히도록 정기 간행물 『농민생활農民生活』을 발간했다. 그 무엇보다도 장로교 농촌 운동의 주요한 목적은 몰락한 농촌의 경제를 일으키는 것이었다. 총회는 농민들이 안고 있는 부채가 심각한 상태임을 파악했기에 이 문제를 우선적으로 해결해야 한다고 보았다.

1933년에 장로교 총회는 배민수 목사의 지도력으로 농촌 운동을 새롭게 시작했다. 그는 '실천적 기독교'를 제창하면서 농촌 지도자 훈련, 농민 교육, 농사 기술에 관한 도서 출판 등을 기획하였다. 그는 전국 곳곳에 모범 농촌을 건설해서 '예수촌'을 만들고 이 땅에 '기독교 왕국'을 건설하려는 뜻을 품었다. 이를 위하여 그는 가장 먼저 농민들의 의식을 개혁해야 한다고 보았다. 낡은 구습을 타파하고 퀴퀴한 생활 습관부터 바꾸고자 했다. 예컨대 관혼상제 간소화, 금연 금주, 도박 금지, 여성의 권리 신장과 남녀 평등, 위생, 협동심, 미신 타파(고사, 굿, 경읽기, 조상 숭배) 등이었다. 배민수는 이러한 의식 개혁의 뒤를 이어서 농사 개량으로 농촌 경제의 향상을 도모하고자 했다. 그가 궁극적으로 구상한 사회 개혁은 한국을 일제의 식민 지배에서 독립시키는 것이었다. 그는 "농촌의 경제를 살리면 나라의 독립은 필연적으로 따라오게 마련"이라는 확신을 가졌다.

그런데 1934년부터 장로교의 총회 안에서 농촌 운동에 대한 찬반 논쟁이 일어났다. 이 운동을 반대하는 목소리가 공식 회의에서 본격적으로 터져 나왔다. 즉 교회는 영적 사업을 하는 곳이므로 농촌 문제에 관여치 말아야 한다는 주장이 제기되었다. 이 주장이 농촌 운동에 대한 찬반 논쟁으로 확대되었고, 이 논쟁은 차츰 교단의 갈등으로 확산될 조짐을 보였다.

평소에 농촌 운동을 못마땅하게 바라보던 사람들이 이 기회를 타서 공개적으로 이 운동을 반대했다. 이들은 교회의 일차적인 과제가 신앙과 전도에 있다고 강조하면서 영靈과 육肉을 구분하고 성聖과 속俗을 엄격히 떼어 놓는 이분법적 논리를 펼쳤다. "신앙과 밥의 문제를 따로 구별하고 신앙과 농촌 운동을 따로 떼어 놓고 신앙을 우선적으로 앞세워야 하며 … 기도하여야 할 예배당에서 축산 기술을 가르치고 있으면 교회도 망하고 농사도 아니 될 것이다."라고 주장했다. 어떤 이는 "교회가 정치 경제 사회 등에 관여(하지) 말고 만민에게 영생하는 영의 양식을 먹여야 한다. 썩을 양식을 만들어 먹이기는 불가능한 일이다."라고 강조했다.

이에 맞서서 농촌 운동을 찬성하는 사람들이 반론을 펼쳤다. "예수는 사람의 영혼을 죄악 가운데서 구원하심에 역점을 두시고 물질적인 면에 관해서 말씀하신 일이 적었다. 그러나 사람이 떡으로만

사는 것이 아니라고 하신 예수님의 말씀은 떡도 있어야 사는 것으로 이해해야 한다."고 주장했다. 그들은 "국민의 8할 이상을 차지하는 이 나라의 농민들이 유리걸식해서 죽거나 해외로 떠나 버리면 현실 적으로 도대체 누구에게 영적 사업을 할 수 있겠느냐."고 반문했다.

그 무렵에 일제의 조선 총독부가 농촌 진흥 운동을 시작했다. 일제 당국의 농촌 진흥청이 전국의 농촌에 농사 기술자를 파견하여 농민에게 농사 기술을 지도했다. 또 일제는 금융 기관(은행 등)을 통하여 농민에게 농사 자금을 빌려 주었다. 이렇게 되니, 일제 조선 총독부가 추진하는 농촌 진흥 운동이 교회의 농촌 운동과 성격이 비슷한데다가 교회보다 훨씬 더 효과적으로 사업을 추진했다. 그 여파로 말미암아 교회의 농촌 운동이 크게 위축되었다. 이 현상이 교회의 농촌 운동을 반대하는 교계 지도자들에게는 농촌부를 폐지하자고 밀어붙일 수 있는 구실을 제공하였다. 결국 1937년의 장로교 총회는 농촌부의 해산을 결의했다.

6. 정리

한국 장로교의 역사를 되돌아보면, 기독교(개신교)는 첫 세대부터 사회에서 공적 책임을 실천하는 종교로(학교, 병원 설립) 소개되었다. 이를 통해 서양 문명을 소개하고 전수하는 기관으로 소개된 재한在韓 개신교 선교부는 신식 학교新式學校를 세워서 서양 학문을 가르치며 인재를 양성했고 또 서양식 병원을 세워서 환자를 치료했다. 기독교는 가르치고 치료하는 사회의 공적 기관이라는 의식을 사회 속에 다 강하게 심어 주었다.

이러한 역사 고찰은 서양 근세 시대 기독교와 한국 개신교 사이의 대조점을 발견케 한다. 근세 이래로 유럽에서는 교회가 사회의 공적 영역에서 퇴조되면서 전통 종교인 기독교의 사회적 영향력이 쇠퇴했는데, 그런데 19세기 말에 서양에서 들어온 한국의 개신교는 사람들에게 사회의 공적 책임을 실천하는 종교로 각인되었다. 이렇게 서양의 교회는 사회의 공적 영역에서 퇴조하였고, 이와 달리 한국의 초창기 개신교는 사회의 공적 영역으로 발을 들여놓았다.

한국 장로교는 1938년에 신사참배를 강요하는 일제의 압력을 더 이상
버텨 내지 못하고 굴복하였다. 그리고 일제는 전국의 장로교회를 강제로
통폐합시켰고 종국에는 장로교 교단을 완전히 해체시켰다. 일제는 한국
장로교와 여러 개신교 교단을 일본 교단에 편입시킴으로써 이 교회를 일
본 기독교로 만들고자 했다. 한국 교회는 이제부터 일제의 태평양 전쟁
을 위해 협력해야 했는데, 예배당 건물을 팔아 매각하여 국방 헌금으로
바쳐야 했다.

그러나 일제의 신사참배에 소극적으로 저항한 신앙인들이 적지 않았고,
또한 적극적으로 신사참배에 불복하며 끝까지 저항한 소수의 '남은 자'들
이 있었다.

제 8강

순교자와 남은 자

순교자와 남은 자

1. 일제의 황국 신민화(皇國臣民化) 정책과
   신사참배 강요

1931년에 만주 사변을 일으킨 일제는 중국 대륙을 본격적으로
침략했다. 상해 사변과 중일 전쟁(1937)을 거쳐서, 일제는 드디어
1941년 미국 등을 상대로 한 '태평양 전쟁'을 시작했다. 중일 전쟁을
계기로 일제는 국가 전체를 더욱 강력한 전시 체제로 바꾸었다. 이
와 함께 일제는 조선에 대해 두 가지 정책을 동시에 추진했다. 첫째,
일제는 대륙 침략을 위한 병참 기지로 한반도를 활용하고자 이 나
라에서 농공 병진 정책을 추진하며 일본·한국(조선)·만주의 블록 경
제를 개발하기 시작했다. 둘째, 일제는 한국(조선)인에게 전쟁 협조를
얻어 내고 또 한국을 일본에 완전히 동화同化시키려는 목적으로 '황
국 신민화(황민화) 정책'을 추진했다. 이 동화 정책은 내선일체內鮮一體

를 앞에 내세우며 추진되었는데, 한국인(조선인)을 황국 신민으로 만드는 동시에 그들의 민족 정신을 말살시키고 이들을 '2등 일본인'으로 만들어서 전쟁에 활용하자는 의도가 내포되어 있었다. 일제는 천황과 국가에 헌신적으로 충성하게 하는 국체명징國體明徵과 헌신보국의 정신으로 어떠한 시련에도 인내하고 목적을 관철하는 인고단련忍苦鍛鍊 등을 강령으로 정하여 한국인(조선인)을 완벽한 황국 신민으로 만들고자 했다. 황국 신민화 정책의 골격은 '조선 교육령 개정', '신사참배 강요' 그리고 '창씨개명'이었다.

신사참배 강요는 황민화 정책의 하나로 식민지 국민을 전체주의에 강제로 편입시키는 방편이었다. 중일 전쟁과 더불어 황민화 정책이 본격적으로 추진되었는데, 일제는 매월 6일을 애국일로 정하고 이날에 신사참배를 하도록 강요하였다. 이뿐만이 아니라 국방 헌금, 국기 게양, 황거요배, 국가 제창, 천황 폐하 만세 삼창도 강요했다. 또한 일제는 교회를 압박하며 전쟁 수행에 협조하도록 했다. 8월 1일에 승동교회에서 시국 설교 및 기도회를 개최하여 내선일체를 재인식케 하고 또 일본의 전쟁 승리를 위하여 매일 아침 기도하도록 강요했다. 일제는 기독교 지도자들에게(신흥우·유형기·윤치호·박희도·차재명 등) 시국 순회 강연의 연사로 나서서 전쟁 협력을 위해 강연하도록 지시했다. 이뿐만이 아니라 이들이 잡지·신문 등에 글을 써서 부일扶日 협력에 나서도록 했다.

그해(1937) 9월 9일 일제는 국민 정신 총동원을 공포했고 또 10월 2일 황국 신민의 서사를 공포했다. 이에 불응하고 동방요배와 신사참배에 참여하지 않는 교회 지도자들이 구속되었다. 동일한 이유로 미국 북장로교 선교부가 경영하는 학교(8개)와 남장로교 선교부가 경영하는 학교(10개)가 폐교당했다.

2. 일제의 강압에 굴복한 교회

한국 장로교는 신사참배를 강요하는 일제의 압력을 1938년에 더 이상 버텨 내지 못하고 굴복하게 되었다. 그해 2월 9일 장로교 평북 노회가 신사참배를 국가 의식으로 인정하고 참배를 결의하였다. 같은 해 9월 9일에 교단 총회가 개최될 때까지 전국 23개 노회(만주의 노회까지 27개) 가운데서 17개 노회가 평북노회의 뒤를 따라갔다.

일제의 조선 총독부는 그해 9월의 장로교 제27회 총회를 대비하여 면밀한 계획을 세웠다. 총독부는 교회 지도자들에게 회유책과 탄압책을 함께 만들었다. 이미 그해 2월에 일제는 탄압책을 쓰면서 평양 장로회신학교 학생들을 예비 검속으로 검거하였고 또 여러 목회자들을 구금시켰다. 이와 함께 일제는 친일파로 전향한 교회 지도자들을 총독부의 앞잡이로 활용했다. 9월 총회 개최가 임박하자, 일제 경찰은 이번 총회에서 무슨 수를 써서라도 신사참배가 가결되도록 일을 꾸몄다. 총회 개최 하루 전, 9월 8일, 평양 경찰서장은 평양노회·평서노회·안주노회의 대표들을 불러서 신사참배는 종교 의식이 아니라 애국적 국가 의식이므로 기독교인들이 솔선 수행해야 된다는 것을 제안토록 종용했다. 이튿날 예정대로 평양 서문밖 교회에서 총회가 개최되었다. 그 다음날 신사참배 문제를 총회가 의제로 다루게 되었는데, 이 의제를 가결시키려는 일제는 이날(10일) 총회 장소 주변에 수백 명의 사복 경관을 배치했다. 총회 사회석 아래에는 평남 경찰부장의 지휘 아래 경관 수십 명이 자리를 잡았다. 무술 경관 100여 명도 회의 장소 안에 배치되어 있었다.

장로교 총회의 총대는 전국 27개 노회(만주의 4개 노회 포함) 대표 목사 88명, 장로 88명, 선교사 30명 등 모두 206명이었다. 총회장 홍택기 洪澤麒 목사는 신사참배 안건에 관하여 가부可否를 물었다. 이때 제안자와 동의 재청한 자를 포함한 몇몇이 "예"라고 대답했고 나머지 대다수는 침묵을 지켰다. 침묵으로 항거하는 총대들을 향해 일제 경찰들이 일제히 일어서서 몸으로 위협을 표시하였다. 좀 당황한 총회장은 "부"를 묻지 않고 이 안건의 만장일치 가결을 선언했다. 회의 서기는 아래와 같이 성명서를 낭독하였다.[18]

아등我等은 신사神社는 종교宗敎가 아니요 기독교基督敎의 교리敎理에 위반違反하지 않는 본의本意를 이해理解하고 신사참배神社參拜가 애국적 愛國的 국가 의식國家儀式임을 자각自覺하며 이에 신사참배神社參拜를 솔선率先 수행하고 급히 국민 정신 총동원國民精神總動員에 참가參加하여 비상시국하非常時局下에서 총후銃後 황국 신민皇國臣民으로서 적성赤誠을 다하기로 기期함

소화 13년(1938) 9월 10일
조선예수교장로회 총회장 홍택기

신사참배가 가결된 다음에 총회 총대들은 평양 신사에 가서 참

배했다.

3. 신사참배 강요에 굴복한 이후의 장로교회

신사참배 강요에 장로교회가 굴복한 다음, 일제는 전국의 장로교회를 강제로 통폐합시켰고 그리고 장로교 교단을 완전히 해체시켜 나갔다. 일제는 한국 장로교를 일본 교단에 편입시킴으로써 이 교회를 일본 기독교로 만들고자 했다.

1) 전쟁 협력

생존을 위하여 장로교회는 신사가 종교는 아니고 또 신사참배가 단지 국가 의식에 불과하다고 밝혔다. 이와 함께 교회 스스로가 일제의 황국 신민이 되겠다고 나섰으니 오히려 생존이 불가능한 길을 선택한 꼴이 되었다. 이제는 교회가 황국 신민이 되었으니 일제의 요구대로 질질 끌려다닐 수밖에 없는 처지가 되었다. 더욱이 이 무렵에 시작된 태평양 전쟁을 위해 일제는 교회로 하여금 전쟁에 필요한 물자 공급을 강요했다. 교회는 이제부터 제국주의 전쟁의 도구가 되었다. 신사참배를 가결한 장로교 제27회 총회는 국방 헌금을 걷기로 하고 그자리에서 500원을 걷었다. 이때부터 해마다 총회 기간에 총대들은 국방 헌금이나 황군 위문금을 걷었다.

1939년 9월 11일에 장로교 제28회 총회가 신의주 제2예배당에 모였는데, 그 자리에서 '국민 정신 총동원 조선예수교장로회 연맹'(= 총동원 연맹)의 결성식을 아래와 같이 거행하였다.

식 순

	사회 곽○○
• 궁성요배	회원 일동
• 국가 봉창	지휘 조○○
• 황국신민 서사 제송	同
• 찬송가 32장	인도 홍○○
• 기도	홍○○
• 성경 봉독: 로마서 13:1-7	한○○
• 취지	이사장
• 규약	낭독 조○○
• 선언	김○○
• 내빈 축사	
• 축전 피로披露	강○○
• 묵도(황군 장병을 위하여, 동양 평화를 위하여)	회원 일동
• 찬송가 1장	인도 홍○○
• 축도	최○○

이 결성식이 '궁성요배'로 시작된 점은 총동원 연맹이 어떤 목적으로 결성되었는지 짐작하게 한다. 그것은 교회가 황국 신민으로서

국가의 정책 수행에 협력해야 했으며 더구나 태평양 전쟁을 위해 협력해야 했다. 9월 총회 이후에 장로교의 전국 노회들도 총동원 연맹을 결성했는데, 예를 들어 경안노회(경북)도 이 연맹을 결성했다(1939. 12. 12). 그 다음, 총회는 전국의 노회와 교회로 하여금 '애국반'을 조직하도록 했다. 전국에서 700여 개 애국반이 결성되었다. 애국반은 전쟁 수행을 위해 소위 '애국 운동'을 벌였다. 이 운동의 내용은 전승 축하, 무운장구 기도, 국방 헌금, 휼병금, 유기 헌납, 강연회, 전상자 및 유족 위문 등이었다. 총회는 1940년 10월 20일을 애국주일로 정하고 이날에 교회가 해야 할 행사를 알려 주었다.

총동원 연맹을 통해 전쟁에 협력해야 하는 장로교 총회는 1940년 9월 '상치위원회'를 조직하였다. 이 위원회는 그해 11월에 소위 '혁신 성명'을 발표하며 장로교회의 '일본적 기독교'를 지향하며 '과거의 구미歐美 의존'에서 벗어나자고 주장했다. 그런데 이것은 황국화로 전향하려는 의지 표명에 불과했다. 따라서 이 위원회는 장로교가 일제의 충실한 신민으로서 동아시아의 새로운 질서를 위해 전시 체제에 협력하기로 했다. 이에 따라 위원회는 주로 전시 물자 공급과 인력 동원에 관련된 일을 맡았다. 이 가운데서도 위원회는 전투기 헌납 곧 '애국기 헌납'을 위한 과제를 맡았다. 헌납을 위한 기금은 "노회마다 유아 세례자 수와 실종자 수를 뺀 교인 수 비례로 한 사람당 1원씩"이었다. 장로교는 1942년 2월 일본 해군에 비행기 한 대와 기관총 7정에 드는 비용인 150,317원 50전을 헌납하였다. 같은 해 6월에는 조선군 사령부에 육군 환자용 자동차 3대 기금을 헌납하였다. 9월 20일에는 총회가 해군에 헌납한 함상 전투기 명명식을 서울운동장에서 가졌는데 이 비행기의 이름을 '조선장로호'라 붙였다. 전쟁 물자 속에는 각 가정의 일상 생활에서 쓰는 놋그릇(유기)까지 포함시켰고 더 나아가서 교회의 종탑에 걸려 있는 종마저 포함시켰다. 장로교 제31회 총회(1942)에 보고된 바에 따르면, 전쟁 협력을 위해서 유기 2,165점, 교회 종 1,540개, 총액 약 119,832원이 모아졌다. 총회의 전쟁 물자 공급은 전국 각 노회와 개 교회별로 모아서 조성된 것이었다.

그런데 1940년 말에 총동원 연맹이 해체되었고 새로이 '국민 총력 조선예수교장로회 연맹'(총력 연맹)이 결성되었다. 12월 5-6일 서울에서 장로교 총력 연맹의 결성식을 가졌다. 이 예식은 궁성요배, 황국 신민 서사 제창 등으로 진행되었다. 그자리에서 결의문이 채택되었다.

조선야소교장로회 신도 일동은 양자襄者(전에) 성명한 혁신 요강에 기하야 구미 의존주의로부터 해탈하고 순정 일본적 기독교 혁신을 기하는 동시에 복음 전도 사업을 통하야 신애협력 유유단결을 공고히 하야 신도臣道 실천 각각 직역職役에 봉공함으로써 동아 신질서 건설의 국시에 정신挺身하야서 성려聖慮를 봉안키를 맹서한다.

총력 연맹의 첫 사업은 부여 신궁 어조영扶餘神宮 御造營의 근로 봉사였다. 이것은 신사참배보다 더욱더 굴욕적인 행위였다.

이듬해(1941) 4월 29일 총력 연맹은 천장절天長節(일본 천황의 생일)을 맞아 천장절 봉축식을 겸한 '전선全鮮 여신도 대회'를 열어 서울에 약

1,300명이 모인 그자리에서 '국민 총력 연맹 여자부' 결성식을 가졌다. 이로써 일제는 태평양 전쟁 수행을 위한 징병제 실시를 앞두고서 여성 인력까지 동원하기 위해 이 연맹을 결성했다.

장로교회의 전쟁 물자 공급은 교회 건물을 매각하기까지 모든 것을 감수해야 했다. 교회는 예배당을 팔아서 없애기까지 전쟁 수행에 협력해야 했다. 일제는 전국 각 면 단위로 1개의 교회만을 남겨 놓는다는 방침을 세우고 교회의 합병을 추진하였다. 교회의 통폐합으로 말미암아 비게 된 교회들이 매각 처분되었고, 이 판매 대금은 일제의 태평양 전쟁 수행에 필요한 국방 헌금으로 들어갔다. 이 땅의 많은 교회들이 매각 처분되어 사라지자, 장로교 총회가 덩달아 쇠약해졌다. 일제의 강점기에서 열린 장로교 마지막 총회가 1942년 10월 16일 평양 서문밖교회에서 개최되었다. 이로써 일제의 황민화 정책이 교회를 야금야금 잠식해 들어오다가, 마침내 한국 장로교는 마치 그믐달처럼 이지러져 갔다. 1942년의 장로교회는 전년도에 비해 교회 수가 750개 감소하였고 또 교인 수는 76,747명 줄어들었다.

2) 일본 기독교에 편입된 한국 교회

한국 장로교가 결국 일본 교회에 편입되기에 이르렀다. 물론 이 사건은 비단 장로교뿐만이 아니라 국내 개신교 교단들에게 공동으로 불어닥친 것이었다. 한국의 개신교 교단들이 교파별로 일본의 동일 교파와 합동하거나 혹은 국내 교파들끼리 합동하기 위하여 '교파합동 추진위원회'가 구성되었다.

1943년 1월 서울 새문안교회에서 개신교 5개 교파의 대표들이(장로교 19명, 감리교 9명, 성결교 4명, 구세군 4명, 일본 기독교구회 4명) '조선 기독교 합동 준비위원회'로 모였다. 이 회의에서 7-8월경에 '혁신교단' 창립 총회를 개최하기로 하였다. 그러나 참석한 교파 대표들 사이에서 신학 논쟁이 일어났고 이로 말미암아 교파 합동의 진행이 벽에 부딪혔다. 구약성경에 대한 이해가 서로 엇갈려 일어난 신학 논쟁이었다. 감리교 측이 "구약성경에 나타난 유대 사상을 없애는" 이른바 구약성경을 폐기하려는 혁신안을 제출하였고, 이것이 쟁점의 초점이 되었다.

그해(1943) 4월에 '조선 기독교 혁신교단'이 출현하였다. 구약성경을 폐기하려는 감리교 측이 장로교의 경기노회 부회장 전필순과 협의하여 혁신교단을 조직하였다. 전필순이 이 교단의 통리로 추대되었다. 이 교단은 성경에서 유대주의와 관련된 부분 특히 구약의 출애굽기와 다니엘서 그리고 신약의 요한계시록 등을 삭제하자고 주장했다. 한 걸음 더 나아가서 구약성경 전부를 폐지시키고 또 신약성경도 4복음서 이외에는 전부 없애자고 주장하였다. 그러나 장로교의 경기노회에서 이 주장에 대하여 엄청난 반발이 일어났고 오히려 전필순이 탄핵을 당하였다. 감리교 내부에서도 반발이 일어났다. 결국 혁신교단은 해체되었고 감리교단으로 환원하였다. 교파 합동의 시도가 결렬되었다.

교파 합동이 결렬되자, 교파들이 개별적으로 일본 기독교 안으로 들어갔다. 1943년 5월에 장로교는 '일본 기독교 조선 장로교단'

으로, 8월에는 감리교가 '일본 기독교 조선 감리교단'으로 각각 개칭하였다. 장로교는 이어서 '실천 요목'을 채택하여 부일 협력의 지침을 마련했다. 이 실천 요목에는 신앙의 정체성마저 포기하고 교회가 변질되게 하는 내용을 담고 있었다. 이 과정에서 상치위원회가 주도적인 역할을 하였다. 한국 개신교의 교파들이 1945년 7월 19일 '일본 기독교 조선 교단'日本基督教朝鮮教團으로 완전 통합되었다. 장로교 대표 27명, 감리교 대표 21명, 구세군 대표 6명, 그리고 5개의 교파 대표 각 1명씩 모여서 새 교단의 성립을 발표했다. 초대 통리는 김관식金觀植이었다.

4. 저항한 신앙인들

장로교 총회가 신사참배를 결의한(1938) 이후, 서울 안동교회 담임 목사 최거덕의 교역은 한치 앞이 보이지 않는 캄캄한 밤 같은 세월 속으로 빠져들어갔다. 드러내 놓고 신사참배를 항거할 수 없는 한계 상황을 참고 인내해야 했고, 날로 날카로워지는 일제 경찰의 감시는 사람의 목을 조여드는 느낌이었다. 대다수 교역자가 이런 암울한 상황에 처해 있었다. 최 목사의 사택으로 경찰과 사복 형사들이 수시로 들락거렸다. 한번은 조선어학회 회장 이윤재 장로의 아이가 한글로 기록된 아버지의 일기장을 최 목사의 집에 놓고 그냥 갔는데, 그날 마침 형사가 목사 사택에 들어왔다가 한글로 기록된 그 공책을 발견했다. 일본어만 사용해야 하는 그 시절에 한글로 기록된 공책이 있었으니 엄청난 것을 적발한 것이었다. 형사는 이 공책이 최 목사가 교회 아이들에게 한글을 가르치는 교재라고 간주했다. 이것 때문에 최 목사는 영문도 모른 채 종로 경찰서로 호출되어 큰 어려움을 겪었다.

1942년에 일어난 '조선어학회 사건'으로 안동교회 장로이자 한글학자 이윤재가 희생되었다. 이 교회는 이윤재를 중심으로 한때 한글학자의 집합소가 되다시피 하였다. 1942년 당시에 그는 조선어학회의 회장을 맡고 있었다. 이 사건을 담당한 함경남도 홍원 경찰서가 그를 체포했다. 최현배·김윤경 등도 함께 검거되었다. 극심한 고문으로 말미암아 이윤재는 결국 옥사하였다. 경찰은 장례식도 치르지 못하게 막아 버렸다. 이런 상황에서 최거덕 목사는 이윤재의 가족들과 함께 비밀리에 장례식을 치르며 그 장례를 집례했다. 그런데 이 사실이 그만 당국에게 발각되었고 최 목사는 종로 경찰서에 잡혀 가서 곤욕을 치렀다.

그 당시에 덕성여자실업학교는 서울 안동교회와 담장 하나로 경계를 이루고 있었다. 학교에 강당이 없어 전교생이 한자리에 모일 공간이 아쉬웠다. 어느 날 교장이 교회의 담임목사에게 예배당을 강당으로 빌려 달라고 부탁해 왔다. 학교의 강당마다 일본 천조대신을 모신 신단을 설치하게 했으므로, 만일 교회를 학교의 강당으로 빌려 주게 되면 거기에 일본 신단을 설치할 것이 뻔했다. 이 점이 염려가 되어 이것을 방지할 방안을 세워야 했다. 그래서 교회 담임목사 최거덕은 학교 교장과 계약을 맺었다. 강당은 빌려 주되 일체 어떤 물건도 가지고 들어오지 못한다는 내용을 계약서에 명시하였다.

계약서 체결과 함께 교회와 학교 사이의 담장을 헐어 출입문을 내고 교회를 학교 강당으로 사용하도록 했는데, 그렇지만 교회당 안에 일제의 천조대신을 모신 신단을 설치하지 못하게 했다.

또한 신사참배 강요를 지혜롭게 거부한 일화가 있었다. 1942년경 서울 이화여고 3학년 학생들이 남산에 있는 조선 신궁으로 신사참배하러 갔는데, 학생들 사이에서 신사참배할 때 머리를 숙이고 땅에다 침을 한 방울씩 세 번 뱉어 버리면 그 참배가 무효라는 얘기가 돌았다. 신사 앞에 전교생이 도열한 가운데서 "경배" 하는 구령이 떨어지자 모두 다 허리를 구부리고 땅에다 침을 떨어뜨렸다.

일제 강점기 말기에 일제 당국의 직원이 안동교회로 찾아와서 전문대학생 명부를 보여 달라고 요청했다. 청년(전문대학생) 학병 출정을 명하기 위함이었다. 최거덕 목사는 이미 그 명부를 감추어 버렸다. 그럼에도 불구하고 교회 청년 26명이 학병으로 끌려가게 되었다. 최목사는 이들에게 성경을 한 권씩 나눠 주고 그 성경에다 시편 92편을 읽도록 표시해 두었다. 표시해 놓은 성경 구절에는 "여호와여 주의 원수가 패망하리니 죄악을 행하는 자는 다 흩어지리이다"는 말씀이었다. 그 이후에 날마다 담임목사는 학병으로 끌려간 한 사람한 사람을 위해 기도드렸다. 1945년 8·15 해방이 되자 학병 나간 청년들이 모두 다 무사히 귀환했다.

5. 남은 자와 순교자

장로교 총회가 일제의 신사참배 강요에 굴복했을 때, 이를 불복하고 끝까지 저항한 소수의 남은 자들이 있었다. 평안남도의 주기철朱基撤, 평안북도의 이기선李基宣, 경상북도의 이원영李源永, 경상남도의 한상동韓尙東과 손양원孫良源 등 소수의 목회자와 평신도들이 끝까지 저항하였다. 이 밖에도 신사참배 강요를 이리저리 회피하다가 다른 나라로(중국 등) 떠난 신앙인들도 더러 있었다.

한국 장로교 여전도회 연합회는 총회의 신사참배 결의에 순복하지 않고 여전도회의 총회 소집을 미루며 공식 입장을 내놓지 않았다. 1940년 경상남도 여전도회 연합회가 부산 항서교회에서 회의를 개최했을 때, 이 자리에서 회장 최덕지의 사회로 신사참배에 불참할 것을 선언했다. 이미 신사참배를 결의한 장로교에 속한 여전도회가 공식석상에서 공개적으로 신사참배를 거부한 이례적인 사건이었다. 그래서 이 사건은 여전도회가 총회의 결의를 거부한 것이기도 했다. 그리고 1943년 한국 장로교가 일본 기독교 조선 장로교단으로 개칭된 이후, 여전도회 연합회는 "모든 활동을 중단하고 지하로 숨어 버렸다."(이효재)

주기철의 신사참배 반대는 부산 초량교회에서 목회하던 1931년에, 즉 경남노회에 신사참배 거부를 제안하여 가결시킨 때부터 이미 시작되었다. 1936년에 그가 평양 산정현교회의 담임목사로 부임한 이래로 이 교회는 신사참배 반대 운동의 중심 역할을 했다. 주기철은 장로회신학교의 부흥회에서 '일사각오'一死覺悟라는 설교를 통해 신학교의 신사참배 반대 운동에 불을 지폈다. 이 일 때문에 그는 신사참배 반대를 교사했다는 이유로 검거되었다. 장로 유계준 등 교인들이 담임목사와 뜻을 함께 하며 목사의 가족을 보살폈다. 1939년 12월 15일에 소집된 평양노회는 그의 목사직 면직을 결의하면서 "교역자로서 국가 의식 불응은 총회 결의(제27회 총회의 신사참배 결의)를 위반하는 행위"라고 명시했다. 주기철은 1940년 9월에 투옥당하여 1944년 4월에 감옥에서 순교했다. 또 최봉석崔奉奭은 1939년 5월에 투옥되어 나이 70세 넘은 노쇠한 몸으로 5년 동안 복역하다 감옥에서 순교하였다.

이기선은 총회가 신사참배를 결의하자 시무하던 교회에서 사임하고 신사참배 반대 운동을 전개했다. 1939년 4월에 그는 채정민을 만나서 신사참배에 굴복한 "기성 교회는 타락했으므로 예수의 재림과 함께 멸망한다."는 견해를 서로 확인한 다음, 이들은 타락하지 않은 새로운 교회를 세우자고 약속하였다. 이들은 동지同志를 규합하기 위하여 평안남북도와 중국 동북 지역을 돌았다. 이들과 뜻을 함께 하는 동지들은 자녀들을 신사참배를 실시하는 학교에 더 이상 다니지 않게 하고, 신사에 참배하는 타락한 기성 교회의 해체를 모색하고, 신사참배를 거부하는 동지들이 단결하여 가정에서 예배를 드리고, 이 가정 예배를 육성하여 참 교회를 건설한다는 계획을 세웠다. 이때부터 평안도, 만주, 경상도, 전라도 등지에서 신사참배를 거부하는 신앙인들이 신사참배 강요에 굴복한 기성 교회로부터 떨어져 나와서 삼삼오오 가정이나 산에서 예배드렸다.

부산 초량교회의 담임목사 한상동은 신사참배를 우상 숭배로 규정하고 교인들에게 절대로 참배하지 말도록 당부했다. 1939년 마산 문창교회에 부임한 그는 더욱 강력하게 신사참배 반대 운동을 추진하였다. 그러다가 그는 교회 장로들과 함께 체포되어 40일간 구류되었다. 구류에서 풀려난 그는 11월에 동지 10여 명과 함께 신사참배 반대 운동을 펼쳤는데, 신사참배를 시인하는 노회원의 노회 출석을 저지하고 노회 부담금 납입을 거부하며, 신사불참배자만이 모이는 새로운 노회를 결성하고, 신사참배에 굴복한 목사에게 세례 받지 말도록 호소하고, 신사불참배 동지들끼리 서로 돕고 또 신사불참배 교인들끼리 가정 예배를 드리면서 계속 동지들을 확보한다는 방침을 세웠다. 그리고 경상남도를 5개 지역으로 구분하여 신사참배 반대 운동을 이끌었다.

경상북도 안동의 이원영은 신사참배 강요뿐만이 아니라 일제의 황민화 정책(조선 교육령 개정. 창씨개명. 신사참배)을 철두철미 거부했다. 그는 시무하던 안기교회(지금의 서부교회)에서 강제로 사임해야 했고, 경안노회는 그를 목사직에서 면직시켰다. 그와 가족들은 한낮에도 인적이 드문 산골로 들어가서 사회적 단절을 감수하며 하루하루 연명해야 했다. 그는 1939년 5월부터 8·15 광복(1945)까지 수개월씩 4차례 검속되어 투옥당했다. 이때마다 말로 이루 다 표현할 수 없는 혹독한 고문으로 말미암아 그는 죽음의 문턱을 몇 번 넘나들었다.

안기교회의 집사 이수영李壽永·이수원李壽元 형제도 담임목사 이원영의 뒤를 따랐는데, 이수영은 고문의 후유증으로 정신착란을 일으켰고 이수원 역시 고문의 후유증으로 불구의 몸이 되었다. 경주에서 초등학교 교사로 일하던 이원영의 동생 원세源世와 원식源植도 일

제의 황민화 정책의 교육을 반대했으므로 강제 퇴직당했다. 박충락
朴忠洛(당시 영주 제일교회 장로), 김진호金鎭浩(영주 제일교회 목사), 전계원田桂元, 권
수영權秀盈, 임학수 등도 신사참배를 반대한 까닭에 고난의 길을 걸
었다.

손양원은 1937년 평양 장로회신학교를 졸업한 다음에 1년 동안
순회 전도를 다녔고, 그는 이어서 여수의 애양원교회에 부임하였
다. 그는 여러 교회를 돌며 부흥회를 인도하면서 교인들에게 신사
참배를 거부하도록 독려했다. 1940년 9월에 여수 경찰서에 검속되
어 5년 동안 복역한 그는 1945년 8·15 해방과 함께 석방되었다.

신사참배를 끝까지 거부한 신앙인들 가운데서 50여 명이 옥사하
여 순교자의 반열에 들었다.

1945년 8월 15일에 한국은 일제의 식민 지배에서 벗어나는 해방을 맞이했다. 전국 곳곳에서 사람들이 거리로 쏟아져 나와 목이 터져라 "독립 만세!"를 부르며 자유의 환호성을 외쳤다. 8·15 해방은 기독교인에게도 신앙의 자유를 안겨 준 감격의 날이었다. 한 달 전인 7월에 한국 개신교 교파들이 '일본 기독교 조선 교단'으로 통폐합되었으므로, 한국의 장로교는 사실상 더 이상 존재하지 않았다. 그런데 이제 일제의 패전(敗戰)으로 말미암은 8·15 해방과 더불어 한국 장로교를 비롯한 개신교 모든 교파가 재건의 기회를 맞이했다.

제 9강

8·15 해방 직후
남한과 북한의 교회

8·15 해방 직후
남한과 북한의 교회

1. 북한 장로교회

1) 1945년 8·15 해방과 교회 재건

교회의 재건을 서둘러 준비한 곳은 북한이었고, 이 가운데서도 한국 장로교의 중심지(예루살렘)였던 평양이 가장 앞장서서 준비했다. 이곳의 감옥에는 일제의 신사참배 강요에 불복不服하고 수년 동안 갖은 고초를 겪으며 신앙의 정조貞操를 지켜 온 신앙인들이 갇혀 있었다. 8·15 해방과 더불어 이기선李基宣·채정민蔡廷敏 목사를 비롯하여 약 20여 명의 교역자들이 출옥했다. 그리고 일제의 신사참배 강요를 거부하고 도피했던 교회 지도자들도 나타났다.

출옥 교역자들은 그동안 자유롭지 못한 갇힌 몸이 되어 그렇게 그리워하던 가족과 교회의 품으로 돌아가지 않았고 그 대신 주기철

목사가 시무했던 산정현교회로 모였다. 그곳에서 그들이 함께 지내며 일제 강점기 말기에 무너진 교회 재건에 관하여 논의했다. 9월 20일 이들이 교회 재건에 대한 기본 원칙을 발표했다. 그 원칙에는 신사참배에 굴복한 교회 지도자들이 '통회정화'痛悔淨化하도록 요구하였고 또 이 사람들은 최소한 두 달 동안 시무 교회에서 휴직하여 '자숙'自肅 혹은 '자책'自責하도록 했다. 이 기본 원칙에 대한 교계의 반향反響이 매우 컸고 또 그 제안을 그대로 실천한 교회가 적지 않았다고 한다.

교회 재건과 더불어 노회老會가 복구되어야 했다. 그런데 이때 이미 한반도의 허리를 가로지르는 38선으로 말미암아 남북한의 왕래가 자유롭지 못하게 되었다. 이러한 상황에서는 교회와 노회를 통솔하는 모종의 기관을 잠정 설치해야 한다는 공감대가 형성되었다. 그리하여 1945년 11월 14일부터 한 주간 동안 평안북도 선천의 월곡동교회에서 평북6노회 교역자 퇴수회平北六老會敎役者退修會가 개최되었다. 교역자 퇴수회의 성격은 8·15 해방 잔치를 겸한 심령 부흥회였다. 이 퇴수회에 모인 교역자들이 북한의 5도연합노회를 조직하기로 합의했다. 12월 초순에 평양의 장대현교회에서 5도연합노회가 모였다.

2) 해방 정국, 교회와 공산주의 세력의 제휴 그리고 대립

북한에서는 교회가 중심이 되어 8·15 해방을 맞이했다. 그 당시 북한 지역에는 대략 20만 명의 개신교인이 있었다. 이 가운데서 장로교인이 약 16만 9천 명 정도였고, 감리교인이 1만 9천 명 정도였으며, 또 다른 여러 교파 교인들이 1만 7천여 명 정도였다. 1946년 8월 현재 북한 인구 915만 명을 기준으로 할 때, 개신교 인구가 전체 인구의 약 2.2%를 차지했다.

해방 정국의 8월 17일에 평양에서 '평안남도 건국 준비 위원회'가 조직되었고 조만식 장로가 위원장으로 일하게 되었다. 건국 준비 위원회는 일제 당국으로부터 전권을 이양받아 실질적으로 권력을 행사했다. 이 밖에도 해방 정국의 북한에서는 지역마다 자발적으로 조직된 자치회나 건국 준비 위원회 혹은 정당 단체에서 교인들이 지도력을 발휘했다. 이에 따라 기독교인들의 활동 영역이 정치 영역으로 확대되었다. 황해도에서는 황해도 건국 준비 위원회(위원장 김응순 목사)가 결성되었고, 평안북도에서는 평안북도 자치 위원회(위원장 이유필 장로)가 조직되었다. 9월 초순에는 신의주 제일교회 윤하영尹河英 담임목사와 제이교회 한경직韓景職 담임목사가 주도하여 기독교 사회민주당이 조직되었다. 또한 평양에서는 김화식 목사가 중심이 되어 기독교 자유당을 만들고자 준비하였다.

'한국의 간디'로 불리는 조만식 장로의 지도력 아래 평안남도 건국 준비 위원회가 조직된 지 일주일이 지난 8월 24일, 소련군 제25군이 평양에 입성했다. 이때 33세의 김일성도 약 300명으로 구성된 정치·행정 요원들과 함께 입성했다. 소련군 사령부는 북한에서 자국(소련)에 우호적인 정권을 수립한다는 원칙을 갖고 있었으나 이를 실행할 뚜렷한 정치 일정을 잡아 놓지 않은 상태였다. 국내에 세력

기반이 없던 김일성과 그의 일행은 소련 군대의 힘만으로는 집권할 수가 없다고 판단했기에 국내의 민족주의 세력과 연합하여 연립 세력을 구축하고자 했다. 민족주의 색채를 띤 기독교 정치 세력과 소련 군정 및 공산주의자들은 비교적 우호적인 관계를 맺으며 국정을 논했다. 9월 하순에는 김현석 장로의 집에서 평양 시내 교계 인사들과 김일성, 최용건, 그리고 소련군 경비사령관 등이 합석하여 '김일성 환국 환영 예배'를 드렸다.

하지만 10월부터는 분위기가 달라지기 시작했다. 소련군 사령부는 정당의 등록을 지시하며 일체의 반공 친미의 성향을 띤 단체나 개인을 제거하도록 명령했다. 친일 세력을 철저히 배제하고 민족 통일 전선을 결성해서 프롤레타리아 혁명의 기초를 놓는 것이 소련군 사령부의 당면한 과제라고 언급했다. 소련군 사령부는—민족주의 세력인 조만식의 건국 준비 위원회를 해체시키고—공산주의자와 비非공산주의자가 각각 절반씩 참여하는 새로운 인민 정치 위원회를 구성했다. 북한 5도 임시 인민 위원회가 결성되었다. 10월 14일 소련군 사령부는 김일성을 환영하는 군중 대회를 평양 기림리箕林里 운동장에서 열고 그를 '민족의 영웅'으로 치켜세웠다. 10월 28일 5도 임시 인민 위원회가 5도 행정국으로 개편되었다. 그런데 이 시기까지는 공산주의 세력과 비공산주의 세력이 연립을 취했다.

그동안에 한반도의 허리를 가로지르는 38도선이 남한과 북한의 분단선으로 고착되어 갔다. 8월 말에서 9월 초순 사이에 소련군은 남한과 연결되는 철도, 전신, 전화, 그리고 우편을 단절시키기도 했다. 남·북한의 교류를 위하여 미군 사령부와 소련군 사령부의 회담 시도가 여러 번 있었으나 번번이 성사되지 못했다. 북한에서는 소련군 병사들이 심심찮게 민간인에게 폭력(강도, 강간 등)을 일삼았다. 그러자 민심이 날로 흉흉해졌다. 이런 상황에서 황은균 목사는 "(임박한 장래에) 소련군을 몰아내고(!!) 미군이 올 것을 굳게 믿으며 낙망 중에서도 희망을 갖고 신앙 자유를 위해 꿋꿋이 싸울 태세를 갖추었다." 그는 이때 5도연합노회에서 일하며 남한의 미군정과 은밀히 연락을 취하고 있었다. 5도연합노회 회원 다수는 이미 친미주의자들이었다. 김철훈 목사는 조만식이 이끄는 건국 준비 위원회의 일원이었는데, 그가 밀서를 갖고 월남하여 이승만과 연락을 취하고 북한으로 돌아가기도 했다. 조만식은 공산주의자들에게 대항하는 정당인 조선민주당(우익 민족주의)을 11월 3일 창당했다.

11월 14일부터 시작된 평안북도 6노회 교역자 퇴수회에서는 일제 강점기 시대 신사참배 굴복에 대한 반성보다도 오히려 지금의 공산 세력에 맞서는 공동 전선을 구축하는 일이 더욱 시급하다는 주장이 제기되었다. 실제로 퇴수회 기간인 11월 16일에 인근의 용암포에서 기독교인과 공산당 세력이 물리적으로 충돌하였다. 기독교사회민주당 용암포 지구 결당식에서 공산주의 세력이 근처의 금속 공장 직공들을 충동하여 이 대회장으로 몰려와서 마구 폭력을 휘둘렀고, 이 과정에서 장로 홍석황이 현장에서 죽었다. 또 교회의 부속 건물도 크게 파손되었다. 교역자 퇴수회는 이 사건을 공산당 세력이 기독교를 탄압하기 시작했다는 신호로 받아들이면서 "한국에 대한 소련의 야망이 녹녹치 않음"을 예감하게 되었다. 그리고 교역자 퇴수회는 공산당 세력에 맞서는 '교회의 공고한 단합'을 다짐했다. 그러나 이러한 사태가 일어나리라고 출옥 성도들은 전혀 예감하지 못했다. 그러하기에 교회의 공고한 단합 다짐은 향후 출옥 성도들이 본래 하고자 했던 신사참배에 대한 뉘우침과 회개와는 전혀 다른 방향으로 전개되었다. 이번 모임에서 결성된 5도연합노회가 이때부터 북한의 정치적 상황 속으로 휩쓸려 들어갔다.

12월 17일 조선공산당 책임 비서로 선출된 김일성은 북한에서 공산(당) 기지를 뜻하는 '민주 기지'를 창설한다고 선언했다. 이때 모스크바에서 미국·영국·소련의 외무상이 한국에 대한 연합국의 신탁 통치안을 논의했다. 12월 27일 '모스크바 협정'이란 이름으로 한국에 대한 강대국의 신탁 통치가 발표되었다. 이 발표가 국내에는 그 다음날(12월 28일) 알려졌다. 꿈에도 소원인 독립 정부의 수립을 갈망해 온 민족 지도자들은 향후 5년간의 신탁 통치 발표를 커다란 충격 속에서 민족적 모욕으로 받아들였다.

신탁 통치 반대(이하 반탁) 운동이 전국 곳곳에서 일어났다. 북한에서는 조선 민주당의 주도 아래 광범위하게 반탁 운동이 전개되었다. 공산주의자들도 처음에는 반탁을 지지했는데, 모스크바로부터 "삼상 회의 결정을 지지하라"는 지시가 있자, 찬탁으로 돌아섰다. 그리하여 1946년 1월 2일 공산주의 정당과 사회 단체들이 연명으로 모스크바 협정을 지지하는 성명서를 발표했고, 그 다음날엔 북조선 행정국장 회의가 성명서를 발표했다. 이때부터 반탁 운동이 금지되었다. 조만식은 가택에 연금되었고,[19] 그가 이끌어 오던 조선 민주당은 공산주의자 최용건의 손으로 넘어갔다. 신탁 통치 문제를 계기로 북한에서 우익 민족주의 진영이 정치적으로 몰락했다. 이와 함께 그동안 민족주의와 공산주의가 연립했던 연합 세력이 깨졌다.

3) 1946년, 교회와 공산당 정권의 충돌

1946년 2월 8일 김일성이 이끄는 북조선 임시 인민 위원회(이하 인민 위원회)가 발족되었다. 이로써 북한에서 중앙 정부가 발족되었다. 이제부터 북한에서는 민족주의 계열과 기독교 계열의 정치 참여는 형식에 그쳤고 또 양대 세력은 모든 업무 활동에서 배제되었다. 김일성과 그의 세력이 정당들을 지배하였고, 이 세력에 맞서 저항하는 사람들은 쫓겨나고 추방당했다. 1946년 일 년 내내 북조선 임시 인민 위원회와 기독교 세력이 충돌하며 갈등을 빚었다.

(1) 3·1절 기념 예배 사건

평양의 개신교(장로교)와 공산당 정권이 정면으로 충돌한 사건이 3·1절 기념 예배에서 일어났다. 북한 전역과 평양의 교회는 8·15 해방 후 첫 번째로 맞이하는 감격적인 독립 만세 기념일(3·1절)을 여러 달 전부터 거창하고도 다채롭게 준비했다. 그런데 대단히 유감스럽게도 인민 위원회가 교회에게 3·1절 기념 행사를 단독으로 거행하지 못하도록 명했다. 그리고 인민 위원회는 평양역 광장(김일성 광장)에서 그들의 주최로 개최하는 3·1절 기념 집회에 교회가 참석해 줄 것을 요구했다.

2월 22일경 김화식 목사가 평양의 목사들을 장대현교회로 모이라고 연락해서 약 40여 명의 교역자가 모였다. 그 모임에 참석한 일동은 역 광장에서 열리는 군중 집회에 참석하지 말고 장대현교회에서 3·1절 기념 감사 예배를 드리기로 결정했다. 교회가 기념 예배조차 금지당하는 일은 신앙의 자유를 박탈당하는 것에 다름이 아니라고 판단하였기에, 회의 참석자들은 단단하게 결속하여 3·1절 기념 예배를 드리기로 했다. 1919년(기미년) 3·1 독립 만세 운동은 기독교인들이 교회를 중심으로 일으킨 애국 운동이었으므로 그날 만세를 불렀던 현장인 장대현교회에서 모이기로 했던 것이다. 그리고 이 결정을 임시 인민 위원회에게 통지했다.

그런데 2월 26일, 평양의 교역자들이 구금당했다. 인민 위원회가 3·1절 기념 예배를 불가능한 상태로 만들어 버린 것이었다. 그러나 3월 1일 오전 10시에 예정대로 평양 장로교회 교인 약 5천여 명이 장대현교회로 모였다. 교회 주변이 무장 경비대에게 포위되었고 또 내무서원들이 예배당 입구를 막고 있었다. 그러나 많은 교인들이 교회 안을 지키고 있었다. 교회 청년들의 호위 속에서 예배당에 들어간 김길수 목사가 예배를 인도했다. 이어서 황은균 목사(평양 창동교회)가 신탁 통치를 반대하는 강연을 했다. 강연이 끝나자 교인들이 예배당 바닥에 엎드려서 한국의 완전 독립을 위해 금식 기도를 시작하였다. 이때 교인으로 가장하여 예배당 안에 들어와 있던 적위대赤衛隊 20여 명이 일어나 강단으로 달려가 황 목사를 끌어내렸고 그리고 미리 준비해 두었던 자동차에다 그를 몰아넣었다. 이 광경을 목격한 교인들이 일제히 바깥으로 몰려나와 독립 만세를 외치고 찬송가 '믿는 사람들은 군병 같으니'를 합창했다. 교인들이 거리를 행진하면서 "신앙의 자유와 신탁 통치 절대 반대"를 크게 외치며 소련군 사령부를 향해 나아갔다. 그들은 십자로에 이를 때마다 길 위에 엎드려서 나라를 위해 기도하였다.

(2) 토지 개혁

인민 위원회가 토지 개혁의 실시를 포함한 10개 강령을 발표했다. 위원회는 3월 23일 이 강령을 확대한 20개 정강 등 북한을 소위 '민주 기지'로 건설하려는 기본 정책을 발표했다. 이 강령에 따라 3월에는 토지 개혁법령, 6월에는 선거법령 및 노동법령, 7월에는 남녀평등권에 관한 법령, 8월에는 산업, 교통, 운수, 체신, 은행 등의 국유화에 관한 법령이 발표되었다. 이 법령의 골격은 토지 개혁, 노동 개혁, 산업체 국유화였다.

3월 5일 인민 위원회가 제정 공포한 토지 개혁법령이 곧바로 시행되었다. 3월 말까지 토지의 재분배가 완료되었다. 토지 개혁의 근본 취지는 노동 계급에 대한 지원을 강화하고 또 고농雇農·머슴·빈농貧農을 사라지게 하는 것이었고 또한 중간층 농민과 동맹하여 부유층 농민을 고립시키고 지주의 토지를 몰수하여 경자유전耕者有田의 원칙 아래 토지를 재분배하는 것이었다. 이번의 토지 개혁에서 몰수된 토지는 당시 전체 경작지의 52%였다(약 100만 정보). 몰수 대상이 된 토지의 소유주는 일본인, 일제 식민 정부에 협조한 한국인, 경작지 5정보 이상 소유한 지주(개인과 단체), 그리고 스스로 농사짓지 않고 소작을 주는 지주 등이었다. 이렇게 몰수된 토지 100만 정보 가운데서 98만 정보(98%)가 67만 명 농민에게 무상으로 주어졌다.

당시의 토지 개혁은 농업 분야에서 생산 수단의 봉건적 소유 관계를 개혁한다는 취지로 추진되었다. 그 결과 지주의 소유 가운데서 토지는 물론이고 가축·농기구·주택(대지와 건물)까지도 함께 무상 몰수되었다. 이에 지주는 졸지에 토지를 비롯하여 모든 재산을 몰수당했고, 반면에 영세 농민은 생활 개선에 필요한 물적 토대를 마련할 수 있었다. 이러한 상황에서 다수의 기독교인, 특히 조선민주당에 소속된 지주 교인은 악덕 지주로 내몰리는 처지가 되었다.

이러한 상황이 전개되면서 공산당 정권이 기독교 교인을 본격적으로 탄압하였다. 예를 들어 용암포 보통학교(초등학교) 교정에서 관제 농민 대회가 개최되었고, 이 대회의 주동 인물은 용암포 근방 어느 교회에서 시무하는 장로의 아들이었다. 그는 어려서부터 교회의 주일학교에서 교육을 받았고 신앙심도 꽤 돈독해 보이던 청년이었는데, 해방 정국이 공산당 치하에 들어가자 곧장 공산당에 입당하고 간부가 되었다는 것이다. 폭동을 주동한 청년들은 농민 대회 연설에서 시종일관 교인들을 지목하여 '부르주아지의 주구'니 '지주들의 앞잡이'라고 선동했다. 이들은 끝내 손에 쟁기를 든 농민들을 선동하여 용암포 제일교회로 달려가게 해서 교회 건물을 부수고 이것을 막아 서는 교인을 몽둥이와 낫으로 때려 마당에서 숨지게 했다.

토지 개혁을 단행한 후, 인민 위원회는 6월 24일 북조선 노동자 및 사무원에 대한 노동법령을 공표하여 공산주의 체제의 제도적 근거를 마련했다. 8월 10일에는 철도, 운수, 체신, 금융 등 주요 산업 분야의 국유화를 단행하였다. 이때의 국유화는 중간 규모 이상의 산업체에 국한하여 시행되었다. 이 기반 위에서 북조선 노동당이 조선 공산당 북조선 분국과 신민당이 합당하여 결성되었다.

토지 개혁과 또 다른 여러 개혁의 단행으로 말미암아 변화된 현실을 견뎌 내지 못하게 된 다수의 주민들이 정든 고향을 떠나 38선을 넘어 남한으로 월경越境하는 소위 '월남인'이 되었다. 지주로서 토지를 몰수당하고, 기업가로서 사업체를 빼앗긴 결과 삶의 터전마저 잃어버렸고, 더욱이 지주 교인들 다수가 체제의 반역자가 되어 정치적 압박까지 받게 되었기에, 이 사람들이 남한행을 감행하게 된 것이었다. 그런데 북한 당국은 공산주의 사회 체제의 확립에 방해꾼이 될 만한 사람들을 오히려 월남하도록 유도하면서 그들의 월남행을 못 본 체 묵인했다. 그 당시 중상류층에 속했던 다수의 사람들이 북한을 떠남으로 말미암아 북한 사회에서는 사회·경제적 동질적 집단이 구축되었고, 이와 함께 전체주의적 권위주의 공산당 통치가 안착하게 되었다.

토지 개혁은 사회 변혁의 일환으로 추진되었고, 교육 개혁도 여기에 포함되었다. 토지 개혁과 더불어—토지 혜택을 받은—농민과 노동자 대중에게 교육 기회의 혜택도 주어졌다. 혜택을 입은 사람들은 자연스럽게 공산당 체제를 지지하였다. 8·15 해방 직전, 1944년 일제의 통계에 따르면, 당시 한국에는 대학 졸업자가 지극히 적었고 미취학자가 전체 인구의 2/3였으며 여성 대다수가 학교 교육을 받지 못했다. 전체 인구의 70% 이상이 문맹이었다. 그러한 상황에서,

해방 직후의 북한에서는 교육 제도의 개선과 교육 내용의 변혁을 추진하는 교육국이 설치되었다. 1946년 2월 8일 인민 위원회는 교육 제도의 민주주의적 개혁을 결의했다. 이에 따라 '교과서 편찬 집단' (위원회)이 조직되어 각종 교과서를 편찬했다.

이듬해인 1947년에 북한의 교육 제도가 새로이 조정되고 정비되었다. 9월 1일부터 인민학교와 중학교의 학년이 단축되었고, 학령 전 아동을 위한 유치반이 신설되었고 또 고급 중학교가 창설되었다. 기술 교육의 진흥을 위하여 야간 학교·직장 학교·성인 교육 기관이 설치되었다. 이에 따라 북한에서는 교육 체계는 유치반(1년, 만 6세), 인민학교(5년), 중학교·기술학교(3년), 고급중학(3년)·전문학교(3~4년), 대학(4~5년), 교원대학(2년), 연구원(2년)으로 구성된 학교 교육 체계가 정비되었다.

이와 더불어 새로운 교과 과정은 학생에게 정치 의식을 주입했고, 일제 식민 지배 시대 항일 유격대의 활동에 대한 미화 작업도 함께 펼쳤다. 인민학교의 역사 교육은 항일 유격대 경험을 혁명 전통으로 격상시켰다. 인민학교 5학년이 배우는 『조선력사』 과목에서는 일제하 민족 해방 운동의 주류로서 '김일성 장군의 민족 해방 투쟁'에 관하여 가르쳤다. '애국주의 교양'도 가르쳤는데 학생들이 알아듣기 쉽도록 단순한 주변 사실에서부터 강의를 출발했다. 예컨대 자기 가정과 동네에 대한 관심을 유발시키며 그 범주를 점차 넓혀 가되 전체 인민과 국가에 관심을 갖도록 이끌면서 그 인민의 중심에 김일성이 있다고 가르쳤다.

그 당시 학생들에게 교육이란 "공산주의자를 만드는 공장"이었다(이계준의 회고). 이러한 교육 현실, 특히 기독교 신앙에 위배되는 유물론 사상 교육에 대하여 기독교 지도자들이 매우 우려했다. 거대한 무신론의 도전에 직면한 목회자는 "공산 치하에서는 반종교 운동의 자유는 있으나 유물론을 비판하는 자유는 허용되지 않았다. 예배는 허용되었으나 예배 이외의 성경 교육은 사실상 허용되지 않았다." 고 회상했다(김세진). 이때의 교인은 "대체로 두 종류였는데, 순교를 각오한 교인들이 있고 또한 이와 반대로 교회 안의 동정을 살피고 목사의 설교를 필기해서 정치 보위부에 보고하는 소수의 비밀 정보원 가짜 교인들도 있었다."(김세진) 목회자는 "엄청난 현실적 탄압 아래 정신적인 고통을 받으면서" 순교를 각오한 교인들을 위하여 이 현실을 막아 내고 극복해야 할 사명을 의식하고 있었다.

이처럼 북한의 교육 개혁은 유물주의 사상 주입과 김일성의 행적을 미화하는 데 초점이 맞추어져 있었고, 이로 말미암아 기독교인들이 공산당 세력과 충돌했다.

(3) '주일 선거 사건', '북조선 기독교 연맹' 조직

그 이후에 수시로 북한의 교회는 공산당 정권과 충돌했다. 공산당 당국은 중요한 행사를 하필이면 주일에 거행하여 기독교인의 참석을 강요했고 또 교회 건물에서 정치 강연을 강행하고자 했다. 이러한 상황에서 소위 '주일 선거 사건'이 일어났다. 인민 위원회는 총선거일 일정을 주일인 1946년 11월 3일로 정해 놓고서 이를 강행하고자 했다. 이 선거 일정에 반대하는 5도연합노회가 10월 25일 "성수주일을 생명으로 하는 교회는 주일에는 예배 이외의 여하한 행사에도 참가하지 않는다."는 결의문을 발표했다. 이와 함께 5도연합노회는 "교회와 정치를 엄격하게 구분하고, 교회는 신앙과 집회의 자유를 확보한다."고 발표했다. 이어서 5도연합노회 대표 일행(7명)이 김일성을 면담했다.

이렇게 결연한 의지를 실어 발표한 결의문에 대하여 공산당 정권은 기독교 세력을 강제로 꺾을 수 없다고 판단했다. 공산당 정권은 이때부터 기독교 세력의 내분을 유도하여 자멸시키는 책략을 구상하였다. 그래서 이 정권은 김일성의 비서이자 목회자였던 강양욱으로 하여금 당장에 이 결의문에 대응함과 동시에 친미 사상에 대응하는 (어용) 기독교 단체를 조직하게 했다. 강양욱은 북조선 기독교 연맹을 조직하여 평양의 교역자들을 이 단체에 가입시키고자 했다. 그러나 이 단체에 가입하려는 교역자는 거의 없었다. 강양욱은 황해도 인민 위원회의 간부 김응순 목사에게 응원을 청하였고 또한 박상순 목사와 김익두 목사를 설득하여 기독교 연맹에 가입시켰다. 그는 박상순을 위원장으로 추대하여 연맹의 위상을 높였다. 그러자 황해도와 함경도의 교역자 다수가 기독교 연맹에 가입하였다. 이제 추동력을 얻은 기독교 연맹은 5도연합노회의 결의문에 반박하는 결의문을 발표하여, "김일성 정부를 절대 지지하고, 남한 정권을 인정하지 않으며 선거에 솔선 참가한다."고 선포했다. 공산당 정권은 이 결의문을 북한 전역의 교회로 보냈다.

황해도 신천의 장로교회 교역자들은 "공산당 정권의 핍박을 각오하여 투표에 참여하지 (말아야 하는데 그런데 투표에 참여하지) 않는 것은 각자의 양심에 맡기기로" 했다. 그러나 교역자들은 교회를 지키기 위해 이웃해 있는 동역자들이 서로 의논해서 몇몇 교역자는 투표하기로 했다. 이와 달리 평안남북도의 대다수 교회는 선거에 불참했다. 교인들은 하루 종일 교회 밖으로 나오지 않았다.

그해 11월 28일에 기독교 연맹을 '기독교도 연맹'으로 이름을 바꾸었다. 그리고 이날을 기독교도 연맹의 정식 창립일로 정했다. 바깥으로 드러나 보이는 기독교도 연맹의 성격은 공산당 정권이 주도하는 북한 공산당 방식의 개혁을 지지하는 쪽이었다. 그러나 겉보기와 달리, 기독교도 연맹의 주도 세력은 지난날 일제의 식민 지배에 협조했던 인물들이었다. 그러므로 교계의 여론은 기독교도 연맹에게 별반 신뢰를 보내지 않았다. 특히 부위원장인 김응순은 1942년 장로교의 총회장으로서 일제의 식민 지배에 복종하는 총회를 주도했던 전력이 있고 또 그 이듬해에는 국민 총력 연맹 장로회 연맹 이사장이 되어 일제에게 바치는 귀금속 헌납 운동을 주도했던 전력을 갖고 있었다. 서기인 조택수의 친일 행위도 많은 사람들이 훤히 알고 있었다. 그렇지만 기독교도 연맹은—교회 밖—일반 사회에서는 혁신적인 기독교 세력으로 비쳤다. 이 세력에 맞서게 된 5도연합노회와 서부연회 등의 기성 기독교 세력은 사회에서 보수적으로 인식되었다. 이에 따라 기독교도 연맹과 5도연합노회의 대립이 첨예화되었다.

북한에서는 11월 3일 실시된 도·시·군 인민 위원회의 선거에 이어서, 이듬해(1947) 2월에는 면·리(동) 인민 위원회의 선거가 실시되었다. 2월 17일에는 도·시·군 인민 위원회 대회를 열고 최고 입법 기관으로 북조선 인민 회의를 설치하기로 결의했고, 21일에 소집된 동일한 회의에서 정식으로 북조선 인민 위원회가 행정 각 부서를 갖추고 김일성을 위원장으로 조직되었다.

4) 1947년 이래로 공산당 정권의 교회 탄압

북한에서는 1947년 초반 당黨·정政 구분 없이 인민 위원회를 기반으로 한 김일성의 지도 체제가 확립되었다. 이때부터 북한 공산당 당국은 종교 활동에 대한 규제를 강화하였다. 장로교회 5도연합노회의 위원장 김진수 목사를 비롯하여 교계 지도자들이 검속되었고 또 기독교 청년 면려회가 강제 해산 명령을 받았다. 또한 각 직장에서는 기독교인이 쫓겨났고, 교회 행사에 대한 당국의 감시가 강화되었다. 이에 맞서서 4월 27일 기독교 세력은 '북조선 기독교 각 교파 연합 신도 대회'의 이름으로 공산당 당국의 교회 탄압을 우려한다는 건의문을 발표했다.

김일성은 노동당 제2차 대회가 열린 1948년 3월을 전후로 친미적 지주 계급의 교회 장로와 목사들에 대한 공격 강도를 높였다. 북한 당국은 반공 노선을 취하는 기독교 세력을 반체제 세력으로 규정했다. 그런데 이때부터 기독교도 연맹은 평신도의 연맹 가입을 받아들였고 또 면·군·도 단위로 연맹 지부를 결성하면서 조직을 확대해 나갔다. 그해 연말에는 이 연맹의 세력이 함경도 지역에서 크게 우세하였다. 이제는 기독교도 연맹이 5도연합노회를 비롯한 기존의 기독교 세력을 능가하였다. 그 이듬해(1949) 봄부터 기독교의 주도권을 장악한 기독교도 연맹이 북한 전역의 기독교 조직을 재편성하고자 했다. 결정적으로 기독교도 연맹은 북한 기독교의 최대 세력인 장로교회의 5도연합노회를 해산시키고 직접 총회를 조직하였다. 총회를 새로 조직하게 한 구실로서 "남한에서 (장로교) 단독 총회를 조직했으므로 북한에서도 총회를 세워야 한다."는 명분을 내세웠다. 총회의 회장에 김익두 목사가 선임되었다. 이 총회는 기독교도 연맹에 가입하지 않는 목회자들을 제명처분하기로 결의하였다.

(1) 신학교 폐쇄

8·15 해방 직후에 재건된 평양의 장로회신학교도 당시의 상황에 얽매여 있었다. 교장 김인준 목사는 급작스럽게 닥칠 수난을 예상하면서 항상 두툼한 솜바지를 입고 버선을 신고 다녔다. 언제라도 끌려갈 준비를 갖춘 임전 태세였다. 신학교 교장실로 들어가는 복도에는 내무성 경찰 간부들이 지키고 있었다. 공산당 정권은 신학교를 굴복시키기 위하여 이 학교를 북조선 인민 위원회 교육성에 등록하라고 독촉하였다. 그러나 김인준 목사는 "신학교는 이미 하나님 나라에 등록되어 있으니 땅의 나라에 등록할 필요가 없다."면서 단호히 거절했다. 어떠한 강압에도 입장을 굽히지 않던 김인준을 공산당 정보 기관이 1946년 11월 19일 체포하여 갔다. 그러나 그의 훌륭한 인품과 러시아어까지 구사하는 어학 실력에 탄복하면서 당국은 그를 일단 집으로 돌려 보냈다. 1947년 1월 17일 또다시 소련

군 사령부 특무대가 그를 연행했다. 그는 며칠 뒤 시베리아로 유배되었다. 그 이후로 그의 소식이 들리지 않았다.

그로부터 3일 뒤인 1월 20일에 이성휘李聖徽 목사가 신학교 교장에 임명되었다. 최지화崔志化 목사와 김태복金泰福 목사가 전임 교수였고, 이학봉, 박경구, 김진수, 강문구姜文求, 김영윤金榮潤 목사 등이 출강했다. 5도연합노회가 신학교를 직영하기로 했으나 교회들이 어려운 재정 형편 때문에 약속한 대로 신학교에 재정을 후원하지 못하였다. 그해 4월 신학교의 재학생은 164명이었다. 이때 북한 당국은 신학교에 김일성 초상화를 교실 정면에 걸어 놓게 했다. 또 인민과목을 주당 2시간 이상 강의하게 했다. 더불어 당국은 기독교도 연맹에 가입한 교수만 강단에 세우게 했고, 신입생에게 기독교도 연맹 위원장의 추천서를 제출하게 했다.

이렇게 어려운 상황 속에서도 평양의 장로교회는 여전히 든든하게 서 있었다. 장로교회의 본산인 장대현교회, 또 이 교회와 비등한 교세가 있는 서문밖교회는 재정이 넉넉하여 사회 봉사를 활발하게 했다. 또 주일학교가 왕성하며 교회 조직도 잘 갖춰진 창동교회도 든든한 교회였다.

1949년 평양에는 장로회신학교와 성화신학교가 있었다. 이 두 학교에 각각 600명의 재학생이 있었다. 5도연합노회가 직영하는 장로회신학교는 공산당 정권이 보기에 언제든지 체제를 향해 저항할 수 있는 화약고로 보였다. 그래서 당국은 신학교를 기독교도 연맹에 소속시키려고 했다. 기독교도 연맹의 강양욱이 1949년 12월 초순에 열린 장로회신학교의 이사회에 참석해서 신학교를 기독교도 연맹의 직영으로 하고 교수와 학생이 의무적으로 연맹에 가입하기를 제안했다. 하지만 이 제안이 거부되었다. 그러자 당국은 이사장 이하 이사들을 해임시키고 기독교도 연맹측 인사들로 하여금 이사회의 권한을 대행하도록 했다. 당국은 이미 장로회신학교와 성화신학교의 재학생 수를 1/10로 감축할 계획을 세워 놓고 있었다. 두 신학교를 하나로 통합시키려는 속셈으로 양쪽의 대표자를 불렀는데, 장로회신학교에서는 교장 이성휘 목사가 나왔다. 성화신학교에서는—행방불명된 교장 배덕영 목사 대신에—교감 박대선 목사가 참석했다. 이 자리에서 공산당 당국은 신학교를 하나로 통합시키고 재학생의 수를 120명으로 축소하라고 명하였다. 그리고 두 대표로 하여금 강제로 서명하게 했다. 신학교의 교수진도 기독교도 연맹에 가입된 자들로 교체하게 했다. 학생들도 마찬가지로 기독교도 연맹에 가입하게 했다. 장로회신학교의 경우, 예과 2학년 학생 100여 명을 해산시키고 본과 편입 시험을 치러 기독교도 연맹을 지지하는 학생들만 입학시키게 되었다.

1950년 3월 새 학기 이전에 두 신학교가 강제로 통합되었고 학교의 이름을 '조선기독신학교'라 지었다. 새 학기에 학교로 온 학생들은 엄청난 충격을 받았다. 그래서 대다수가 등록을 포기하였다. 그나마 등록한 학생들의 출석도 매우 저조하였다. 학생들은 자주 근로 봉사의 이름으로 비행기 활주로 공사나 공설 운동장 공사에 투입되었다. 그러다가 그해 7월 5일 처음이자 마지막 졸업식을 거행하고서 교문이 닫혔다.

(2) 평양 지역의 교역자 납치 연행

이 무렵에 평양의 교역자들이 갑자기 행방불명되는 사건이 연이어 일어났다. 이것은 공산당 당국이 교역자를 납치 연행한 사건이라 짐작된다. 예를 들어 평양 성화신학교(감리교) 교장 배덕영 목사의 집은 남산교회에서 도보로 고작 5분 정도 걸리는 사택이었다. 1949년 12월 19일 성화신학교는 남산현교회에서 성탄절 축하 예배를 성대하게 드렸다. 그날 밤 가장 큰 순서는 찬양대의 메시야 연주였다. 교인들이 큰 감동 속에서 찬양의 기쁨을 나눴다. 그런데 그날 밤 배 교장은 집으로 돌아오지 않았고 그 이후로 그의 소식이 끊어지고 말았다. 중앙 보위부가 감쪽같이 그를 납치 연행했다고 본다. 강문구姜文求 목사는 매주 토요일 동네에 있는 대중 목욕탕에 가서 목욕을 즐겨 하였다. 그런데 강문구 목사는 목욕탕에 갔다가 돌아오는 길에 감쪽같이 납치되었고, 그 이후에 아무런 소식도 들리지 않았다.

이런 식으로 신현교회의 담임 이유택李裕澤 목사, 평양 남문밖교회 담임 이학봉李學鳳 목사, 동부교회 담임 허천기 목사, 기림리교회 지형순 목사, 산정현교회 김철운 목사, 선천 동부교회 김진수 목사 등이 감쪽같이 연행되어 사라졌다. 이 점을 눈치챈 교인들이 경찰서(내무서)에 가서 "우리 목사님 여기 계신가?" 물으면, 담당자들은 "당신들이 목사를 남조선으로 빼돌려 놓고서는 왜 여기로 와서 묻는 거지?"라며 시치미를 떼었다. 정황이 이러하므로 평양의 교역자들은 언제 쥐도 새도 모르게 연행되어 끌려갈지 불안한 상황에서 교역했다.

2. 남한 장로교회

1) 1945년 8·15 해방 정국

8·15 해방과 더불어 한국이 일제의 식민 지배에서 풀려나자, 남한에서도 감격과 기쁨의 만세 소리가 차고 넘쳐났다. 그런데 해방의 환호성과 더불어 마음에 맺힌 쓰라린 상처도 치유해야 했다. 그것은 일제 강점기에 강압에 못이겨 본의 아니게 신사참배를 했던 죄로 인한 상처였다. 예를 들어 서울 안동교회의 담임목사 최거덕은 "우리 안동교회만이라도 하나님 앞에 회개하고 재를 뒤집어써야 된다."는 생각으로 40일간 자숙 기간을 정하였다. 교회의 목사·장로·제직은 물론 주일학교 반사까지 모두 다 사표를 내게 했다. 담임목사는 강대상에 올라가지 않고 그 아래에서 예배를 인도했다. 그리고 40일이 지난 뒤에 그동안 휴직해 있던 제직들이 다시 취임했다.

해방 직후 8월 18일, 장로교회 교역자들이 승동교회에 모였다. 신사참배가 일제 식민 지배 세력의 강압에 눌려 어쩔 수 없이 저지른 잘못이긴 하지만 그 허물을 청산하기 위하여 "책벌을 논의하자"는 자리였다. 이 회의에서는 "일제 강점기 신사참배를 비롯하여 친일 협력에 가담했던 사람들을 벌하자."는 공론이 돌았다. 이때 최거덕이 자리에서 일어나 정식으로 발언했다. "우리가 지난 일을 말할 수 있겠습니까? 새 시대가 됐으니 지난 일은 말하지 말기로 하십시다. 우리는 일제 시대에 다 (피해)당했으니 말입니다. 말할 수 있는 사람은 오직 순교자뿐입니다. 우리는 교회를 유지해 나가자고 겉으로는(만) 본의 아닌 일들을 하지 않았습니까? 그때 (부일 협력에) 앞장선 사람들 덕(분)에 (우리가) 숨어서 살 수 있었고 그들의 공으로 (우리가) 무사히 지내 왔습니다. 밥 위에 떡 얹어 먹은 사람이 있는데 이것만은 제쳐놓고 그들이 회개하면 이 모든 과오를 불문에 붙이기로 합시다."라며 그자리에 모인 사람들을 설득했다.

부산에서 장로교회 총회가 열렸다. 북한에서 월남한 총대들이 "조국이 해방된 이 마당에 우리가 일제 (식민 지배) 시대에 신사참배(에 굴복)한 죄를 회개해야 한다."고 주장했다. 이때에도 최거덕이 의견을 표명했다. "8·15 해방 (직후) 우리 (안동)교회에서는 목사를 비롯하여 교회의 모든 임직원이 교회 앞에 사표를 내고 40일간 통회하는 자숙 기간을 가졌습니다. 다른 교회에서도 그런 줄로 압니다. 그런데 지금까지 회개하지 않은 분들이 있으면 그분들은 모두 회개하고 강단에 서야 할 줄로 압니다. 그러므로 아직까지 회개하지 않은 이들은 이번 기회에 따로 모여서 회개해야 할 것입니다." 이러한 주장은 신사참배의 무거운 죄책을 터무니없이 값싸게 용서한다는 비판의 소지를 안고 있었으나 그 주장이 설득력을 발휘했다.

장로교회 '경남재건노회'(1945. 9. 18)가 부산에서 모였다. 여기에 참석한 자들은 신사참배에 굴복하지 아니한 신앙인들만의 모임을 갖고자 했다. 이번 노회를 주도한 한상동 목사가 경상북도 안동의 이원영 목사를 찾아가 여기에 함께 합류하자고 권유했다. 이원영은 이때 신사참배 강요를 끝까지 거부한 목회자로서 8·15 해방을 경찰서(경산) 유치장에서 맞이한 '산 순교자'로 존경받았다. 이원영은 한상동의 권유를 거절했다. 그는 단호히 말했다. "일제 치하에서 신사참배와 동방요배를 강요당한 목사·장로·집사·교우들이 마음에도 없는 절을 하면서 양심의 가책을 받아 큰 괴로움 속에 있었고, 또 신앙의 지조를 유린당하면서도 교회를 유지하기 위해서 얼마나 고생했었습니까? 이들의 괴로움에 비하면 감옥에 갇혔던 성도들은 오히려 신앙 양심을 지킬 수가 있었고, 옥중 생활은 오히려 피난처가 된 셈이었습니다. 따라서 출옥 성도는 자만하여 남(신사참배자)을 정죄할 것이 아니라 오히려 그들을 위로하고 격려해야 할 것입니다." "출옥 성도는 유대교적 율법주의"를 경계해야 한다고 이원영이 당부했다.

2) 남한에서 재건된 북한 교회, '이북 신도 대표회'

북한의 교역자와 교인들은 이런저런 방식으로 공산당 정권과 충돌하여 탄압을 받자 38선을 넘어 월남越南 행을 감행했다. 월남 인구가 1947년 말까지 꾸준히 늘어났고, 그 이후에는 소강 상태가 되었다. 월남 인구 가운데서 기독교인이 얼마나 되는지 파악하기가 어려운데, 월남 기독교인 대다수는 대도시(특히 서울과 부산)에서 정착했다.

월남 교역자들 다수가 남한에 정착하면서 교회를 개척하였다. 예를 들어 서울 동자동에 있는 천리교 총본부에는 송창근 목사가, 신당동의 대지와 건물에는 김재준 목사가, 영락정에 있는 경성분소에는 한경직 목사가 교회 설립과 함께 여자신학교를 세우기로 했다.

1945년 12월 2일 세 목사는 각기 교회 창립 예배를 드렸다. 송창근은 '바울교회'라는 이름으로, 김재준은 '야고보교회'라는 이름으로, 그리고 한경직은 '베다니전도교회'라는 이름으로 교회를 세웠다. 월남 피난민 다수가 베다니전도교회로 찾아왔다.[20] 담임목사 한경직은 이들을 맞이하며 예배당 구내 부속 건물에다 임시 거처를 마련해 주었다. 이 건물은 금방 피난민으로 가득 찼고 더 이상 수용할 공간이 없었다. 그래서 한경직은 어떻게 하면 이들을 도와줄 수 있을까 골몰하다가 그 당시 YWCA 뒤에 있는 빈터空地 약 1,000여 평을 미군정청과 교섭하여 얻었다. 그 빈터에 천막을 치고 월남 피난민을 수용하기 시작했다. 월남 피난민이 잠시 동안 머물 수 있는 쉼터와 거처였다. 이렇게 시작된 피난민 천막촌에는 대략 130여 세대 정도가 올망졸망 살았다. 이 천막촌에서 피난민이 석 달 동안만 살고 다른 곳으로 이주하도록 정했고, 그 자리에는 새로 월남해 온 피난민이 들어와 살게 했다. 이러한 거주 규칙에 따라 수많은 월남 피난민이 영락교회의 천막촌을 거쳐 나갔다. 또한 한경직은 일본인이 경영하다가 두고 간 가마꾸라 보육원(후암동 소재)을 접수하여 1947년 '영락보린원'을 세우고 부모 잃은 아이들을 데려왔다.

베다니전도교회(영락교회)에는 월남한 청년들이 많이 모였다. 한경직을 따라 남한으로 온 청년들도 다수였다. 이들이 '서북 청년단'의 결성을 주도했다. 서북 청년단은 미·소 신탁 통치 반대에 맹렬히 나섰고 또 제주도 4·3 사건의 진압에 참여했다. 한경직의 눈에 비친 남한 사회는 8·15 해방 이후 계속 어수선하고 혼란과 부패가 가중된 사회였다. 특히 청년들의 퇴폐적 행동은 나라의 장래를 염려하게 했다. 이에 한경직은 사회의 안정과 도덕성 회복을 위해 교회가 연합하여 일어서야 한다고 생각했다. 그와 영락교회의 교인들은 기독교 구국 운동을 전개하기로 했다. 1948년 4월 5일부터 4일 동안 서울 시내 여러 교회들이 연합하여 영락교회에서 '이북 신도 대회'를 열어 나라의 통일을 기원하고 거리로 나가서 노방 전도를 했다. 구국 전도 운동이었다.

그해 10월에 일어난 소위 '여순 사건'(여수·순천 사건)의 과정에서, 여수의 손양원 목사가 두 아들(동인, 동신)의 목숨을 잃어버린 사건이 일어났을 때, 한경직은 공산당의 무분별한 폭력성을 확인했다. 이듬해(1949) 연말 전라도 남원읍 서북교회 교역자 김봉용 전도사가 서울로 와서 교회 지도자들을 만나 지리산 전투 지구에 전도대를 조직하여 복음을 전하자고 제안했다. 그래서 교회 지도자들이 여러 차례 의논하고 43명의 목사를 전도대로 선발했다. 전도대는 제1차와 제2차로 나뉘어 지리산 지역 13개 군에서 복음을 전했다. 제1차 전도대는 1950년 1월, 또 제2차 전도대는 2월에 전도 활동을 했다. 한경직은 제1차 순회 전도에 참가하여 남원군 일대에서 노방 전도했다. 이때 한경직이 구국의 노래 '십자군 전도가'를 만들었고 이 노래말에 강신명이 곡을 붙였다.

이런 식으로 월남 교역자들과 교인들이 남한에서 교회를 설립하였다. 이들의 응집력은 대단하였고 또 이들에게 동질 의식(친미 반공)이 형성되었다. 이러한 결속력으로 월남 교역자와 교인이 '이북 신도 대표회'를 조직하게 되었다. 이 단체는 서울에서 설립된 월남 피난민 교회를 중심으로 조직되었다. 그런데 이 단체의 이름이 처음부터 이북 신도 대표회는 아니었다. 처음에는 1946년 4월 월남 교인들이 '이북 기독교 신도 연합회'(회장 한경직 목사)를 조직했다. 그 이후에 계속해서 북한 전숲 지역에서 월남한 교역자와 평신도들이 나날이 늘어나자, 1948년 4월 정기 총회 때 이들을(이북 교역자 전부와 이북 각 지역 대표 장로들) 회원으로 받아들이려는 목적으로 회칙을 개정하면서 연합회의 명칭을 '이북 기독교 신도 대표회'로 개칭하였다. 이를 통해서 관북(함경도) 지역 출신 교역자와 평신도가 회원이 되었다. 그런데 관북 지역 출신 월남 교인이 점점 늘어난 결과, 이들이 '관북 교우회'를 조직하여 이북 기독교 신도 대표회에서 분립하여 나갔다. 이 점을 매우 유감스럽게 생각한 교회 지도자들이 양회兩會를 다시 하나로 합치자고 교섭하였다. 그런데 그렇게 교섭하고 있던 중 한국 전쟁(6·25 전쟁)이 일어났고, 대화는 더 이상 진전되지 못하였다.

이북 신도 대표회는 (북한) 교회의 재건을 비롯하여 다양한 사업을 전개하였다. 대표적인 사업으로는 교육 사업, 예배당 건립 운동, 교회 재흥 운동, 원(구)호 사업 등이었다. 이북 신도 대표회가 가장 우선적으로 벌인 활동은 교육 사업 곧 북한(특히 평양)에서 교회가 경영하던 학교를 남한에서 재건하는 사업이었다. 월남 피난민들이 서울에 정착하게 되자 그동안 학업이 중단된 자녀들의 학교 교육에 관심이 쏠렸다. 그 무엇보다도 가족의 미래가 자녀의 성공 여부에 달려 있다는 점을 파악한 피난민들에게 자녀 교육에 대한 의지가 아주 강했다. 교인들은—지난날 북한에서 왕성했던 기독교 학교를 떠올리며—아이들을 기독교 학교에 보내고 싶어했다. 그래서 기독교 중등학교를 설립하자는 의견이 영락교회 안팎의 월남 피난민들 사이에서 제기되었다. 우선 중·고등학교부터 재건하자는 의견이 모아졌다. 1947년 봄이었다. 미국 정부의 시찰단이 서울에 도착하여 교회 상황과 학교 교육 상황을 살펴보고 교육의 장래에 관하여 논의하였다. 이 기회에 이북 신도 대표회의 한경직·이인식 목사는 시찰단에게 월남 피난민의 자녀 교육이 매우 어려운 처지에 있다는 설명을 하고 그리고 중학교 설립에 필요한 원조를 요청했다. 이 요청을 받아들인 시찰단과 미국 장로교 북장로회 선교부는 학교 설립에 필요한 재정을 보조하기로 했다. 그리하여 서울에서 대광중·고등학교가 설립되었다. 이사장 한경직 목사와 교장 백영엽이 학교 설립과 운영을 위해 헌신했다. 동일한 방식으로, 숭실중학교와 숭실대학교의 재건을 위하여 미국 장로교 북장로회 선교부가 10여만 불(달러)을 보조하기로 하고 서울에서 학교 재건을 위한 기초 작업에 착수했다. 그런데 이때 한국 전쟁이 일어났고 이 사업이 더 이상 진행되지 못했다.

이북 신도 대표회가 벌인 예배당 건립 운동도 비슷한 시기에 시작되었다. 8·15 해방 직후에 북한에서 남한으로 월남한 교인들은 대다수 서울과 그 근교에 정착했다. 그런데 피난민 교인은 매주 주일이 되면 매우 곤혹스러웠다. 낯설고 물선 타향에서 교회를 찾아가 예배드리는 것이 매우 어색했고 또 예배당 안으로 들어가는 자체가 주위 사람들의 시선을 의식하게 되며 별 이유 없이 움츠러들게 했다. 그래서 월남 교인들은 자기네들만이 모이는 예배당을 간절히 바랐다. 그런데 입에 풀칠하기에도 빠듯한 경제 사정인지라 예배당 건축은 엄두조차 낼 수가 없었다. 이런 상황에서 1947년 가을에 미국 장로교 북장로회 선교부 총무 스미스J.C. Smith가 남한 전국을 순회하며 교회 상황을 둘러보았는데, 이 기회에 이북 신도 대표회는 그에게 예배당 건축비 10만 불(달러)을 보조해 달라고 요청했다. 여기에 대하여 미국 장로교 북장로회는 5년 기한으로 5만 불(달러)을 빌려 주겠다고 응답했다. 이에 피난민 교회 30여 곳이 신축되거나 기존 건물을 매입하였다. 그러면서 피난민 교회는 활발하게 전도 운동을 전개했고 또 이런 교회에서 월남 교역자가 새롭게 교역할 기회를 얻었다.

원(구)호 사업은 이북 신도 대표회 지도자들이 중심이 되어 학사 경영(서울의 황해학사, 소녀관), 사회 봉사(보린원 설립, 고아원 설립과 운영: 홍성과 온양의 고아원) 등을 시작했다.

1945년 8·15 해방 이후 전개된 제1공화국 시기(1948-1960)에 장로교회는 새 나라의 건설을 위하여 현실 정치에 적극 참여했다. 이때 교회의 정치 참여는 일제 강점기에 장로교회의 전통으로 확립된 교회의 사회 공공성과 공적 책임 의식이라는 신앙 유산이 되살아난 것이라 본다. 따라서 교회의 현실 정치 참여는 새 나라의 건설에 '마땅히' 참여해야 한다는 당위성(當爲性)에서 비롯되었다고 파악한다.

제 10 강

제1공화국 시기,
장로교회의 정치 참여

제1공화국 시기,
장로교회의 정치 참여

1. 8·15 해방 직후, 기독교 정신으로
새 나라 건설

1945년 8·15 해방 직후 남한 사회의 분위기는 새 나라 건설에 대한 기대감에 한껏 부풀었다. 일제의 식민 지배로부터 해방된 조국에서 새로운 국가를 건설하기 위해 나라 안팎에서 독립 운동을 하던 인물들이 속속 나타났다. 10월 16일 이승만이 미국에서 귀국했다. 11월 27일 상해 임시 정부의 선발대(15명)가 중국(상해)에서 귀국했다. 국내에서는 이미 여운형이 주도하여 조선 공화국을 조직하고 있었다. 그로부터 얼마 동안 여운형이 임시 정부의 정통성을 무시하였고, 반면에 임시 정부는 한민당과 좋은 관계를 맺었다. 이 관계는 한민당 내부에 있는 친일파의 숙청을 거론하기까지 유지되었다. 그런데 12월 27일 모스크바 삼상 회의에서 한국에 대한 강대국(미국, 소련,

영국)의 5년 신탁 통치가 결정되었다. 그러자 국내에서는 신탁 통치에 찬성하는 세력(여운형, 좌익 세력)과 반대하는 세력(김구와 임시 정부, 한민당, 이승만)이 서로 대립했다. 임시 정부 세력은 일체의 외세를 배제하고 자율적 통일 정부를 수립하기 위해 반탁을 주장했고, 또한 국내에 조직 기반이 없었던 이승만은—소련을 배제한 다음—미국의 단독 신탁 통치를 바라면서 반탁을 주장했다.

이승만이 조직한 독립 촉성 중앙 협의회와 임시 정부의 비상 정치 회의가 통합하여 1946년 2월 1일 비상 국민 회의를 소집했다(의장 이승만). 비상 국민 회의가 2월 14일 대표 민주 의원이 되었는데, 또 이것이 과도 정부의 수립을 위한 미군정청의 자문 기관이 되었다. 이 과정에서 신탁 통치 반대(반탁) 운동이 친미 반공 운동으로 전이되었다. 과도 정부 수립을 위한 미국과 소련의 제1차 미소 공동 위원회가 결렬되어(1946년 5월 18일) 무기한 휴회에 들어갔다.

1946년 5월 하순에 중도 좌파 대표인 여운형과 중도 우파 대표인 김규식이 중심이 되어 좌우 합작 운동의 교섭이 시작되었다. 여기에는 한민당을 포함한 전체 우익 세력과 공산당을 포함한 전체 좌익 세력이 참여했고, 미국과 소련도 각각 여기에 참관인을 파견했다. 사회 각계각층이 좌우 합작에 참여해서 열띤 토론을 벌였다. 이 가운데서 토지 분배 문제와 친일파 처리 문제가 가장 뜨거운 쟁점이었다. 그런데 1947년 7월 19일 여운형이 암살되었다. 그 여파로 말미암아 그해 10월에 좌우 합작 위원회가 해산되었다. 제2차 미소 공동 위원회도 같은 시점에 중단되었다. 미국의 요청을 받아들인 유엔 총회는 조선 임시 위원단을 설치하였다.

1948년 1월에 유엔 조선 임시 위원단이 내한했다. 단장인 메논이 김구와 이승만을 각각 만났다. 이승만은 이때 남한만의 단독 선거를 주장했고, 김구는 미소 양군이 조선(한국)에서 철수하고 나서 남북 통일 선거를 해야 한다고 주장했다. 유엔의 소총회는 2월에 메논의 한국 방문 보고를 듣고 나서 남한만의 단독 정부 수립에 대한 가부를 결의했는데, 이때 유엔은 남한의 단독 정부 수립을 결의했다. 그해 5월 10일 남한에서 단독 선거가 실시되었다.

2. 정부 수립과 기독교적 국가 의식(儀式)

단독 선거인 총선거(1948. 5. 10)에서 210명의 국회의원이 선출되었다. 이 중 개신교 교인 50명 정도가 국회의원으로 선출되었다. 5월 31일 이승만이 제헌 국회의 의장으로 당선되었고, 국회 개회식에서 그는 의원 이윤영 목사에게 개회 기도를 요청했다. 이에 이윤영 목사는 개회 기도를 올렸다. 제헌 헌법은 국회가 대통령을 선출하도록 했는데, 7월 20일 이승만이 국회에서 대통령으로 선출되었다. 8월 15일 대한민국 정부가 수립되었다. 우리나라 최초로 세워진 민주 공화국으로서 자유 민주주의의 헌법과 제도를 가진 나라가 수립되었다. 이날도 대통령 이승만은 취임식 선서를 기도로 하나님께 호소하여 전국의 국민에게 깊은 인상을 안겨 주었다. 이 예식은 제1공화국 시대 내내 국가 의식이 기독교식으로 행해지는 기초가 되었다.

개신교(장로교회)는 대통령 이승만의 친미 반공親美反共 정책과 그의 북진 통일 노선에 밀착되었다. 여러 요인이 여기에 함께 있었다. 첫째로 1945년 말부터 미국 선교사들(혹은 예전의 내한 선교사 자녀들) 일부가 선교사 자격이 아니라 미군정 자문관 자격으로 내한來韓했다. 이들은(H. H. 언더우드 등) 미군정청을 통해 교회나 교인에게 필요한 물자를 대폭 지원했다. 이러한 지원을 통해 미군정청과 개신교 지도자들 그리고 이승만의 관계가 밀접해졌다. 둘째로 이승만은 개신교가 요청한 정책 제안을 받아들여 시행했다. 예컨대 그는 국기 배례가 ─일제의 신사참배 강요와 동일하게─ 신앙 양심에 위배되므로 변경해 달라는 장로교 총회(제35회, 1948)의 진정서를 받아들여서 대통령령으로 주목례로 변경시켰다. 이승만 정권은 한국 전쟁의 전장에서 죽음의 공포에 시달리는 병사와 부상당한 병사를 위로하고 그들을 정신적으로 무장시키는 일을 맡는 군종을 제도적으로 시행해 달라는 개신교의 청원을 받아들였다.[21] 셋째로 다수의 개신교 목회자들이 이승만과 개인적인 친분 관계를 통해 수시로 정치 현안이나 인물 추천에 개입하였다. 그리하여 개신교의 지도층은 제1공화국 기간 내내 이승만을 적극 지지하였다. 특히 월남 개신교인 다수가 이승만의 친미 반공 노선을 적극 지지했다.

3. 1952년, 제2대 대통령 선거와 개신교

이승만 정권은 남한만의 단독 정부 수립을 인정하지 않으려는 여러 정치 세력들에게 계속 도전을 받으면서 그들과 권력 투쟁을 했다. 국회에서 신임을 얻지 못한 그는 제2대 국회의원 선거(1950. 5. 30)에서 엄청난 정치적 시련을 겪었으나 한국 전쟁(6·25)을 계기로 새롭게 회생했다. 그러나 국회를 주도하는 세력은 그를 더 이상 지지하지 않았고, 국회의원 다수는 민의民意가 반영되는 내각 책임제로의 개헌을 추진했다. 임박한 1952년에 실시되는 정·부통령 선거에서는 이승만이 국회에서 대통령에 재선될 가능성은 아주 희박했다. 그러나 그는 장기 집권을 도모하고자 정치 위기를 조장했다. 그는 그러면서 자신의 정권을 지키기 위해 정당을 만들겠다고 공언했다. 1951년 12월에 두 개(원내, 원외)의 자유당이 창당되었다. 공화민정회 소속 국회의원을 중심으로 만든 '원내' 자유당과 또한 이승만을 지지하는 사회 단체를 중심으로 만든 '원외' 자유당이 창당되었던 것이다. 국회의원들을 중심으로 조직된 원내 자유당이 당명을 '자유당'으로 정했다는 사실을 이승만이 알았음에도 불구하고, 그는 동명同名의 원외 자유당을 만들도록 지시했다. 아직도 전쟁 중이던 1952년 7월 4일 '발췌 개헌안'이 국회에서 기립 표결로 통과되었다. 대통령 직선제와 내각 책임제를 절충하여 만든 개헌안이 통과되었던 것이다. 이제부터는 대통령과 부통령을 국회에서 뽑지 않고 직선제로 선출하게 되었다. 이승만의 의도대로 개헌이 성사되었다.

임박한 정·부통령 선거를 앞둔 7월 26일에 한국 기독교 연합회 NCCK의 회원 교단(장로교, 감리교, 성결교, 구세군 등)과 여러 단체의 대표들이 모인 자리에서 "이승만을 대통령으로 추대하기로" 결의했다. 이 모임은 이승만을 대통령으로 추대한 이유로서 그의 치적 3가지를 들었다. 즉 "1) 국기 경례를 주목례로 하였고(바꾸었고), 2) 국군에 종군 목사제를 대통령령슈으로 하였고, 3) 국가 의식을 기독교식으로 지령했다."는 치적을 거론했다. 또 이승만의 '호교 정책 수행'과 그의 '정치 기독교화에 적지 않은 공헌'을 높이 평가했다. 이어서 이 협의회는 개신교 여러 교단의 유권자에게 '한국의 기독교화'를 지향하면서 투표하되 '이승만 박사에게 귀중한 표를 총집결해' 달라고 호소했다. 한국 기독교 선거 대책 위원회는 전국적인 조직망을 만들어서 선거 운동을 펼쳐 나갔다. 8월 3일(선거 직전 주일)에는 전국 교회가 일제히 조국 재건과 정·부통령 선거를 위해 기도회를 개최했다. 이때의 개신교는 이번 선거를 기독교 대 반反기독교의 엄숙한 결전決戰으로 파악하였고, 기독교의 정치 참여에 대한 신학적 고찰이나 신앙적 성찰이 결여된 채, 무슨 방도로든 개신교에 유리한 인물을 당선시키기 위해 열렬히 뛰어들었다. 개신교는 또한 함태영 목사를 부통령으로 추대했다.

8월 5일에 치른 선거 결과, 이승만이 압도적인 지지를 얻어 대통령에 당선되었다. 그는 총 투표수의 72%, 유효 투표수의 74,6%인 5,238,769표를 득표했다. 부통령에는 예상을 뒤엎고, 국민에게 이름조차 생소했던, 장로교회 목회자 함태영이 294만여 표를 얻어서 이범석(181만여 표)을 누르고 당선되었다. 이러한 선거 결과는 이승만의 지시에 절대적으로 따른 경찰의 힘을 업었기 때문이라고 평가받는데, 개신교의 열렬한 선거 운동도 함태영의 득표에 기여했을 것으로 짐작한다. 한국 개신교는 이때 "한국의 정치 자체를 기독교인이 장악하여 기독교화해야 한다."고 생각했다. 그래서 특별히 기독교 정당 같은 것을 조직할 필요도 느끼지 못할 정도였다고 한다.

1953년에 개신교는 한국 전쟁의 휴전 반대 운동을 통해 대통령 이승만의 북진 통일 정책과 더욱더 밀착되었다. 3월 30일 이승만이 휴전 반대 성명을 내었고, 이틀 후인 4월 1일부터 휴전 회담 반대 궐기 대회와 시위가 시작되었다. 북진 통일을 요구하는 시위가 연이어 일어나는 가운데서, 6월 18일 이승만이 반공 포로 석방을 명령했고, 3일 뒤(21일)에 국회는 북진 통일을 결의했다. 이로 말미암아 휴전 반대와 북진 통일의 외침이 시위 단계로 고조되었다.

북진 통일 정책은 특별히 월남越南 개신교인들이 지지했다. 6월 14일 서울의 탑골공원에서 개신교 교인 7천여 명이 참석하여 휴전 반대 북진 통일 기원 대회를 개최했다. 그 이튿날 부산에서 교인 1만여 명이 참석하여 전국 기독교 신도 구국 대회를 열었다. 이 자리에서 세계 교회에게 보내는 성명서가 발표되었는데, "한국 정부와 국민은 일치 단결하여 최근 판문점에서 진행되고 있는 휴전안에 대하여 한사코 반대"하며 "한국(한반도)의 통일은 공산주의와의 유화에 의해서가 아니라 공산주의를 굴복시킴으로써 성취되어야" 한다는 입장을 천명했다. 이것은 이승만의 북진 통일 곧 무력을 통한 통일을 지지한 것이기도 했다. 계속해서 인천, 청주, 광주에서도 신도 구국 대회가 개최되었다. 이승만 정권과 개신교는 반공 노선으로 일체가 되었다. 7월 27일 휴전 협정이 조인되었다.

4. 1956년, 제3대 정·부통령 선거와 개신교

1950년대 중반에 한국 사회는 전쟁의 상흔에서 차츰 벗어나고 있었으며 그렇지만 정치적 혼란과 경제적 궁핍으로 말미암아 여전히 적지 않은 어려움에 처해 있었다. 1956년에 임기가 만료되는 대통령 이승만은 개정된 헌법(1952년 개정)에 따라 더 이상 출마할 수가 없었다. 그러나 그는 또다시 대통령이 되고자 헌법을 한 번 더 고치려 했다. 이를 위하여 임기 만료 2년 전(1954) 제3대 국회의원 선거(5·20 민의원 선거)에서부터 사전 공작을 벌였다. 그것은 자유당 소속 국회의원을 대거 당선시키자는 계획이었다. 투표 결과 자유당이 전체 국회의원 당선자(203명)의 과반수가 넘는 114석(득표율 36.8%)을 확보하여 압승을 거두었다. 이승만은 이를 바탕으로 이기붕 의원 외 국회의원 135명의 서명으로 개헌안을 제출하게 했다. 개헌안의 핵심은 초대 대통령에 한하여 중임 제한을 폐지하자는 안과 대통령 궐위關位 시 부통령이 그 직책을 승계한다는 안이었다. 1954년 11월 27일 개헌안이 통과되었다(4사5입 개헌). 이리하여 이제 이승만의 종신 집권이 보장되었고, 자유당은 더욱더 사당私黨화되었다. 한국 사회는 반민주 독재 정치로 말미암아 암울해졌다.

이 상황에서 이승만을 반대하는 정치 세력들이 결집되었다. 몇몇 언론도 집권 여당을 향해 비판하기 시작했다. 자유당에 맞서는 야권 연합 정당인 민주당이 1955년 9월에 창당되었다. 민주당은 반공이념에 기반한 보수적 정당이었고 또 스스로가 한민당-민국당의 법통을 계승한다고 규정했다. 이때 진보적 민족주의 계열도 혁신

정당을 창당하고자 했다.

1956년은 선거의 해였다. 5월 15일에 정·부통령 선거가 있었고 또 8월에 지방자치(시·읍·면 의회 의원, 서울특별시·도의회 의원) 선거가 있었다. 선거에서 민주당은 "못 살겠다 갈아 보자!" 라는 구호로 대중의 관심을 끌었다. 자유당은 "갈아 봤자 별수없다." "구관이 명관이다."로 맞대응했다.

이번 선거에 임하는 개신교의 분위기는 4년 전 정·부통령 선거에 임했던 자세와 매우 달라졌다. 지난번 선거에서는 교회가 정치의 기독교화에 집중하였는데, 이제는 그때와 달리 헌법 제12조에 따라 "정치와 종교는 분리되어야 한다."는 입장을 취했다. 그동안 개신교가 정치에 편승하여 정치권에 이용당한 것이 아닌지 더러 자성하는 분위기도 있었다. 장로교회의 신문(주간 신문)인 『기독공보』는 정·부통령 선거 2개월 전부터 지속적으로(6회 이상) 선거 문제를 다양하고도 깊이 다루었다. 3월 19일자 신문의 '사설'은―민주주의 사회와 민주 정치를 위한 선거의 중요성을 언급하고 나서―냉정 공평한 선거, 정실에 치우치지 않는 선거, 일할 사람을 제대로 선택하는 선거, 자기를 희생하며 섬기는 사람과 사회의 약자와 소외된 자를 돌아보는 사람을 뽑는 선거를 호소했다. 계속해서 『기독공보』는 교회가 정치적 중립을 지키고 교인이 국민의 한 사람으로서 양심에 따라 투표하자고 설득했다. 신문 사설은 기독교인 정치가들에게 교회를 정치에 이용하지 말고 정치인 스스로 신앙 양심으로 세상의 소금과 빛이 되라고 충고했다.

그런데 교회 지도자들 가운데 일부가 정·부통령 선거 추진 기독교도 중앙 위원회를 조직하여 이승만을 대통령으로 추대하고 이기붕을 부통령으로 추대하였다. 이 위원회는, 종교와 정치를 분리하는 원칙에 근거하여, 개신교 어느 교파나 단체를 대표하는 것이 아니라 순전히 개인 자격으로 규합하여 결성된 것이라 해명했다. 또 위원회는 "교회란 정치 단체가 아니고, 교회는 정당에 가입할 수 없으며, 교회는 정당에 이용되어서도 아니 된다."고 강조했다. 그런 점에서 위원회는 기독교 정당의 결성을 반대했다.

그런데 선거를 앞두고, 민주당 대통령 후보자 신익희가 돌연 사망했다. 야당의 대통령 후보는 자연히 진보당 대통령 후보자 조봉암으로 단일화되었다. 그러나 야당인 민주당이 오히려 이승만을 지지하는 쪽으로 기울자, 진보당의 부통령 후보자 박기출이 사퇴를 발표했다. 이에 따라 부통령 선거는 자유당 부통령 후보자 이기붕과 민주당 부통령 후보자 장면이 대결하게 되었다. 개신교 지도자들이 개별적으로 조직한 정·부통령 선거 추진 기독교도 중앙 위원회는 이승만을 대통령으로 추대했고 또 이기붕을 부통령으로 추대했다.

5월 15일의 선거 결과, 대통령에 이승만이 당선되었고(500만여 득표) 또 부통령에 장면이 당선되었다(400만여 득표).

5. 부패한 정치 현실에 대한 탄식

이번 선거의 결과가 이승만 정권을 몹시 불안하게 만들었다. 민심이 이 정권으로부터 이탈해 나간다는 조짐을 읽었기 때문이다. 그 무엇보다도 진보당 대통령 후보였던 조봉암의 괄목할 만한 정치적 성장이 이 정권에게 위협적이었다. 조봉암은 당을 정식으로 결성하지도 못한 채 대통령 선거에 출마하여 216만여 표의 높은 지지를 얻었다. 그러나 그 득표 통계는 어디까지나 공식적인 발표였고 투표함 개봉의 부정 때문에 투표 결과의 실체를 전혀 파악할 수가 없었다. 진보당은 투개표 참관인을 거의 낼 수가 없었고 또 민주당 참관인은 진보당의 표를 지켜 주지 않았다. 조봉암은 이제 이승만에게 최대의 정적政敵으로 떠올랐다. 또한 장면의 부통령 당선도 이승만과 자유당에게 위협감을 느끼게 했다. 헌법에는 대통령의 궐위시 부통령이 대통령직을 승계하도록 되어 있었는데, 대통령 이승만의 나이(81세)가 자유당을 불안하게 만들었다. 6월 8일 지방 선거에서 자유당은 갖은 불미스런 부정 선거를 통해 승리했다. 그러나 8월 13일 서울시 의회 선거에서는 민주당이 크게 이겼다. 그 결과 여촌야도與村野都 현상, 즉 농어촌 지역에서는 여당의 지지가 우세하고 도시 지역에서는 야당의 지지가 우세하였다.

이런 상황에서 장면 부통령에 대한 살인 미수 사건이 일어났다. 민주당 전당 대회가 열린 1956년 9월 28일 오후 서울의 명동 시공관에서 장면 부통령을 살해하려는 저격 사건이 일어났다. 다행히도 총알이 그의 왼손을 스쳤을 뿐 생명에는 지장이 없었다. 그가 제4대 부통령으로 취임한 지 겨우 한 달 정도가 지난 때에 이런 엄청난 사건이 발생했다. 이 사건은 대통령 유고시 그 직을 계승하게 되는 장면 부통령을 제거하기 위해 저지른 정치적 음모라는 해석이 지배적이었다.

1958년 5월 2일 제4대 국회의원(민의원)을 선출하는 5·2 선거가 다가온 시점에서(4월 13일), 선거일이 임박할수록 선거 분위기가 이전과 다름없이 혼탁해졌다. 이때 기독교(개신교) 여성들이 정치가의 깨끗한 일상 윤리와 반듯한 도덕성을 위해 정치 참여에 나섰다. 대한기독교 여자 절제회는 대한예수교장로회 여전도회전국대회, 대한기독교감리회 여선교대회, 대한기독교장로회 여전도연합대회, 대한기독교성결교 부인회, 대한구세군 부인회, 대한기독교침례회 부인회의 후원으로 4월 21일 파고다 공원에서 기독 여성 총궐기 대회를 개최했다. 이 대회에서 교회 여성들이 다음과 같이 천명했다. "1. 첩 둔 사람이 국회의원 됨을 반대한다. 2. 술장수가 국회의원 됨을 반대한다. 3. 국회를 돈벌이판으로 악용하려는 사람이 국회의원 됨을 반대한다. 우리는 청렴결백한 국회의원을 요구한다. 우리는 나라의 발전과 겨레의 복리를 위하여 양심적으로 책임을 다하는 국회의원을 요구한다. 우리는 여성의 지위 향상을 위하여 싸울 국회의원을 요구한다." 이러한 요구는 1950년대 문란해진 사회 지도층의 성 윤리 의식을 선거로 심판하자는 여성들의 외침이었다.

제4대 국회의원(민의원) 선거(5·2 총선)가 끝났다. 선거 전에 여당은 국회 의석 2/3를 차지하겠다고 공언했었고 또 민주당도 국회 의석 과반수를 차지하겠다고 공언했었는데, 선거 결과를 살펴보니 양편의 공언이 모두 다 무산되었다. 『기독공보』(1958. 5. 12)는 이때 "만일 자유당이 국회 의석 2/3를 차지하였더라면 헌법 개정을 자유로이 할 수 있게 되므로 국가 기반이 흔들리기 쉬웠을 것이고, 민주당이 과반수를 차지하였더라면 2년의 임기를 남긴 대통령의 행정부와 밤낮 대립하여 아무것도 할 수 없을 것이 뻔했는데, (선거 결과) 이도 저도 안 되어 다소 정국 안정에 도움이 될 것"이라고 전망했다. 자유당은 개헌선에 도달하지 못했고, 민주당은 호헌선을 확보했다. 무소속이 크게 약화되어 양당 정치가 가능하게 되었지만 진보 세력이 배제된 상태에서 보수적인 양당이 정치권을 지배했다. 이 신문은 이와 함께 앞으로도 정교 분리의 원칙 아래 교회가 정치적 중립을 엄정히 지켜야 한다고 강조했고, 만일 교인이 불의한 정치 운동에 참여했다면(현금. 물품. 음식 제공 등) 이것은 나라를 배신하고 팔아먹는 매국賣國 행위이므로 그러한 자는 회개해야 한다고 주장했다.

6. 1960년, 4·19와 개신교(장로교회)

1957년 이래로 감축된 미국의 한국 원조는 여기에 기반을 둔 국내 산업의 가동률을 저하시켰으며 또한 그 원조에 의존하던 정부의 재정을 어려운 처지에 놓이게 했다. 그러자 국민의 조세 부담이 증가되어 가계 경제를 악화시켰다. 대통령 이승만은 개인적 친분 관계에 따라서 또 반공 정신이 투철한 인물을 공직에 등용했는데, 그러면서 그는 모든 관료 기구를 사유화시켰다. 이미 1956년 정·부통령 선거에서 민심이 이탈되는 조짐을 파악한 이승만 정권은 민주주의 절차를 훼손시키는 조치를(국가보안법 개정, 경향신문 폐간, 조봉암 처형 등) 무리하게 단행했다. 강경파가 장악한 자유당은 야당 세력과 대화와 타협에 나서지 않고 비판 세력을 탄압하려 했다.

1960년 3월에 치른 3·15 부정 선거를 통해 반反 이승만 세력이 결정적으로 조성되었다. 정권 교체에 기대를 걸었던 여당 비판 세력은, 선거 직전 야당 부통령 후보자 조병옥이 갑자기 사망하자 의기소침해졌다. 그런데 예상 밖으로 3·15 부정 선거에 대한 항의 시위가 시작되자, 침체되어 있던 비판 세력의 사기가 되살아났다. 이 시위가 부정 선거에 대한 규탄과 사회 전반의 부정 부패에 대한 규탄으로 발전했다. 이승만 정권은 이 시위대가 공산주의의 사주를 받는다는 여론몰이를 하면서 이들을 경찰력으로 진압했다.

이 과정에서 시위의 전면에 학생들이 등장했다. 학생 시위는 2월 28일 대구에서 시작되었고, 3·15 부정 선거에 대한 제1차 마산 항쟁이 일어났다. 제2차 마산 항쟁은 4월 11일 김주열의 죽음으로 일어났다. 데모가 전국으로 확산되기 시작했다. 이에 맞선 경찰은 4월 19일에 발포를 통하여 폭력으로 시위를 진압했다. 그러나 그 진압이 별다른 효력을 발휘하지 못하였다. 드디어 일연의 과정 속에서, 곧 국무위원 총사퇴(21일), 이기붕의 부통령 당선 사퇴와 모든 공직 사퇴 발표(24일), 민주당이 이승만의 하야와 정·부통령 재선거 실시를 위해 국회에 긴급 동의안 제출(25일), 교수들의 데모(26일), 그리고 이승만에 대한 미국의 지지 철회가 결정적인 힘으로 작용하여 이승만은 물러났다. 이렇게 1960년 초봄에 시작된 4·19 혁명으로 이승만 정권이 붕괴되었다. 4·19 혁명은 1960년 2월 대구 학생 봉기에서 1961년 5월 16일까지의 전 과정을 지칭하고, 1960년 4월 19일에서 26일까지의 사건의 진행에 대해서는 단순히 4·19라고 지칭한다. 정권 몰락의 주된 원인은 경제 위기와 이승만의 독재적 권위주의 통치에 있었다.

그런데 3월 15일에 실시된 선거 직전에 개신교 지도자 일부는 '자유당 정·부통령 선거 중앙 대책 위원회'의 명의로 "대통령에 리승만 박사로 부통령에 리기붕 선생을"이란 광고를 『기독공보』(1960. 2. 29)에 실었다. 광고의 내용을 살펴보면, 선거에 대한 교회의 엄정 중립을 확인한 다음에 교인들은 기독교 정신(진리, 자유, 정의)을 정치에 반영시킬 수 있는 인물과 반공 정신이 철저한 인물을 지지하자고 홍보했다. 그러면서 개신교 '원로'인 이승만을 대통령으로 뽑자고 선전했다.

한국 기독교 연합회NCCK는 4월 23일 이승만에게 '건의문'을 제시했다. 그 내용의 일부를 소개하면 다음과 같다(『기독공보』 1960. 5. 2). "불행히도 단기 4285(1952)년 부산에서의 정치 파동 이래 민주 국가 건설과 사회 정의 수립에 역행하는 여러 가지 사실이 정계에 누적되어 자못 불안하던 중 금번 3·15 선거에 이르러서는 국민의 민주주의적 최후 기본 권리마저 박탈당하여 공산주의와 싸울 민주주의의 기반을 상실하였으며 이 부정 선거에 반발하여 일어난 마산 사태에 대하여서도 당국도 오히려 유혈의 강압 수단으로 임하게 되자 전 국민의 사무친 울분은 마침내 폭발되고 말았다는 이 역연한 현실을 직시

심사하시옵소서." 이어서 한국 기독교 연합회는 학생들의 평화적 시위는 "3·1 독립 운동(1919)에 필적하는 역사적 사건"이고 또 "3·15 선거는 부정 선거이었으니 공정한 재선거를 실시하라."고 요청했다.

7. 정리

일제의 식민 지배에서 벗어난 8·15 해방 공간에서 건설될 새 나라의 기대 속에서, 교회는 건국建國이 기독교 정신으로 이루어지도록 열망하며 대한민국 정부 수립(1948)을 향해 현실 정치에 적극 참여했다. 제1공화국 시대에 한국 장로교회는 교회의 사회적 공적 책임에 대한 전통 속에서 현실 정치에 적극 참여했다.

개신교(장로교회)와 이승만 정권은 친미 반공親美反共 노선으로 일체가 되었다. 개신교는 한동안 이승만의 북진 통일 정책을 적극 지지했다. 월남 피난민들이 특히 그러했다. 그런데 교회의 이승만 정권에 대한 지지가 크게 바뀌었는데, 1952년의 대통령 선거와 1956년의 선거 사이에서 교회의 입장 변화가 뚜렷하게 나타났다. 1952년에는 한국 기독교 연합회의 회원 교단과 개신교 여러 단체가 적극 선거 운동에 가담하면서 이승만 대통령 만들기 운동을 벌였다. 이와 더불어 개신교 세력은 장로교회 목사 함태영을 부통령으로 당선시키는 힘을 드러냈다. 그런데 1956년의 선거에서는 개신교가 엄정하게 정치적 중립을 지키기로 했다. 정치적 중립이란, 교회가 현실 정치에 대하여 참여와 관심을 접는다는 뜻이 아니었고, 교회가 정부

에게는 공명정대한 선거를 진행토록 촉구하고 또 국민에게는 신앙
양심에 따라 자유로이 투표하도록 독려하는 것이었다.

그런데 일부 교회 지도자들은 여전히 선거 때마다 단체를 결성하
여 이승만 정권을 열렬히 지지했다. 이것이 바로 오늘날까지 제1공
화국 시대엔 개신교와 이승만 정권의 밀착 관계였다고 비판받는 대
목이다. 이제는 이 글에서 파악한 대로 이러한 인식을 수정할 필요
가 있다. 이 비판은 1956년 이전 개신교의 정치 개입으로 국한시켜
야 할 것이다. 그 이후에 일부 교회 지도자들이 특정 정당을 지지한
개별 정치 행위를 개신교(장로교회) 전체의 정치 참여라고 확대하여 해
석하는 것은 신중하게 판단해야 할 것이다. 그런 점에서 1958년에
개신교 여성 단체들이 바르고 깨끗한 정치 풍토를 위해 개최한 궐기
대회는 신선한 미풍美風이었다.

1950년 6월 25일(주일) 새벽에 '6·25 전쟁'이라 일컫는 한국 전쟁이 본격적으로 시작되었다. 전쟁 과정에서 엄청난 인명 피해와 대량 파괴가 일어났다. 휴전 협정(1953)과 함께 고착된 한반도의 분단은 남한 국민의 의식 속으로 내면화되었다(분단 의식의 내면화). 반공(反共)과 분단 논리에 기반을 둔 체제가 두루 구축되었다.

한국 전쟁은 장로교회의 지형을 완전히 바꾸어 놓았다. 전쟁 이전에는 장로교를 북한 지역의 교회가(특히 평안도와 황해도) 주도하였는데, 전쟁과 더불어 교인 대다수가 월남하여 남한에서 교회를 재건했다. 월남한 이북 노회들은 행정 지역을 잃어버린 소위 '무지역 노회'로서 1952년 장로교 총회의 '비상조치법'을 통해 총대를 파송하게 되었다. 이북 노회의 존재 목적은 장차 한반도의 통일 이후에 북한 교회 재건에 필요한 행정 훈련과 지도자 양성에 있었다. 이때부터 이북 노회들은(특히 서북 지역의 노회) 장로교회의 정통 보수적 신앙을 유지하는 데 아주 중요한 세력이 되었다.

전후(戰後)에 한국 장로교는 사회 재건을 위해 크게 기여했는데, 이 가운데서 학교 설립을 통한 인재 양성과 산업 전도를 통한 경제 건설에 대한 기여가 주목받을 만하다.

한국 전쟁 후
사회 재건에 기여한 교회

한국 전쟁 후
사회 재건에 기여한 교회

1. 한국 전쟁(1950-1953)

1950년 6월 25일(주일) 새벽에 '6·25 전쟁'이라 일컫는 한국 전쟁이 본격적으로 시작되었다. 몇 시간 뒤에는 한반도의 38도선을 따라 개성, 춘천, 동해안으로 전쟁이 확대되었다. 이 전쟁은 이미 1949년에 자주 전투가 벌어졌던 옹진 반도에서 시작되었다. 향후 3년 동안 전쟁이 지속되었는데, 1953년 7월 27일 휴전 협정이 체결됨으로써 전쟁이 휴전 상태로 들어갔다. 돌이켜보면 1945년 8·15 해방과 더불어 한반도를 가로로 관통하는 38선 결정, 미국과 소련의 한반도 분할 점령, 모스크바 삼상 회의가 한국의 신탁 통치 결정, 미국·소련의 공동 위원회의 결렬과 한국 문제의 유엔 이관, 미국·소련의 군대가 각각 한반도에서 철수 등의 과정을 통해 한반도에서 계속 갈등이 쌓여 왔다. 그래서 한국 전쟁은 갑작스런 돌발 사태가 아니었고 한반도와 그 주변에서 서서히 진행되어 온 국내외의 갈등이 폭발한 것으로 해석된다.

한국 전쟁은 그 진행 국면 상황에 따라 4시기로 구분된다고 한다(박명림). 제1국면은 1950년 6월 25일부터 9월 중순까지 '북한 인민군 공세기'였다. 제2국면은 1950년 9월 중순부터 11월 말까지 '유엔군 공세기'였다. 제3국면은 1950년 11월 말부터 1951년 5월까지 '북한 인민군과 중국 인민 지원군의 공세기'였다. 제4국면은 1951년 6월부터 1953년 7월 하순까지 '전선 교착과 휴전 협상 시기'였다. 그러나 휴전은 전투의 종식이었지 전쟁의 종식을 뜻하는 것이 아니었다. 그것은 항상 전쟁의 위협 속에 놓여 있는 정전停戰, armistice · 휴전休戰, cease-fire 그리고 단순한 교전 중지交戰 中止, truce를 뜻했다. 휴전 협정과 함께 한반도의 분단이 고착되었다.

한국 전쟁의 과정에서 엄청난 인명 피해와 대량 파괴가 일어났다. 무려 400-500만 명에 이르는 엄청난 사상자死傷者와 더불어 수많은 전쟁 고아와 전쟁 미망인이 속출했다. 생사生死 여부의 소식조차 알 수 없는 생이별 이산 가족은 전쟁 이후에 민족 분단의 상징이 되었다. 공군의 폭격으로 말미암아 온전한 건물을 찾아볼 수 없을 정도로 전 국토가 철저히 파괴되었다. 전쟁 직후 남한에서는 정치적으로 반공反共과 (남·북한의) 분단 논리에 기반을 둔 독재 체제가 굳건히 세워졌다. 사상적으로는 반공과 친미親美가 남한 사회를 지배하는 이데올로기가 되었다. 전쟁 전에 활발히 움직였던 남한의 진보 세력이 거의 멸절되었다. 남한의 경제 체제는 세계 자본주의 질서의 하위 체계로 편입되었고 그 질서의 중심부에는 미국이 있었다. 휴전 협정과 함께 고착된 한반도의 분단은 남한 국민의 의식 속으로 내면화되었다.

2. 전쟁 기간의 교회, 경상북도 경안노회의 경우

한국 전쟁 기간에 전국의 장로교회가 모두 다 예외 없이 생존의 위기에 처해 있었다. 이 가운데서 우리는 경상북도 북부 지역 경안노회 소속 교회들을 하나의 예로 살펴보고자 한다. 미국 장로교 북장로회 안동 선교지부 선교사들의 보고에 따르면,[22] 1950년 7월 말경에 이들은 대구의 미군 부대로부터 안동 지역이 이제 곧 북한 인민군의 수중으로 떨어지게 될 것이라는 연락을 받았다. 이때 벌써 안동으로 들어가는 길목에는 북한 인민군의 진입을 막기 위해 교량이 폭파되었고 또 양측 군대의 교전交戰 소리가 간간이 들려 왔다고 한다. 그리고 나서 불과 하루 이틀 뒤에 북한 인민군이 안동 시내로 진입해 왔다. 며칠 뒤에는 미공군 비행기가 날아와서 시내에다 폭탄을 투하하기 시작했다. 이때 도시의 약 9할 정도가 파괴되었다. 경안고등성경학교는 본관만 남겨 놓고 남녀 기숙사가 폭격으로 완전히 부서졌고, 바로 곁의 성소병원도 형체를 거의 알아볼 수 없을 정도로 부서졌다. 오로지 안동중앙교회(현재 안동교회)만이 폭격에서 제외되어 홀로 오뚝 서 있었다. 시내의 도로 주변에는 파손되어 그냥 버려진 탱크의 잔해와 포탄을 맞아 뼈대만 앙상하게 남아 있는 트럭과 파괴된 야포 등이 줄줄이 서 있었다. 주민들은 집과 살림살이 세간을 다 잃어버리고 길바닥으로 내몰렸다. 북한 인민군에게 죽임당하고 잡혀 가고 실종된 사람들에 관한 소문이 파다했고, 그리고 졸지에 고아가 된 아이들이 거리를 배회했다.

전쟁이 안겨 준 가장 큰 고통은 배고픔이었다. 전쟁 통에 1950년 가을의 수확이 형편없었고, 그 이듬해 여름에는 심각한 기근이 안동 지역을 덮쳤다. 또 그 다음해에는 거의 100만 명에 이르는 주민들이 풀뿌리나 나무껍질로 목숨을 겨우 연명해 갔다. 이 재난은 특별히 어린아이들에게 치명적이었다. 굶주려 죽어 가는 아이들이 날로 늘어났고, 대부분의 아이들이 두 발로 서 있을 수 없을 정도로 약해졌다. 학교는 몇 달 동안 수업을 하지 못했다. 교인들의 형편도 마찬가지였다. 굶주려 허기지고 쓰러진 교인들이 부지기수인데, 교인들 약 절반만이 예배와 집회에 참석할 수 있을 정도로 건강이 허약한 상태였다.

일본으로 피난 갔다가 다시 돌아온 선교사들이 미국 구호 단체 UNCACK Unites Nation Civilian Assistance Corps Korea의 지원을 받아 옷가지 50상자와 밀가루 80포대를 급히 가져왔다. 선교사들은 응급 조처로 한두 트럭 분량의 곡식(밀, 보리 등)을 사서 무료 급식소 다섯 곳을 만들고 날마다 약 5,000명에게 먹을 것을 제공했다. 무료 급식소에서는 전도용 소책자가 함께 비치되었고, 이곳에서 간단히 예배드렸다.

안동 지역 장로교회의 교역자들도 날마다 선교사들과 함께 급식소 앞에 길게 줄 서 있는 군중에게 따뜻한 말을 건네고 짧게 설교했다. 교역자들은 이렇게 어렵고 궁핍한 때가 오히려 복음을 전할 수 있는 기회라고 확신했다. 경안노회는 이러한 긴급 상황에 대처하고자 후생부를 만들었다. 후생부는 1951년 12월부터 그 이듬해 봄까지 선교부와 미국의 구호 단체를 통하여 입을 것(옷)과 먹을 것(식량)을 얻어 와서 생존의 위협에 처해 있는 사람들에게 나누어 주었다.[23] 전쟁 통에 고아가 된 아이들이 거리를 배회하는 모습을 살핀 경안노회는 고아원을 설립했다(경안신육원). 1952년에 설립된 경안신육원은 불과 얼마 만에 고아 106명(남 66명, 여 40명)이 함께 생활하는 기관으로 커졌다. 전쟁 고아들은 이곳에서 신앙을 바탕으로 한 학교 교육과 직업 교육을 받았다. 또한 경안노회는 수많은 전쟁 미망인들을 돌보기 위해서 '기독자매원'을 설립하였다.

한국 전쟁은 역설적으로 교회 부흥의 계기가 되었다. 참혹한 전쟁을 경험하면서 삶과 죽음의 갈림길을 수없이 오가는 동안에 사람들은 자연스럽게 하나님의 존재를 인식하게 되었고, 절대자이신 그분을 의지하고픈 의식이 생겨났다. 장로교 안동 지역의 선교지부는 이때 '하기 학생 복음 전도 프로그램'을 만들었다. 한 해 여름의 전도를 위하여 노회는 경안고등성경학교에 재학 중인 신학생을 중심으로 55명의 전도인을 파송했다. 이때 4100여 명이 결신하였다고 한다.[24] 결신자 가운데서 2300여 명이 16세 이하의 청소년이었고, 970여 명이 남성 어른이었고 또 860여 명이 여성 어른이었다.

전쟁 직후에 경안노회는 미국 장로교 북장로회 선교부의 지원으로 파괴된 예배당을 복구할 수 있는 '(전쟁) 피해 복구 자금'을 결의했다. 노회는 복구 자금 분배 위원회를 조직하여 교회의 피해 정도를 조사하고 이에 따른 복구비를 산정하게 했다. 분배 위원회는 교회의 피해 정도를 특급에서 11급으로 매겼다. 그리고 할당된 복구비를 피해 등급에 따라 차등적으로 분배했다.

3. 월남 피난민 교회

이제 북한에서 남한으로 피난 온 교인들이 세운 교회를 살펴보고
자 한다. 1951년 6월 10일 평양에서 부산으로 피난 온 장로교 교인들
이 두 교역자(김윤찬, 김세진)를 중심으로 '평양교회'를 창립했다. 햇살이 잘
드는 부산 보수산寶水山 중턱의 언덕을 가로질러 깎아서 예배드릴 넓직
한 장소를 만들었는데, 100평 안팎의 너른 마당이 조성되었다. 하늘
이 뻥 뚫린 노천에서 드리는 창립 예배였는데 약 200여 명이 모였다.

교회 창립 예배에 참석한 회중은 실향민失鄕民으로서 고향을 떠
난 슬픔과 고향에 대한 향수 속에서 하루하루 지내 오던 중 예배 처
소를 허락하신 하나님께 감사드렸다. 힘겹게 목숨을 부지해 나가는
피난 생활이어서 모든 것이 불편하지만 자유롭게 예배드리며 큰 목
소리로 찬송하는 신앙의 기쁨이 타향살이의 불안감을 떨치게 했다.

평양교회는 약 한 달 정도 땅바닥에서 예배드렸다. 그러다가 장
마철이 임박한 7월 초순에 천막을 마련하여 천막 예배당을 세웠다.
보잘것없는 천막 교회이지만 여기가 천국이라고 여길 정도로 기쁨
과 감격으로 예배드렸다. 이때부터 교인이 급증했다. 교회 창립 석
달 만에 20여 명의 협동장로가 있었고 또 서리집사가 100명 정도
되었다. 장년 교인 700명에 유년 주일학교 학생 1,000명이 모이는
교회가 되었다. 교인들의 표정은 신약성경 사도행전 오순절의 성도

를 연상시켰다. 날마다 새벽 기도회에 수백 명이 천막 교회에 모여서 부흥회 같은 기도회를 가졌다.

1953년 3월 초순에 평양교회는 목조 건물 70평의 새 예배당을 지었다. 보수산 산중턱을 깎아서 만든 교회 대지에 건축 자재를 운반하는 일은 여간 어려운 작업이 아니었다. 비좁고 꼬불꼬불한 산비탈 길을 맨몸으로 오르기도 힘든데, 남성 교인들이 건축 자재를 등에 짊어지고 이 길을 통해 운반해야 했다. 건축 자재(목재. 시멘트. 자갈 등)를 국제 시장에서 사들였다. 물 사정 또한 좋지 못하였기에, 여성 교인들이 보수동 광복교회 근처에서 우물물을 길어 지게로 져서 날랐다. 예배당 신축 공사는 모든 교인의 헌금과 헌신으로 진행되었다. 그해 9월, 6개월 만에 신축 예배당이 완공되었다.

평양교회의 설립은 부산에 거주하는 월남 피난민 교인들에게 적지 않은 충격을 주었다. 이들이 부산으로 피난 와서 근처의 교회에 출석하고 있었는데 그러나 그 교회에 좀체 동화되지 못하고 항상 이방인이란 느낌을 가졌다. 그러던 차에 평양교회의 설립은 북한의 고향 사람이나 옛 교회의 교인들끼리 모여서 예배드리고 싶은 동향의식同鄕意識에 불을 지폈다. 광복교회에서 주일 오후에 모이는 북한 청년 면려회의 예배 참석자들도 교회를 설립하고자 했다. 1952년에 부산에는 월남 피난민 교회가 여기저기에서 설립되었다. 평양 창동교회 교인들이 중심이 되어 자갈치 시장 안에 서북교회가 창립되었고, 이 교회가 동광동으로 이사하고 교회를 신축하면서 동광東光교회로 바뀌었다. 비슷한 시기에 우암교회(1951. 3), 평광교회(1951. 6), 수정동교회(1951. 7), 거양교회(1952. 1), 산상교회(1952. 9), 양정교회(1953. 7),

명신교회(1954. 5), 영주교회(계창주 목사), 평북교회(김용진 목사), 서문밖교회(이광수 목사), 관북교회, 북성교회 등이 창립되었다. 그리하여 전쟁 기간의 부산에는 북한 전역에서 피난 온 교인들이 여러 교회를 세웠고 이를 통하여 한국 교회에 새로운 부흥의 싹이 트기 시작했다.

한국 전쟁 기간에 월남 피난민 교회에서는 극적인 일이 종종 일어났다. 예컨대 전쟁 통에 피난길에서 뿔뿔이 헤어진 가족들이 서로 생사를 알지 못한 채 그리워하다가 기적적으로 만났다. 또 전쟁 통에 사망했을 것으로 짐작되던 사람들이 마치 꿈을 꾸는 듯 재회했다. 이러한 분위기의 피난민 교회에서는 사선死線을 넘어 남한으로 온 교인들이 형제 자매처럼 동거동락同居同樂했다. 집을 개방하고 먹을 것과 입을 것을 함께 나누는 따뜻한 교회를 이루었다. 따뜻한 사랑으로 차고 넘치는 교회에서 드리는 예배는 주일 낮 예배로부터 매일 새벽 기도회까지 언제나 부흥 집회를 개최하는 분위기였다.

그러나 피난민 교회에는 양면兩面의 감정이 공존하고 있었다. 한편은 피난살이 현장에서 설립한 교회가 나날이 부흥하고 있기에 그럭저럭 현실에 안주할 수 있었고, 또 다른 한편 그렇지만 조만간 북한으로 귀향할 것이라는 기대감도 있었다. 월남 피난민 교인 모두다 일치된 마음으로 고향으로 돌아갈 날을 손꼽아 기다렸다. 새해 새봄에는 올해 가을이 되면 고향으로 돌아갈 수 있을까 기대했고 또 막상 가을이 오면 내년 봄에는 고향 땅을 밟을 수 있을까 기대했다. 그러나 전쟁이 끝나야 귀향이 가능한데, 그 당시(1952) 전장에서는 치열한 공방전이 지속되고 있었다. 어느 시점에 귀향歸鄕이 가능할

지 전혀 예측할 수가 없었다. 어서 속히 고향으로 돌아가서 무너진 교회를 재건할 날을 학수고대하건만, 그날이 언제일지 도무지 알 수가 없었다. 그래서 피난민들은 전쟁이 끝나기를 날마다 간절히 기도드리며 장막 같은 교회를 중심으로 하루하루 살았다.

피난민 교회는 크게 보아 두 종류였다. 첫째는 전쟁으로 말미암아 서울에서 지방(부산)으로 피난 온 교인들이 설립한 교회였다. 예컨대 대구의 영락교회, 부산의 창신교회 등이었다. 둘째는 1·4 후퇴 때 평양을 비롯하여 북한 전역에서 남한으로 내려온 월남 피난민 교인들이 설립한 교회였다. 예컨대 부산의 영주교회와 군산의 군산교회 등이었다. 전자의 교회는 전쟁이 끝나면 본래의 자리(서울)로 되돌아가게 되어 있었다. 그러나 후자의 교회는 전쟁이 남한의 승리로 끝날 경우에만 다시 고향(북한)으로 돌아갈 수 있으므로, 이 교회의 교인들은 전쟁이 남한의 승리로 종식되기를 간절히 고대했다. 그 당시 전쟁 상황은 한반도 중부 지역에서 양쪽 군대가 서로 밀고 밀리는 형세였다.

이렇게 월남 피난민 교인들의 염원인 북한 귀향이 자꾸 지연되자, 피난민 교회들 사이에서는 남한에서 북한의 노회를 재건하자는 움직임이 일어났다. 그리하여 하나 둘 북한의 노회를 피난지에서 회복하는 복구 노회를 개회했다. 그러나 정식으로 구성된 노회 조직이 아니었고, 이 전쟁이 끝나면 다시 본래의 자리(북한)로 돌아간다는 소망 속에서, 한시적으로 조직된 노회였다. 그러나 평양노회와 황해노회 등은 그러한 시도를 하지 않았다.

전국 교계의 여론은 피난민 교회들의 노회 조직을 매우 우려했다. 장로교의 노회는 본래 지역의 교회들로 조직되어야 하는데, 만일 피난민 교회들이 피난지에서 고향 노회(무(無)지역 이북 노회)를 회복하게 하면 해당 지역의 노회와 불편한 관계를 만들기 마련이라는 입장이었다. 더욱이 장로교는 한국 전쟁 기간에(1951) 교단이 분열되어 '고신' 교단이 생성된 상황이었으므로 교계의 여론은 이북 노회의 조직 가능성에 대해 아주 민감하게 반응했다. 그래서 교계의 지배적 여론은 피난민 교회를 "지역의 노회에 가입시키라"는 것이었다.

그런데 정작 월남 피난민 교회들은 그러한 여론에 별반 영향을 받지 않았고 오직 북한 교회의 재흥 운동에 큰 관심을 기울였다. 이들에겐 북한(고향)으로 돌아가서 교회를 재건하는 일이 최우선이었다. 또 만일 이것이 여의치 않은 경우엔 차선책으로 남한에서 북한 교회를 설립한다는 입장이었다.

4. 장로교 총회의 '비상조치법' 선언, '남북(한) 통일 총회' 구성

월남 피난민 교회들이 남한에서 노회를 재건하려는 상황에서, 1952년 4월 장로교 총회(제37회)는 이북 노회의 총대를 초청하기로 결의하고 이를 위한 '비상조치법'을 선언하였다. 노회란 본디 행정 지역을 가져야 하지만 국토 분단과 6·25 전쟁(한국 전쟁)으로 말미암아 자기 지역을 잃어버린 이북 노회의 상황을 고려하여서, 총회는 행정 지역을 상실한 이북 노회의 총대를 받아들이고자 비상조치법을 선택했다. 장로교 총회의 헌법에 따르면 행정 지역이 없는 노회는 총회에 총대를 파송할 수 없게 되어 있다. 그러나 지역이 없는 것이 아니라 지역을 잃어버린 노회가 총회에 총대를 파송해야 하는 절박한 상황을 총회가 헤아려서 비상조치법을 선포했다. 총회는 이북 노회의 총대를 받아들임으로써 (교회) 정치적으로 '남북(한) 통일 총회'의 면모를 갖추고자 했다.

총회의 비상조치법 선포는-이북 노회의 요청으로 비롯된 것이 아니라-남한 노회들의 총의에 따라 결의된 것이었다. 그 결의의 요지는 "이북(38선 이북) 노회가 월남한 것으로 인정하고, 해당 노회는 1950년 9월 28일 이후에 월남했어야 하며, 월남 노회의 총대 수는 장로교회 제31회 총회(1942) 총대 수에 준하여 받기로" 했다. 이 기준 시점에 따른 이북 노회의 수는 모두 13개였다. 장로교 총회는 13개 노회 가운데서 10개 노회를 월남노회로 인정했다. 10개 노회는 평양·평북·안주·평동·용천·황해·황동·평서·함남·함북노회였다. 그 당시에 총회 산하 전국의 노회 수가 25개였는데, 이 가운데서 이북 노회는 10개였다. 그런데 월남 피난민 교회의 교세는 장로교 총회의 약 40%를 차지했다.

이북 노회들이 파송하는 총대의 수가 총회에서 논란거리가 되었다. 장로교 총회(제38회, 1953)는 이북 노회의 총대 파견에 관하여 '피난교회'(월남 피난민 교회)의 당회는 "제31회 총회에 1942년에 보고된 당회를 기준으로 (하되), 15개 당회가 목사 1명에 장로 1명을 총회 총대로 파송하도록" 했다. 그러나 이북 노회들은 북한 고향 지역에서 노회를 재건하기까지, 즉 "38선이 열릴 때까지", 총대 수를 그냥 이대로 유지하기 원했다. 이 입장에 대한 총회의 여론이 아주 부정적이었다. 총회 총대의 대다수는 월남 피난민 교회에 속한 교인 수가 아무리 많을지라도 그들이 이미 남한의 교회 속으로 편입되었으며 또 이북 노회 소속 월남 피난민 교회는 그 수가 매우 적으므로 해당 노회의 총대 수를 당회 단위로 계수하지 말아야 한다고 주장했다. 심지어 남한의 현지 교회에 등록된 월남 피난민 교인이 이북 노회의 총대로 선출되는 일이 발생하자, 이북 노회의 총대 파송 문제가 더욱 크게 불거졌다. 1954년부터 이북 노회의 총대 파송 문제를 총회에서 본격적으로 다루었다.

이북 노회들은 총대 파송의 주된 목적이 "장차 북한에서 재건될 교회를 미리 내다보면서 지금 행정 훈련을 하고 또 장차 재건될 북한 교회의 지도자를 양성하기 위함"이라고 했다. 그러자 총회는 이북 노회들에게 그 지역의 노회·교회와 마찰을 빚지 말도록 당부했다. 예를 들어 지역(동네) 교회에 잘 다니는 교인을 피난민 교회로 데려와 등록시키는 일을 삼가라고 당부했다. 또 총회는 지역의 교회에게는 월남 피난민 교회를 냉대하거나 배척하지 말라고 당부했다. 그 무엇보다도 교인 쟁탈을 삼가고 또 교회들 사이에서 상호 불미스런 일이 일어나지 않도록 총회가 권면했다.

장로교 총회는 이북 노회 총대 파송 문제를 놓고 몇 년 동안 고심했다. 총회 개회 때마다 이 문제에 대하여 갑론을박 논쟁이 일어났다. 특히 1956년도 총회(제41회)는 이 문제 때문에 총회의 견해가 둘로 나뉘었다. 한쪽에서는 노회란 행정 지역이 있어야만 그 조직이 성립되는데 자기 지역이 없는 노회는 헌법적 근거가 없다고 주장했다. 이에 맞서는 또 다른 쪽에서는 이북 노회의 총대 파송은 비상 사태 선언(1952년 총회)에 따라 시행하는 것이며 또 남·북(한) 통일 총회를 위해서라도 그냥 이대로 가야 한다는 주장을 폈다. 양쪽의 주장이 팽팽하게 대립한 가운데서, 제41회 총회의 가장 큰 의제는 이북 노회 총대 파송 문제였다. 그래서 총회는 이 안건을—개회 벽두에 다루지 말고—정치부 연석회의 보고 이후에 다루도록 했다. 정치부 연석회의 보고를 한경직 목사가 하였는데, "월남 노회(피난 노회)의 총대 수는 국토 분단의 불가피한 사정에 따른 비상 사태 선언(1952)에 근거한 것인바, 피난 노회(이북 노회)는 행정 지역이 없으나 지금처럼 조직하고, 이북 노회들이 파송하는 총대의 수는 개정 정치법에 따를 것"이라고 보고했다. 개정 정치법에 따르면, 노회 총대의 수를 세례 교인의 수에 비례하여 정하는 것이었다. 보고에 이어서 총회가 이 문제를 토의했다. 이때 이북 노회의 좌장격인 김윤찬 목사가 나서서 발언했는데, 그는 이북 노회가 총대의 수를 자진하여 줄일 "용의가 있으니 이남 형제는 이북 형제의 마음을 괴롭게 하지 말아 달라."고 호소했다. 결국 총회는 이 안건을 또다시 '보류'했다.

그 이듬해 장로교 총회(제42회, 1957)에서도 이북 노회 총대 파송 문제가 가장 큰 의제였다. 이번 총회는 정치법을 개정하여 총대 파송의 단위를 개정했다. 즉 "세례 교인 일천 명 단위로 총대를 파송"하도록 했다. 이번 총회에 파송된 이북 노회의 총대 수는, 지난번 총회에서 약속한 대로 축소되었다.

제37회 총회(1952)에서 이북 노회(10개) 총대의 수는 모두 82명이었고, 제41회 총회(1956)에서는 총대의 수가 60명이었는데, 그동안(4년) 22명 줄어들었다. 제42회 총회(1957)에서는 총대 수가 모두 42명이었고, 1년 동안 18명 줄어들었다. 이것은 이북 노회들의 자진 감소였다. 그리하여서 1952년 이래로 이북 노회들이 파송한 총대 수가 5년 동안 정확하게 절반으로 줄었다. 제42회 총회(1957)에서 남한 25개 노회가 파송한 총대는 모두 194명인데, 이 수치는 이북 노회들의 총대 수보다 약 5배 정도 많았다. 이 수치는 이북 노회의 교세가 총회 안에서 크게 약화되었음을 대변한다.

전체적으로 정리해 보면, 이북 노회는 국토의 분단으로 말미암아 행정 지역을 잃어버린(없는) 소위 '무지역 노회'로서 1952년 장로교회 총회의 '비상조치법'을 통해 총대를 파송하게 되었다. 이북 노회의 총대 파송은 '남·북(한) 통일 총회'의 면모를 갖추는 데 필요한 조처였다. 이때부터 이북 노회들은—특히 서북 지역의 노회들은—장로교회의 정통(보수적) 신앙을 총회가 유지하는 데 아주 중요한 세력이 되었다. 이북 노회의 존재 목적은 장차 한반도의 통일 이후에 북한 교회 재건에 필요한 행정 훈련과 지도자 양성에 있었다.

5. 전후(戰後) 사회 재건에 기여한 교회

1) 기독교 학교 설립을 통한 인재 양성

월남 피난민 교인들의 가장 절실한 염원은 자녀 교육이었다. 당장 입에 풀칠하기에도 어려운 형편이지만 자녀 교육이 가족의 미래를 밝힌다고 보았기에, 교인들은 매일 끼니 걱정을 하면서도 자식 교육만은 반드시 시켜야 한다는 의지를 가졌다. 이렇게 굳은 의지 안에는 부모가 받았던 기독교 학교 교육에 대한 자부심이 있었다. 즉 평양과 서북 지역의 기독교 학교에서 교육받았던 부모는 그 교육에 대한 자긍심이 매우 높았다. 그런데 기독교 신앙 교육이 일제 강점기에 신사참배 강요로 쇠퇴했고 또 한 번 더 공산당 정권의 북한 지배로 무너졌으니, 이제부터 북한 기독교 학교의 전통이 남한에서라도 다시 회복되어야 한다는 집념을 교인들이 가졌다.

그러한 염원과 집념으로 서울에서 1947년 11월 25일 대광중학교가 설립되었다. 이 학교는 그해 12월 4일 임시 교사로 정한 서대문 피어선 성경학교에서 개교했다. 신입생이 1학년에서 5학년까지 291명 선발되었다. 학교의 건축 기금 모금을 위해 이사장 한경직 목사는 그 이듬해에 미국으로 갔다. 아침에 벌어서 저녁에 먹고 사는 피난민 부모의 경제력으로는 건축을 엄두조차 낼 수 없는 형편이었기에, 한경직은 미국의 교회에서 건축 기금을 모금했다. 이렇게 시작된 대광중학교가 어느 정도 자리를 잡고 안정되자, 한경직은 또다시 중등여학교 설립 문제를 꺼내 들었다. 1950년 6월 그는 북한 선천에 있었던 보성학교를 영락교회의 부속 건물을 임시 교사로 하여 개교하게 했다. 초대 교장으로 김양선 목사가 취임했다.

여기에서 남한이 이 시기에 시도했던 학교 교육의 개혁을 살펴보고자 한다. 1948년 대한민국 정부 수립 직후부터 한글 전용화 정책과 의무 교육(6년)이 남한에서 제도적으로 도입되었다. 의무 교육에 대한 계획을 이미 미군정청이 1946년 2월에 발표했었다. 그러나 예산 부족으로 이 계획이 제대로 실행되지 못하였다. 미군정청이 1946년 교육 재정의 68%를 초등학교 교육에 할애했는데도−이듬해 6월 현재−학교 재정의 38.6%를 학부모가 찬조금으로 채워야 했다. 대한민국 정부는 1949년 12월 31일에 '신교육법'을 공포하고 이듬해(1950) 6월 1일부터 의무 교육을 전면적으로 시행하기로 했다. 그러나 정부가 공포한 의무 교육이 한국 전쟁으로 말미암아 한동안 시행될 수가 없었다.

한국 전쟁은 일반 대중에게 자녀 교육에 대한 의식을 크게 바꾸어 놓았다. 살던 집이 포탄에 맞아 잿더미가 되고 또 평생 힘써 모아 놓은 재산이 하루 아침에 공중 분해되는 현실을 뼈저리게 겪은 사람들은 자녀에게 재산을 물려주는 것보다는 교육을 시키는 것이 훨씬 더 안전한 유산 상속이라는 점을 파악하게 되었다. 그리하여 전쟁의 과정에서 자녀 교육열이 후끈 달아올랐다.

전쟁 중에도 기독교 학교 설립에 대한 월남 피난민 교인들의 열정은 여전히 뜨거웠다. 1952년 3월 1일 북한 정주에 있었던 오산학

교의 재건을 위한 모임을 가졌는데, 한경직이 모교 재건의 발기인이
되어서 상임위원으로 참여했다. 같은 시기, 평양에 있던 숭실대학
을 재건하고자 서울에서 '숭실 재건 확대 위원회'가 구성되었다. 한
경직은 일제 강점기 신사참배 강요로 폐교당한 이 대학을 재건하는
데 적극 참여했다. 숭실대학이 1954년 영락교회에서 개교할 때 그
가 학장으로 일했다. 부산으로 피난 갔던 보성여학교는 영락교회의
서울 복귀(1953년 9월)와 함께 이 교회에서 복귀했다.

교육에 뜻을 가진 교역자들이 전쟁으로 말미암아 학교 교육의 기
회를 놓친 청소년들, 부모 잃고 거리에서 방황하는 청소년들을 모아
야간에 기독교 정신으로 중학교 과정을 가르치고자 했다. 김찬호가
1951년 8월 서울에서 성경구락부Bible Clubs(공민학교)를 열어 운영하고
있었다. 영락교회가 부속 건물 베다니관에서 야간 성경구락부 중등
부 과정을 시작하도록 허락했다. 이 성경구락부가 영락학원으로 발
전했다.

당시에 전국적으로 왕성했던 성경구락부의 설립은 한국의 교육
사敎育史 차원에서도 아주 중요한 교육 운동이었다. 1952년 11월에
성경구락부의 재학생이 서울에 약 7,000명, 충주에 약 1,000명, 거
제도에 약 2,000명, 인천에 1,500명이었다. 1953년 2월에는 전국에
300-400개의 성경구락부가 있었고 또 전체 재학생이 약 30,000명
이었다. 이 무렵 서울에는 93개의 성경구락부가 운영되었고 남녀 재
학생이 9,750명이었다. 성경구락부는 초등학교 수준의 교과목을 가
르치면서 성경과 생활 신앙도 함께 가르쳤다. 1954년 6월에는 전국
적으로 약 1,500개의 성경구락부가 있었고 재학생이 약 55,000명이

었다. 그해 11월에는 전국의 재학생(장로교회 소속 성경구락부)이 약 70,000명이었다. 성경구락부에서 가르치는 교사는 대다수 신학교의 졸업생이거나 재학생이었다.

1954년에 한국(남한) 정부는 1959년까지 취학률을 96%로 끌어올리는 목표를 세우고 '의무 교육 완성 6개년 계획'(1954-1959)을 수립했다. 실제로 그해 초등학교 취학률이 82.5%였는데, 6년이 지난 1959년에는 취학률이 96.4%에 이르렀다. 의무 교육 제도가 완전히 정착되었다. 이 제도가 정착되면서, 교회가 설립한 고등공민학교는 하나 둘 일반 학교로 편입되어 갔다. 1954년 이래로 6년 동안에 전국적으로 일반 학교의 설립이 크게 늘어났다. 이것이 소위 '교육 기적'을 이루어 냈다. 종합적으로 살펴보면, 1945-1960년 사이에 ① 초등학교의 경우 학교 수는 2,834개에서 4,620개로 62.3% 증가했고, 학생 수는 136만 6,024명에서 359만 9,627명으로 2.6배 증가했다. ② 중학교의 경우 학교 수는 97개에서 1,053개로 무려 11배 가까이 증가했고, 학생 수는 5만 343명에서 52만 8,614명으로 10배 이상 증가했다. ③ 고등학교는 인문계와 실업계를 합해서 224개교에서 640개교로 3배 증가했고, 학생 수는 8만 4,363명에서 26만 3,563명으로 3.1배 증가했다. ④ 대학교의 경우 같은 기간에 학교 수는 19개교에서 63개교로 3.3배, 학생 수는 7,819명에서 97,819명으로 12배 이상 증가했다.

전쟁 직후부터 1950년대 내내 치솟아오른 교육 열풍, 또 1959년 무렵 성취된 의무 교육의 완성은 한국의 사회 발전에 매우 중요한 역할을 했다. ① 전쟁을 통해 기존 사회의 계층 질서가 무너진 상황에서, 교육은 모든 국민에게 사회적 지위가 향상되는 계층 상승의 기회를 제공했다. ② 학교 교육에서 가르치고 배운 민주주의와 민주 의식은 학생들이 적극 참여한 4·19 혁명(1960)에서 그 효과를 드러내며 독재 정부를 종식시키는 데 기여했다. ③ 학교 교육과 고등 교육의 증대는 1960년대부터 시작된 한국의 산업화에 필요한 인재를 양성하는 데 크게 기여했다. ④ 정부는 학교 교육을 통해 학생에게 냉전적 반공주의를 가르치고 주입시켰다.

2) 산업 전도

1950년대 후반에 한국 장로교 총회는 '산업 전도'에 착수했다. 산업 전도가 교세 확장에 크게 기여했다. 산업 전도를 주도적으로 추진한 교회 지도자는 월남한 교역자들이었다. 이와 관련하여 산업 전도의 배후에는 한국 전쟁 전후에 대거 월남한 피난민의 역사가 있다. 월남 피난민들이 처음에는 38선 근처 남한에 정착했다. 조만간에 고향(북한)으로 돌아갈 꿈과 희망을 가졌기 때문이었다. 월남 피난민의 약 60% 정도가 이 지역에 정착했다. 그 나머지 피난민은 대다수 대도시에서 정착했다. 월남 피난민은 서울, 인천, 부산, 그리고 대구 등지에서 삶의 둥지를 틀었다. 이것이 남한 대도시의 인구 증가에 커다란 영향을 끼쳤는데, 남한의 도시화 비율이 1949년에 17.3%, 1950년 18.4%, 1955년 24.5%로 계속 증가했다. 이러한 가운데 피난민 교인들은 주로 대도시에서 교회를 설립했다.

1950년대 초반 한국(남한)에서는 전쟁의 영향으로 말미암아 물가 상승(인플레)이 지속되는 가운데서 미국의 원조가 대량 도입되었다. 아직도 여전히 농업 인구가 국민의 절대 다수를 차지했다. 1950년 대 중반부에는 국가의 산업에서 차츰 농어업의 비중이 감소하였고 서비스업의 비중이 높아졌다. 이와 더불어 공업의 비중이 높아지기 시작했고, 소비재 공업이 그 주축을 이루었다. 섬유 공업과 식료품 공업이 발전하는 가운데서 재벌 기업의 기반이 형성되려는 조짐을 보였다. 대도시에서 월남 피난민들이 생계 수단으로 상업이나 아주 작은 규모의 가내 수공업을 벌였다. 소규모 공장들이 성공을 거두 어 제법 규모 있는 공장으로 발전하기도 했고 또 이 가운데서 더러 는 큰 기업체로 성장하였다.

그러나 1957년 이래 실시된 미국의 원조 감축은 여기에 바탕을 둔 국내 산업의 가동률을 저하시켰고 또 원조에 의존하던 정부의 재 정을 압박했다. 위기 의식이 고조되면서, 외국 원조에 의존해 있던 경제에서 자립 경제로 전환해야 한다는 인식이 사회적으로 형성되 었다. 또 국가 산업이 농업에서 공업화로 전환되는 가운데 농촌 인 구가 도시로 이동하기 시작했다. 이 점을 파악한 월남 교역자들은 농업 형태에서 공업화된 산업 체제로 전환되고 있는 현실에 비추어 농촌 위주의 옛 전도 방법을 재검토하고 도시화 또는 산업화에 상응 하는 산업 전도를 도입해야 한다고 보았다. 장로교회(예장) 월남 교역 자 황금천(황해), 이권찬(황해), 조지송(황해), 신동혁(평북) 등이 산업 전도 의 필요성을 적극 주장했다.

한국 장로교 총회에서 산업 전도가 공식적으로 시작된 때는 1957년이었다. 4월 12일 총회의 전도부 안에 '예장 산업 전도 위원회'가 조직됨으로써 산업 전도 활동이 공식적으로 시작되었다. 산업 전도가 공식적으로 도입된 직접적인 계기는 동남 아시아 교회 협의회 산업 전도부 총무인 헨리 존스Henry D. Jones(미국 연합장로교회 선교사)가 3월에 내한하여 독려하면서부터였다. 그는 1958년에 필리핀에서 개최될 제1회 아시아 산업 전도 대회를 준비하기 위하여 아시아 전역을 순회하며 교회들이 산업 전도에 참여하도록 권유했다.

그러나 한국에서는 장로교(예장) 이외에 다른 교단들은 산업 전도에 호응하지 않았다. 장로교 총회는 전도부 산하에 산업 전도 위원회를 조직하여 산업 전도를 추진하게 되었다. 이를 위하여 산업 전도용 쪽 복음 2만 권, 산업 전도용 찬송가 9천 권, 성경 구절 포스터 3천 매, 전도지 5만 매 등을 인쇄했다. 이때 월남 교역자들이 산업 전도에 대한 강한 의지와 열정을 보였다.

산업 전도는 기독교 신앙인 고용주와 고용인 모두 다 일터에서 신앙인답게 생활하도록 장려하고(생활 신앙), 그들이 생활(직장 생활)을 통해 예수 그리스도를 증언하도록 했다. 산업체에서 교역자는 하나님의 말씀을 바탕으로 산업 사회의 제반 문제를 다루어 설교하고 교역했다. 노동자를 전도하여 교회로 인도하는 일이 중요했다. 기업주 한 사람이 예수를 믿으면 그가 경영하는 노동자들은 저절로 교회에 나온다고 보았다.

장로교 총회의 전도부 산하에 '예장 산업 전도 중앙 위원회'가 조직되었다. 1958년 11월 미국 연합장로교회의 장로이자 미국 철강 노동조합 간부인 램시John G. Ramsay가 내한하여 인천, 대전, 부산 등 주요 도시에서 산업 전도 연구 모임을 갖고 이들 지역에 산업 전도 위원회를 조직했다. 이때부터 서울의 영등포 지구 산업 전도 위원회가 크게 두각을 나타냈다. 그 이후에도 계속 조직을 강화하여 전국 12개 도시에 산업 전도 위원회가 조직되었다. 산업 전도는 각 지역(도시)에서 위원회 중심으로 활동하고, 기독교 산업체에 대한 연구를 추진하며, 기독교인 기업체의 경영 연구를 시작했다. 산업 전도는 전도 대상이 누구인가에 따라 전도 방법이 달랐다. 회사의 간부(중역, 경영인)에게 복음을 전하는 전도 방법과 노동자에게 전하는 전도 방법이 서로 달랐다.

회사 간부(중역, 경영인)에게는 신앙 양심에 따라 정직하고 성실하게 회사를 경영케 하고 기업의 사회적 책임을 일깨우며 "마땅히 하나님께로부터 위탁받은 청지기로서 회사를 운영하라."고 권면했다. 경영인에게는 사리사욕을 채우는 기업 운영을 지양하게 했다. 또 그에게 사회의 공인으로서 노동자를 인격적으로 대우하고 노동자의 생활 보장과 복리를 위해 힘쓰도록 권면했다. 이러한 '신앙적 (기업) 운영'을 요청한 산업 전도는 기업 경영인에게 인격적 각성과 아가페 사랑을 촉구했다. 산업 전도를 잘 받아들인 기업체는 서울 영등포의 대동모방, 대한모직, 동아염직, 광주의 전남방직, 부산의 백홍표백공장, 대구의 경북인쇄소와 천우철공사 등이었다.

노동자를 대상으로 전도하는 산업 전도의 방법에는 개인 전도와 대중 전도가 있었다. 예를 들어 영등포에는 개인 전도를 위한 여직공 모임인 '신봉회'가 있었다. 회원들은 공장 안에서 모범 노동자들이었고 또 숙련 기술자들이었다. 그래서 이들은 동료에게 친절히 기술을 전수하고 좋은 벗이 되어 신앙 간증으로 전도했다. 또 공장 안에서 정기적으로 예배드리고, 날마다 일하기 전에 기도회로 모이고, 취미와 문화 활동을 만들어 교제하며 전도했다. 또한 성경 공부, 노동 철학 교양 강좌(교육), 운동(체육), 무료 진료 봉사(건강 검진) 등으로 대중 전도에 힘썼다. 교양 강좌에서는 노동은 신성한 것이고 이것은 단순히 먹고 살기 위한 수단이 아니라 하나님의 창조 사역에 동참하는 것이며 이웃을 향한 사랑의 행위로서 하나님의 축복을 받는 생활 수단이라는 노동 철학을 강조했다.

장로교의 총회가 1958년에 집계한 바에 따르면, 교단 총회의 산업 전도를 받아들인 산업체들은 각기 근로 노동자의 수가 적게는 4백 명에서 많게는 5천 명에 이르는 공장이었다. 예를 들어 동양방직, 경성방직 영등포 공장, 금성방직, 삼호방직, 조선방직, 조선견직, 전남방직 등은 노동자 수가 1,000명이 넘었으며 조선방직은 5700여 명에 이르렀다. 이때의 산업 전도는 노동자 전도를 통해 교세 확장에 기여했다. 그러다가 1970년대 이후에는 여러 지역의 산업 전도 활동이 약해졌고, 서울 영등포의 전도 활동이 노동 선교(노동자 의식. 노동자 권익 보호와 복지 등)에 강조를 두면서 전환점을 찾게 되었다. 1975년 3월 15일 장로교회(예장통합) 총회는 도시 산업 선교에 대한 입장을 밝히면서 산업 사회에서 발생하는 제반 문제에 대응하는 선교를 천명했다.

한국 장로교는 '연합과 일치'(에큐메니컬)의 정신으로 출발했다. 19세기 후반 미국, 영국, 오스트레일리아, 캐나다 등의 장로교 교단이 각각 한국으로 파송한 선교사들이 연합하여 공의회(Council)를 조직하였다(1893). 이 공의회가 발전하여 '하나'의 한국 장로교 교단이 성립되었다. 교단 설립의 정신, 곧 연합과 일치의 정신이 '대한예수교장로회 독노회'(1907년 9월 17일, 제1회)의 서문에 기록되어 있다. 이 정신은 그 이후에 장로교회의 전통으로 확립되었다. 그런데 1950년대에 장로교는 3차례 분열되었다. 그 결과 장로교 교단 4개가 생성되었다.

1952년 제1차 분열에서 '고신교단'이, 1953년 제2차 분열에서 '기장'(기독교장로회) 교단이, 1959년 제3차 분열에서 '예장합동'(대한예수교장로회합동) 교단과 '예장통합'(대한예수교장로회통합) 교단이 각각 생성되었다. 제1차 분열(1952)은 일제 식민 지배 시대의 신사참배와 과오를 청산하려는 과정에서, 제2차 분열(1953)에서는 1930년대의 성경관에 대한 논쟁이 다시 살아났고, 제3차 분열(1959)은 일제 강점기에 단절된 국제 교류를 장로교회가 다시 이어 가는 상황에서 일어났다. 그 결과 본디 하나의 교단이었던 장로교가 여러 교단으로 분열되어 오늘에 이르렀다.

제 **12** 강

장로교의 교단 분열과
재결합을 위한 노력

장로교의 교단 분열과
재결합을 위한 노력

1. 1930년대에 심겨진 교단 분열의 씨앗

한국 장로교의 교단 분열은 이미 1930년대에 그 씨앗이 심겨져 싹이 텄다. 성경관에 대한 견해 차이로 생성된 신학 노선의 대립이 교단 분열의 씨앗이었을 것으로 본다. 한국 장로교의 성격은 초창기부터 성경 기독교로 형성되었고, 그러한 과정에서 "신구약성경이 하나님의 말씀이니 신앙과 본분에 대하여서 유일한 법칙"이란 성경관이 확립되었다. 이 성경관이 1907년에 제정된 조선(한국) 예수교장로회 신조와 1931년에 번역 출판된 『기독교증험론』基督教證驗論을 통해 한국 교회 목회자에게 각인되었다.

그런데 1920년대 초반부터 교단의 신학교인 장로회신학교에서 성경 연구의 학문적 작업인 소위 '고등 비평'이 온건하게 소개되었고, 1926년 가을 함경노회 교역자 연수회에서 고등 비평에 대한 논쟁이 공개적으로 표출되었으며, 그 이후로 고등 비평에 대한 입장 차이로 말미암은 갈등이 일어나기 시작했다. 그 갈등이 장로교회 제23회 총회(1934)에서 '창세기 저작자 문제'와 '여성 치리권 청원 문제'로 크게 충돌했다. 그해 연말에 우리말로 번역된 『아빙돈Abingdon 단권주석』이 출간되자, 장로교회 안에서는 이 주석이야말로 하나님 말씀의 절대무오성에 대한 심각한 도전이라는 여론이 지배적이었다. 또 이 주석은 한국 장로교 신조 제1조에 위배되고 성경의 무오성과 완전성을 파괴하여 한국 교회의 보수적 전통을 깨뜨린다는 여론도 지배했다. 총회는 이에 장로교회의 성경 주석을 집필하기로 하고 그 이름을 『표준성경주석』이라 짓고 위원장에 박형룡을 위촉했다. 이때부터 박형룡과 김재준의 신학적 대립이 본격화되었다. 이 대립이 일제 강점기 말기에 장로교회가 일본 기독교로 편입된 상황에서 냉동冷凍되었다가, 1945년 8·15 해방과 더불어 일제의 식민지배에서 풀려나자마자 냉동 상태가 풀어지면서 갈등의 조짐이 다시 나타나기 시작했다.

2. 1950년대, 한국 장로교의 교단 분열

1) 제1차 분열과 '고신교단' 高神教團의 조직(1952)

1938년에 일제는 한국 장로교회를 향한 신사참배 강요를 전략적으로 실시했다. 교단 총회 소속 노회들을 하나 둘 넘어뜨리고 나서 맨 마지막에 총회를 굴복시키는 전략이었다. 그해 2월 9일 평북노회가 일제의 강압을 이겨 내지 못하고 신사참배를 국가 의식으로 인정하며 결의했고, 장로교 총회가 개최되던 9월 9일까지 전국 23개 노회(만주 지역까지 27개 노회) 가운데서 17개 노회가 평북노회의 뒤를 따랐다. 장로교 제27회 총회(1938. 9)가 신사참배를 결의했다.

　1945년 8·15 해방의 감격 속에서, 한국 교회의 최우선 과제는 일제 강점기 말기에 신사참배 강요에 굴복하여 무너진 교회를 재건하는 일이었다. 이를 위하여 과거 청산이 선행되어야 했다. 신사참배를 한 과오를 뉘우치고 회개하여 교회가 정화되고 나서 교회가 재건되어야 한다는 뜻이었다. 이를 위한 교회 지도자들의 모임이 9월에 평양, 서울, 그리고 부산에서 각각 열렸다. 평양에서는 신사참배를 거부하여 투옥된 인사를(이기선, 채정민 등) 중심으로 목회자들이 금식 기도회를 개최하면서 죄과를 회개했다. 서울에서는 '남부대회'의 이름으로 교단 대회가 소집되었다. 부산을 비롯한 경상남도에서는 이곳이 신사참배 반대 운동의 중심지였으므로 해방 직후 지역의 목회자들이 민첩하게 신앙 정화 운동과 교회 재건 운동을 전개했다. 1945년 9월 18일 경남노회가 복구되어 '재건노회'를 조직했다. 이 자리에서 일제의 신사참배 강요에 굴복한 죄과를 자숙하는 '자숙안'이 상정되었다. 그러나 신사참배에 동참했던 목회자들이 노회 석상을 주도했으므로 이 자숙안이 통과되기가 어려웠다. 이뿐만이 아니라 이들이 그때부터 교권을 쥐게 되면서 신앙 정화 운동의 추진이 불투명해졌다.

　이즈음 신사참배 강요 거부로 평양의 감옥에 갇혀 있다가 8·15

해방을 맞이한 경상남도 출신 목회자 주남선과 한상동이 고향으로 돌아와서 '신학 교육을 통한 교회 재건'을 착수하기 시작했다(이상규). 그런데 이들에게 놀랍고도 터무니없는 사건이 일어났다. 1946년 6월에 열린 장로교 총회(소위 '남부 총회')가 조선신학교를 총회 직영 신학 교육 기관으로 승인했던 것이다. 이들에 비친 조선신학교는 일제 강점기에 학교 운영을 위해 일제 당국과 적절히 타협했던 신학 교육 기관이었다. 이런 타협주의자들에게 교회의 미래를 맡길 수 없다고 판단한 두 사람은 7월에 열린 경남노회 제47회 임시 노회에서 새로운 신학교 설립 허가를 받았다. 새로 설립된 신학교는 "(지난날) 평양의 신학교를 계승하는 개혁주의 신학교"여야 한다고 설정했다. 9월에 이 신학교가 설립되었는데, 즉 '고려신학교'가 개교하였다. 그러나 이 지역에서 교권을 쥐고 있는 목회자들이 노회의 임원으로 선출되자, 노회는 신사참배 참여가 "강제적으로 어쩔 수 없이 저지른 것이기에" 이제 더 이상 죄와 잘못을 묻지 않기로 결의했고 게다가 고려신학교를 승인하지 않기로 결의했다. 이 결의에 반발한 한상동이 노회를 탈퇴했다. 그러자 이 지역의 교회들에게 커다란 소동이 일어났다.

장로교 총회(제34회, 1948)가 고려신학교에 관한 문제를 다루었다. 총회는 고려신학교를 승인하지 않기로 결의했다. 이 결의로 말미암아 경남노회가 분규에 휩싸였다. 경남노회는 1949년에 크게 3개 분파로 나뉘어 있었다. 첫째는 교회 재건을 위해 신앙 쇄신을 주장한 '고려신학교파'(경남법통노회), 둘째는 고려신학교 승인을 반대한 '교권파', 셋째는 '중도파'였다. 이 상황에서 교권파의 중심 인물인 김길창이 별도의 '경남노회'를 조직하였다. 경남노회가 양분된 것이었다. 그런데 장로교 총회는 김길창이 주도하여 새로 조직한 노회를 인정하고 그들에게 총대권을 주었다.

한편 고려신학교를 지지하는 경남법통노회는 1952년 장로교 총회(제37회)에 총대를 파송하여 총회와 관계 복원을 시도했다. 그러나 총회는 "고려신학교 및 그 관련 단체와 하등의 관계가 없다."고 재再천명했다. 상황이 이렇게 되자, 경남법통노회는 별도의 총회를 조직하는 절차를 밟게 되었다. 1952년 9월 11일 경남법통노회(제57회)는 총노회를 조직하기로 결의하고, 목사 50명 장로 37명의 총대가 참석한 가운데서 '총노회'總老會를 조직했다. 이것이 '고신교단'高神敎團의 조직이었다. 총노회에서는 한국 교회가 범한 신사참배의 죄를 고백하고 자숙하는 특별 집회를 갖기로 결의하고, 3주간의 자숙 기간을 보낸 다음 1952년 10월 16일 '대한예수교장로회 총노회' 발회發會를 공식 선포했다.

2) 제2차 분열과 '기독교장로회'(기장)의 출발(1953)

1947년 봄, 조선신학교의 신학 교육 이념에 반박하는 사건이 학생들 사이에서 일어났다.[25] 재학생 51명이 장로교 총회에게 6쪽 분량의 진정서를 제출했는데, 그 내용은 학교의 "근대주의 신학 사상 소개와 성경의 고등 비평을 배척한다."는 요지였다. 진정서의 내용이 주로 교수 김재준을 겨냥하고 있었다. 총회가 이 진정서를 받아들여서 조사위원회를 구성했다.

김재준은 일부 학생으로 말미암아 교회에 물의를 일으킨 점에 삼가 진심으로 사과의 뜻을 표하며 조사위원회 앞으로 진술서를 제출했다. 그 내용은 장로교회 신조 제1조(성경이 하나님의 말씀이니 신앙과 본분에 대하여 정확무오한 유일한 법칙)를 고백하면서, 성경의 정확무오한 유일한 법칙성은 신앙과 본문에 대하여 그러하고, 그러나 성경에는 과학적(역사적)으로 오류가 있다고 주장했다. 그러면서 그는 신구약성경에 기록된 계시의 말씀은 구원의 경륜이며 그 말씀은 하나님의 독생자 예수 그리스도를 증언하는 데 그 목적이 있는 것이라고 해명했다. 그가 성경의 과학적(역사적) 오류를 주장한 까닭은 "성경의 권위를 정당한 기초 위에 수립하려는 것"이었고 또 그는 철두철미 "그리스도 중심적 성경관"을 가졌다고 주장했다. 그의 이러한 주장(신정통주의)에 관하여 적지 않은 교회 지도자들이 그가 '자유주의 신학' 입장에 있다고 판단했다.

장로교 총회(제37회, 1952)는 김재준이 '성경 유오설'을 주장한다는 이유를 들어 그의 목사직을 박탈하고 그의 소속 노회인 경기노회에 제명을 지시했다. 이에 조선신학교와 그 지지 세력은 총회가 본인에게 소명의 기회도 주지 않고 처단한 것이 불법임을 천명하고 이번 총회를 규탄했다. 또한 호남 지역을 중심으로 많은 교회들이 총회 불신임 성명서를 발표하였고 또 호헌대회를 개최하였다.

이듬해 장로교 총회(제38회, 1953) 석상에서 경기노회가 김재준의 면직에 대하여 강력하게 항의했다. 그러나 총회는 기존의 결의를 다시 확인하고 공포했다. 이미 총회는 한국신학대학(조선신학교) 졸업생에게 교역자의 자격을 주지 않기로 결의했다. 이에 불복한 조선신학교(한국신학대학) 측은 총회의 결의에 반박하는 성명을 냈다(1953. 5. 16). 조선신학교 측의 별도 총회가 6월 10일에 서울 성남교회에서 열렸다. 여기에 참가한 노회는 전북·군산·김제·경북·경서·충남·목포·충북·제주노회(9개)였으며, 분립 노회 대표 47명의 총대와 청년회원, 여전도회원, 호헌동지 등 111명이 참가했다. 여기에서 새 총회의 창단 이념과 강령을 선언서로 발표하는 법통 제38회 총회가 열렸다. 한국 장로교의 두 번째 분열로 말미암아 '기독교장로회'(기장) 교단이 생성되었다.

3) 분열된 장로교회의 화해와 재결합을 위한 '신사참배 취소 성명'(1954)

장로교의 교단 분열이 계속해서 노회 분규와 개 교회 분쟁으로 확산되었다. 1954년에는 장로교회가 현재 고려신학교파, 재건파, 복구파, 자유파 등으로 분열되어 있었다. 이러한 상황에서 도대체 누가 총회의 지도자로 나서서 이 문제를 해결해 낼 수 있을지 관심이 모아졌다. 그러자 교계敎界의 관심이 이원영李源永(1886-1958) 목사에게 쏠렸다. 그는 신사참배 강요를 끝까지 거부했던 출옥 성도였고 또 최근에는 '경남노회 육성위원회'의 위원장으로서 고려신학교 측이 총회로 복귀하도록 노력했다는 점을 교단 지도자들이 주목했다. 그는 신실한 목회자로 교계의 신뢰와 존경을 받고 있었으므로 총회장이 되는 데 전혀 손색이 없다는 여론도 돌았다. 장로교 제39회 총회(1954)는 이원영을 총회장으로 추대하여 선출했다.

이번 총회의 총대 대다수는 장로교의 교단 분열이 신사참배 문제에서 비롯된 것으로 파악하고 있었기에 그 죄를 깊이 뉘우쳐야 한다고 보았다. 더욱이 고려신학교 측 교회를 총회로 다시 돌아오게 하기 위해서라도 신사참배 죄를 통회하며 성명서를 내야 한다는 견해가 지배적이었다. 이렇게 교회의 신앙 양심을 바르게 세우고 교단의 재결합을 위한 총회의 죄책 고백이 긴급하게 요청되었다. 총회는 1938년(제27회)에 결의한 신사참배 결의를 취소하고 성명서를 발표하기 위하여 위원회(이원영·명신홍·권연호)를 선정하고, 위원회로 하여금 참회에 대한 절차를 마련하게 했다. 위원회는 5개 항목을 만들어서 총회에 제출했다. 1) 신사참배 취소 성명을 문서로 작성해서 전국 교회에 공포하고, 2) 총회 기간에 (총대 전원全員이) 통회자복하며 하나님의 죄 사하심을 위해 기도하고, 3) 위원 5인을 선택해 신사참배 주동자들을 심사한 후, 해당 노회에 통지해 처벌하도록 할 것, 4) 신사참배로 순교한 성도의 유가족을 위해 총회 기간 중에 한 차례 연보하고 6월 첫 주일에 전국 각 교회가 연보해 유족에게 위문금을 드릴 것, 5) 6월 첫 주일을 통회주일로 정하고 각 노회를 통해 전국 교회가 하루 금식 통회하며 속죄를 위해 기도할 것 등이었다. 총회는 이 가운데서 4개 항목을 받아들여서 실행하기로 했다. 총회는 다음과 같이 신사참배 취소 성명을 발표했다.

대한예수교장로회 제39회 총회는 1938년 9월 9일 평양 서문외교회에서 회집한 제27회 총회 결의인《신사는 종교가 아니요 기독교의 교리에 위반하지 않는 본의를 이해하고 신사참배가 애국적 국가 의식임을 자각하며 또 이에 신사참배를 솔선 수행하고 급히 국민 정신 총동원에 참가하여 비상시국하에서 총후 황국 신민으로서 적성을 다하기로 기함》의 성명에 대해 그 결의는 일제의 강압에 못 이긴 결정이었으나 이것이 하나님 앞에 계명을 범한 것임을 자각하고 남부대회가 신사참배 회개 운동을 결의 실행했으되 남북 통일 총회가 아니었던 고로 금번 남북이 통일된 본 총회는 이를 취소하고 전국 교회 앞에 성명함

1954년 5월

대한예수교장로회 총회장 이원영

이 성명서와 함께 분열된 총회가 화해하여 화합되기를 기원했다.

4) 제3차 분열(1959)

분열된 교단의 화합과 일치를 위한 총회의 성명서 발표에도 불구하고 장로교회의 역사는 그 반대 방향으로 진행되었다. 즉 1959년에 또 한 번 더 장로교회가 분열되는 쪽으로 흘러갔다. 분열에 이르는 시발점은 장로회신학교의 교장 박형룡이 학교 재정을 사기당한 사건(소위 '삼천만환 사건')에 있었다.[26]

한국 전쟁 기간에 부산과 대구로 피난 갔던 장로회신학교가 다시

서울로 돌아온 다음, 1954년에 신학교 교사校舍 건축을 추진하였다. 교장 박형룡은 학교 운영의 책임자로서 서둘러 학교의 부지를 마련하고자 했다. 이를 위하여 학교 짓는 토지를 불하받는 데 교섭을 담당하는 인물을 이사회와 상의 없이 기용하였다. 교장이 그에게 여러 차례에 걸쳐 3천만환이라는 거액을 주었다. 이 과정에서 이사회와 아무런 상의가 없었다. 그런데 이것이 그만 교섭 담당 인물에게서 기만당한 것이었고 1957년에 급기야 '금융 사기 사건'으로 물의를 빚게 되었다.

같은 해 1954년 5월 24일자 교단 주간 신문 『기독공보』基督公報는 "에큐메니컬에 대한 총회(의) 기본 노선(을) 총회 정치부가 (담화문을 통해) 해명"했다고 보도했다. 이 무렵에 장로교회의 총회 안에서 세계교회협의회에 대한 찬반 논쟁이 활발했다. 총회는 앞으로 두 달 뒤에 열리는 세계교회협의회 제2차 총회(1954년 미국 에반스턴)에 총대를 파송하기로 결정해 놓은 상태였다. 이러한 때에 세계교회협의회에 대한 찬반 논쟁이 총회 안에서 격화되었는데, 논쟁의 핵심은 이 협의회가 "전 교파를 합동하는 (초대형) 단일 교회를 목표"로 하는 것 아니냐는 의혹이었다. 그러자 총회 정치부는 담화를 통하여 세계교회협의회는 단일 교회를 목표로 하지 않으며 교회와 교단들의 친선과 사업 협동을 도모한다고 밝혔다.

그럼에도 불구하고 논쟁은 가라앉지 않았다. 1956년 장로교회 제41회 총회(고신과 기장의 교단은 배제)는 '에큐메니컬 연구위원회'를 발족하여 그 해결 방안을 마련하도록 했다. 그 이듬해(1957) 총회(제42회)에서 '에큐메니컬 연구위원회'가 보고한 바에 따르면, 총회는 "친선과 협조를 위한 에큐메니컬 운동에 (이제까지처럼) 앞으로도 계속 참가하기로 하며 단일 교회를 지향하는 운동에 대하여는 반대하기로 태도를 결정했다."고 보고했다. 이와 함께 세계교회협의회에 대한 장로교 총회의 입장이 정리되었다.

그러나 1959년에 장로교 교단이 또다시 분열되었다. 이번에는 '합동'(승동측)과 '통합'(연동측)으로 나뉘었다. 분열되는 과정에서 연동측은 "세계교회협의회wcc는－저들이(승동측) 주장하는 대로－'용공, 신新신학, 단일 교회'를 지향하는 것이 아니다. 그렇지만 교회의 화평과 통일을 위해서 세계교회협의회에 대표 파송을 정지하기로 한다."고 결의했다. 반면에 승동측은 "세계교회협의회를 영구히 탈퇴하고, 에큐메니컬 운동을 반대하기로 한다."고 선포했다.

연동측은 승동측과 재결합하기 위해 세계교회협의회에서 한시적으로 탈퇴하겠다고 결의하면서 그러나 승동측의 요구대로 에큐메니컬 운동을 전폐할 수는 없다고 했다. 만일 에큐메니컬 운동을 전폐하게 되면 세계교회협의회에서의 탈퇴는 물론이고 국내에 있는 모든 연합 사업(대한성서공회, 대한기독교서회, 기독교교육협회, 기독교방송, 한국기독교협의회(NCCK), 기독학생회 등)을 중단해야 하며, 심지어는 내한 장로교회 선교부까지 거절해야 하므로 (에큐메니컬 운동의 폐지를) 수락할 수 없다."고 밝혔다.

5) 1950년대 장로교의 아시아 교회 연합(에큐메니컬) 운동

1950년대 후반 장로교 총회가 세계교회협의회에 대한 논쟁으로 뜨거웠을 때, 교단 에큐메니컬 연구 위원회 의장인 한경직 목사는 이 운동에 열정적으로 참여했다. 그는 한국 장로교회의 전통이 "연합과 협조의 정신"인데, 이 전통은 내한 선교사들의 상호 협조와 연합 사업에서 비롯되었다고 강조했다. 그는 한글 성경 번역 작업, 기독교 신문 발간, 찬송가 발간, 학교와 병원 운영 등이 이 전통을 증언한다고 설명했다. 그는 이 연합과 협조의 전통을 한국 교회가 반드시 계속 이어 가야 한다는 강한 소신을 갖고 있었다.

한경직이 강조한 한국 교회의 에큐메니컬 정신은 "우리의 신조를 그냥 (잘) 지키면서 다른 교파와도 연합할 수 있는 일에 함께 연합해서 일에 협조하는 그 정신(이고), 이것은 에큐메니컬 정신과 꼭 일치"되는 것이다. 그러면서 그는 이 정신을 반대하고 세계 교회와 관계를 끊자는 사람들의 태도는 ① 한국 장로교회의 전통에 반대되는 것이고, ② 비성경적 태도이며, ③ 고립주의를 선택하는 것이며, ④ 독선적 배타주의이고, ⑤ 선교사들에(특히 미국 북장로회) 대한 배은망덕한 태도라고 비판했다. 한경직이 에큐메니컬 정신을 강조한 것은 한편 1950년대 일부 교회 지도자들이 취한 '독선적 바리새주의'에 대한 비판이었고, 또 다른 한편 그 당시 아시아의 정치·경제·사회적 상황에서 지역 교회들의 '친목'(교제, 코이노니아)과 '협조'(연합 사업)가 매우 시급하다고 보기 때문이었다.

제2차 세계 대전 종전(1945)과 함께 정치적으로 독립한 아시아의 국내 상황은 정치·경제·사회적으로 매우 불안정했다. 한경직은 이러한 상황이야말로 공산주의자들이(무신론적 유물주의자) 활개를 펴고 폭력적으로 활동하기에 적합한 환경이라고 파악했다. 그래서 그는 아시아의 교회들이 서로 연대하고 협조하여 공동으로 그리스도인의 사회적 책임을 감당하자고 역설했다. 그러면서 그는 '동아기독교협의회' 창립(1957)에 적극 협력하고 참여했다. 실제로 1958년 인도네시아에서 일어난 내란으로 말미암아 그곳의 교회들이 파손되고 피난민 교인들이 속출하자, 동아기독교협의회를 통해서 그는 아시아의 많은 교회와 원조 운동에 참여했고 또 한국 교회의 모금 운동을 적극 독려했다(1,000불).

한경직은 아시아의 교회가 비록 '신생'新生 교회이긴 하지만 이제는 더 이상 소위 모母교회인 서양의 교회에 의존하지 말고 독립적이어야 한다고 강조했다. 그는 서양(미국) 교회와 아시아(한국) 교회의 상호 대등한 수평적 관계의 연합 운동을 강조했다. 그는 "협력이라는 것은 독립한 두 개체 사이에 성립하는데, 한쪽이 다른 한쪽을 의존하는 관계라면 협력이 성립되지 아니하므로, 에큐메니컬 협력은 독립한 교회 사이에서 성립하는 것이다. 한국 교회는 (본디 처음부터) 자립 자강하는 교회였고, 8·15 해방 이후에 외국(미국) 교회의 도움을 많이 입고 있는데, 이제는 독립하는 교회여야 한다."고 역설했다. 구체적으로 미래 교회의 지도자인 아시아(한국)의 신학생은 영국·미국과 유럽으로만 유학 가지 말고 이제는 아시아의 기독교 대학이나 신학교로 유학하여 이 대륙의 전통과 문화를 배우고 익혀야 한다고 강조했다. 또한 지금까지는 미국과 유럽의 교회가 아시아에 선교사를 파송했는데, 이제부터는 아시아 교회도 미국과 유럽으로 선교사를 파송할 때가 왔다고 주장했다. 그래서 한쪽에서 다른 한쪽으로만 흐르는 일방 통행 선교사 파송이 아니라 쌍방의 교류를 통한 대등한 선교 협력 관계가 구축되어야 한다고 주장했다. 1959년에 한경직은 한국 장로교회가 이 점에 관하여 미국 장로교 북장로회와 충분히 논의하여 실행 단계에 있으며, 미국 장로교 남장로회와도 계속 논의하고 있다고 설명했다.

6) 교단 분열의 여파로 고통받은 교인들

장로교회가 합동과 통합으로 세 번째 분열되자, 경상북도 청도의 첩첩 산골에 있는 박곡교회가 교단 싸움에 휘말려 둘로 나뉘었다. 주후 1906년에 설립된 박곡교회는 일제 강점기를 잘 견디고 한국 전쟁도 잘 이겨 내면서 건강하게 자랐다. 그런데 그렇게 탄탄하던 교회가 1950년대 말에 양편으로 갈라져서 내분이 일어났다. 총회가 세계교회협의회wcc 문제를 놓고 찬반으로 갈라져 싸웠던 탓에, 첩첩 산중의 박곡교회도 그 싸움의 영향을 받은 것이다. 외국어인 ecumenism(에큐메니즘)이 무엇을 뜻하는지 알기 어려운 상황에서, 교인들은 각자가 주워들은 얘기로만 각자의 주장을 펼치며 서로 대립하였다. 1962년에 교인들의 한편은 '합동측'으로 또 다른 한편은 '통합측'으로 갈라섰다. 이것으로 끝나지 않았다. 교회 분열은 또다시 교회 재산을 서로 차지하려는 싸움으로 이어졌다. 합동측은 교회 건물을 차지하고 통합측은 사택과 토지(논밭)를 차지하는 것으로 싸움이 일단락되었다.

분열되어 둘로 쪼개진 교회는 서로 떨어져서 각각 자리를 잡았다. 통합측 교회가 새로 건축되었다. 그러나 분열된 교인들은 여전히 한 동네에 살았다. 조상 대대로 같은 마을에서 서로 의지하며 몸을 비비고 살아오던 이웃들이, 교회일 때문에 같은 동네에 살면서도 서로가 등을 돌리는 남남이 되었다. 길에서 마주치면 서로 못 본 체 고개를 저쪽으로 돌리고 스쳐 지나갔다. 이렇게 서로가 서로를 무시하며 살아가는데, 그렇게 살기가 결코 쉽지 않았다. 마음이 자꾸 불편해지고 무거워졌다. 예컨대 어떤 장로의 가족은 여러 친척들이 이 마을에 함께 살고 있었고 모두 다 교인이었다. 이 집안 역시 교회 싸움의 와중에서 양편으로 나뉘었다. 싸워서 갈라진 친척들이 교회에서는 더 이상 만날 일이 없었다. 그렇지만 명절(설날, 추석)이 오면 친척끼리는 함께 먹고 마시면서 어울릴 수밖에 없었다. 명절이 되면 온 일가친척이 큰댁(교회 장로의 집)으로 모였는데, 서로서로 어색한 자세로 멀뚱멀뚱 서먹하게 지내다가 주일이 되면 각자 자기 교회에 예배드리러 갔다. 예전에는 그렇게 즐거웠던 명절이 이제는 재미 없고 모이기 싫은 날로 바뀌어 버렸다. 이렇게 해마다 연중 행사로 반복되는 이 기막힌 사연 때문에 집안 어른들의 마음 고생이 깊어 갔다.

이 상황에서 집안 어른이자 양쪽 교회의 장로들이 "이래서는 도저히 안 되겠다."며 기도하기 시작했다. "하나님, 저희가 한 동네에 이웃으로 살면서 서로 싸우고 갈라져 있는데 어떻게 이 나라의 남북 통일을 위해 기도할 수가 있겠습니까? 남북 통일을 위해 기도하기 전에 우리가 먼저 하나 되어야 할 것입니다. 우리가 다시 하나 되게 해 주옵소서." 그리고 양쪽 교회의 장로들이 조심스럽게 만났다. 혹시 남의 눈에 띌까 봐 한밤중에 만났다. 만난다는 사실 자체가 조심스러웠고 어려웠다. 그러나 시간이 지나면서 조금씩 대화의 문이 열렸다. 그렇게 진전된 대화는 두 교회를 다시 하나로 합치자는 합의로 발전하였다.

드디어 두 교회가 갈라선 지 약 30년 만에 다시 하나로 합쳐졌다. 1990년대에 이르러 박곡교회는 이제 교회 분열의 멍에를 스스로 벗겨 내었고 그 아픈 상처도 말끔히 치유되었다.

7) '통합촉진위원회'(1959)의 '대한예수교장로회 총회 통합에 관한 성명서'

1959년에 장로교 교단이 세 번째 분열한 직후, 분열된 교단의 재결합을 위해 '통합촉진위원회'가 결성되었다. '통합 방안'을 마련한 촉진위원회는 분열 당사자 양측 모두에게 다음과 같이 제안했다. "1) 대한예수교장로회 총회는 75년간의 신앙 전통을 지킨다. 2) 총회의 평화 통일을 위하여 세계교회협의회WCC와 ICCCNAE를 탈퇴한다.[27] 3) 선교 정책을 양측이 협의하여 재추진한다."

장로교 교단의 제3차 분열은 한국에 선교사를 파송한 미국 장로교회에게도 충격적이었다. 미국 장로교 총회의 임원단이 11월 9일 내한하여 먼저 '통합촉진위원회'와 회합하고, 그 다음 '승동측'(합

동)과 회합하고(11월 16일), 그리고 마지막으로 '연동측'(통합)과 회합했다
(11월 17일). 연이어서(11월 18일) 일행은 양측을 함께 초청하여 연석 회
의를 가졌다.[28] 이 회의를 미국 연합장로교 선교회,[29] 미국 남장로교
선교회, 그리고 호주 장로교 선교회가 함께 주관했다. 연동·승동 양
측 위원과 세 선교회 대표가 이듬해(1960) 1월 중순까지 여덟 차례의
회의를 통해 분열된 장로교회의 화합을 모색했다. 그러나 1월 15일
에 양측의 노력이 '완전히 결렬'되었다.

2월 17일, 연동측, 승동측, 중립측(총회 화평통합촉진위원회)에서 통합을
원하는 총대들과 세 선교회(미국 남, 북, 그리고 호주 장로교)가 새문안교회에
서 모였고, 이 자리에서 "대한예수교장로회 통합총회"(통합측)가 개회
되었다. 통합총회는 대전 중앙교회와 서울 연동교회에서 모인 제44
회 총회(1959)를 확인하고 그 모든 결의를 인수하였다. 총회에서 결
의한 사안은 "세계교회협의회WCC는 용공도 아니고, 신신학도 아니
며, 더욱이 단일 교회 운동을 하는 단체가 아니지만 분열된 장로교
회의 화합과 통합을 위해 이 단체에서 탈퇴하기로 한다."는 것이었
다.[30] 이 결의대로 통합측은 합동측과의 관계 복원을 위하여 곧바로
세계교회협의회에서 탈퇴했고, 1969년에 다시 가입하였다.

통합총회가 개회되기 며칠 전인 2월 13일 승동측은 고신교단과
합하여 '합동측'이란 별칭을 가졌고, 그러다가 1962년 11월 19일 양
자가 또다시 분열하였다.

1960년대 초반부터 한국에서 산업화가 시작되었다. 이때부터 향후 약 30년 동안 한국 개신교는 세계 기독교의 역사에서 그 유례를 찾아보기 힘들 정도의 양적 성장을 이루었다. 이때의 교회 성장이란 대도시 교회의 교인 증가와 재정 확대를 뜻한다. 교회 성장은 주로 대중 집회와 전도 대회를 통해 일어났다. 인구의 도시 집중에 따른 농어촌 인구의 감소로 말미암아 농어촌 지역의 교회도 나날이 쇠퇴하였다.

교회 성장에 상응하는 성장 이데올로기가 한국 교회를 지배하던 시대에, 소수의 목회자들이 산업화 사회의 구조 문제를 직시하면서 교회 성장을 지향하지 않는 작은 교회를 추구하며 교회 갱신 운동을 시작했다. 작은 교회들은 산업화의 경제 성장에서 소외된 도시 빈민과 노동자를 돌보고 보살폈다. 이와 관련하여 장로교(예장통합) 총회(제56회, 1971)는 기존의 산업 전도에서 도시 산업 선교로 방향을 전환했다.

산업화 시대, 도시 교회의 성장과
농어촌 교회의 쇠퇴

산업화 시대, 도시 교회의 성장과
농어촌 교회의 쇠퇴

1. 산업화 시대에 도시 교회의 성장

1993년에 발표된 한국종교사회연구소의 통계에 따르면, 한국 개
신교의 교회 수가 1960년에 5,011개, 1970년에는 12,866개, 1980년
에는 21,243개, 그리고 1990년에는 35,819개였다. 1960년 이래로 30
년 동안 한국 개신교의 교회 수가 7배 이상 증가한 것이다. 한국 개
신교의 성장은 전적으로 대도시에서 진행되었다. 한국의 도시화 비
율이 1960년에 28.3%였는데 1970년에는 43.1%로 증가했다. 서울
이 전국의 도시화를 주도했다. 1960년대 전국의 인구 증가율이 연
평균 2.3%였는데 서울의 인구 증가율은 연평균 무려 8.2%였다. 서
울의 인구가 1960년에 244만 명(전체 인구의 10%), 1970년에 543만 명(전
체 인구의 18%), 1980년에 836만 명(전체 인구의 22%), 1990년에 1,028만 명

(전체 인구의 24%)이었다. 1970년대에는 서울의 인구가 매일 900명씩 늘어났다. 이와 함께 한강의 북쪽 지역에서 확장되던 서울이 강 건너 남쪽으로 확장되었는데, 1969년 12월에 준공된 제3한강교가 서울이 강북에서 강남으로 확장되는 다리 역할을 했다. 1970년 7월에 경부 고속도로가 개통되었다. 1976년 강남 반포동으로 고속버스 터미널이 이전되면서 강남 지역이 개발되기 시작했고, 이 일대에 아파트 단지가 조성되기 시작했다. 이러한 변화가 서울에서 교회가 크게 성장하게 된 사회적 배경이 되었다.

산업화 시대 교회의 양적 성장은 1950년대 한국 전쟁 직후에 일어났던 교회의 부흥과 대비된다. 전쟁 직후에는 남한 전국 거의 모든 지역에서 ─ 월남한 교인들을 중심으로 ─ 교회가 창립되었다. 이와 달리 1960년대(산업화 시대)부터는 교회의 수가 서울을 비롯한 몇몇 대도시에 편중되어 크게 늘어났다. 산업화에 따른 경제 성장이 도시에 집중되었고, 이것이 도시 교회가 성장하는 물적 토대를 제공해 주었다. 교인들의 경제 사정이 나아지자, 그들은 이것이야말로 하나님의 은총으로 주어진 축복이라고 고백하며 자발적으로 헌신했다. 전쟁 기간의 헐벗음과 고난을 통해 마음 깊이 새겨진 하나님 중심의 신앙 가치관이 헌금과 헌신으로 표현되었다. 이를 통해 교회 건축이 활발해졌고, 이것이 교회의 외형적 확장으로 이어졌다.

한국 개신교의 양적 성장은 경제 성장의 가치 체계인 성장 이데올로기와 연관하여 사회 심리적 측면에서도 살펴볼 수 있다. 1960년대 경제 개발을 위해 외친 국민적 구호는 "우리도 한 번 (경제적으로) 잘 살아 보세!"였다. 이 구호는 가난에 찌들었던 대다수 국민의 가슴에 물질적 번영의 희망을 품게 했고, 이것이 국민들에게 '성장 이데올로기'로 각인되었을 것으로 본다. 이 성장 이데올로기가 교회 안으로도 스며들어서 교인들 또한—일반 경제 성장과 마찬가지로 —교회의 양적 성장에 대한 소망을 품게 되었다. 따라서 당시의 교회 부흥이란 물량적 성장과 동일시되었다.

산업화 시대에 전국의 인구가 서울과 대도시로 집중되어 도시의 인구 밀도가 크게 높아졌다. 이로 인해 주택 환경이 열악해졌다. 또 주거 형태가 점차 재래식 주택에서 아파트로 바뀌었다. 아파트 생활 구조는 서양식 생활 양식에 은연중 적응하게 했다. 온돌방 전통 생활 방식이 차츰차츰 침대 생활 방식으로 바뀌었다. 가족 제도 또한 전통 대가족 제도의 퇴조 속에서 소(핵)가족 제도가 아파트 가옥 구조에 맞추어 정착되었다. 도시 생활 일상의 변화가 이런 식으로 진행되면서 서양(미국)의 생활 방식이 익숙해졌다. 이로 인해 이전에는 서양(미국)의 종교였던 기독교(개신교)가 친근한 종교로 다가왔다.

농어촌 인구가 일자리와 교육을 위해 대거 대도시로 이주해 왔다. 그런데 농어촌 출신 도시인에게 아노미Anomie, 無規範 현상, 곧 전통 사회의 해체와 맞물린 기성 가치 체계의 붕괴 때문에 일어나는 심리적 불안정이 찾아왔다. 이들에겐 도시의 사무적이고 삭막한 인간 관계에 적응이 어려웠고, 이렇게 되자 이들에게 농어촌 마을 공동체에 대한 향수가 되살아났다. 농어촌의 이웃사촌이 아쉬웠던 것이다. 그러던 중에 농어촌 출신 도시인들은 교회의 성경 공부 모임, 구역 모임, 찬양대, 주일학교 교사 봉사 등의 활동에서 대안 공동체를 발견하게 되었다.

산업화 시대 한국 교회의 성장을 되돌아보면, 그 성장의 요인은 무엇보다도 하나님의 뜻에 전적으로 의탁한 목회자와 평신도에게 있었다. 이들은 말로 이루 다 표현할 수 없는 참혹한 한국 전쟁 기간에 고난을 통해 연단된 신앙으로 하나님 중심의 가치관을 가졌다. 이들은 하루의 일상을 새벽 기도로 시작했고, 하루 종일 고된 노동으로 얻은 수입에서 십일조 헌금으로 하나님께 그날을 감사했다. 이들은 교회일을 다른 어떤 일보다도 가장 우선 순위에 두었다. 목회자는 "그리스도의 남은 고난을 그의 몸된 교회를 위해" 자신을 바쳤다. 죽을 병에 걸렸다가 하나님의 은혜로 치유된 목회자, 전쟁 속에서 삶과 죽음의 갈림길을 오가며 실존적 신앙 체험을 한 목회자, 이들은 그리스도의 십자가를 따르는 제자의 길을 묵묵히 걸었다. 이러한 헌신을 통해 한국 교회는 산업화 시대에 크게 부흥하고 성장했다.

2. 대중 전도 대회

산업화 시대에 도시에서 진행된 교회 부흥과 성장은 주로 대중 집회와 전도 대회를 통해 일어났다. 1965년에 시작된 '민족 복음화 운동'이 이후 20년 이상 대중 전도 대회로 이어졌다. 대중 전도 대회는 개신교 교단들이 서로 협력하여 초교파 연합 사업으로 추진되었다. 이와 동시에 군대에 복음을 전하는 '전군 신자화 운동'全軍信者化運動도 일어났다.

1) 민족 복음화 운동

민족 복음화 운동은 1964년 한국 개신교 선교 80주년을 맞이하여 김활란의 제안으로 시작되었다. 그해 10월 그는 교계 지도자들을 초청하여 복음화 운동을 위한 간담회를 열었다. 이 제안을 교회 지도자들이 적극 지지했다. 이 복음화 운동에 개신교의 여러 교단(17개 교단)이 참여했고 또 이뿐만이 아니라 천주교도 참여했다. 1950년대에 여러 차례 교단 분열의 사태를 겪은 장로교회 여러 교단에게도 이 복음화 운동은 상호 협력하는 기회를 제공했다. 이러한 과정을 거쳐 민족 복음화 운동이 교파를 초월하여 연합으로 추진하는 에큐메니컬 운동으로 시작되었다.

그 무렵 한경직 목사가 남미에서 대중 전도 대회를 인도했다. 그는 그곳에서 미국 부흥사 빌리 그래함이 이끄는 전도 협회와 동행하였고 또 그곳에서 새로이 경험한 '심화 전도'Evangelism in Depth를 민족 복음화 운동에 연계하고자 했다. 심화 전도는 교회 밖 사람을 교회로 데려오는 것에 만족하지 않고 전도된 새 신자가 복음으로 새로운 존재가 되어 삶이(언어, 생활 습관, 문화까지) 바뀌도록 인도하는 것이었다. 심화 전도의 전도 방식은 개인 전도가 아니라 집단(단체) 전도였는데, 이 가운데서 특별히 군대 복음화에 집중하고자 했다.

민족 복음화 운동은 1965년부터 '삼천만을 그리스도에게로'라는 표어 아래 전국 대도시를 돌며 대중 전도 대회로 시작되었다. 이 대회에 참석한 교인들은 먼저 자신의 신앙을 성찰하며 세상에서 소금과 빛이 되게 해 달라고 간절히 기도드렸다. 또 분열된 한국 교회가 복음 전파를 위해 연합하고 일치하도록 기도드렸다. 이 복음화 운동은 교회 갱신과 일치, 도덕적 중생을 통한 사회 변화, 민족에게 소망을 주는 전도 운동으로 전개되었다. 이 운동을 주관한 위원회는 전국의 행정 지역(15개 도시, 139개 군)에 따라 조직적으로 전도 집회를 개최했다. 민족 복음화 운동은 1970년대에 한국에서 본격적으로 진행될 대규모 대중 전도 대회의 전조였다.

2) 빌리 그래함 전도 대회(1973), '전군 신자화 운동'

1973년 5월 16일부터 열린 빌리 그래함 전도 대회는 '오천만을 그리스도에게로'라는 표어 아래 진행되었다. 먼저는 전국 6개 도시(춘천, 대전, 전주, 광주, 대구, 부산)에서 대중 전도 집회를 가졌고, 마지막으로 5월 30일부터 서울 여의도 광장에서 전도 집회가 개최되었다. 이 전도 대회를 한경직과 김활란이 추진했다. 이들이 이 전도 대회를 준비하게 된 계기는 1966년으로 거슬러 올라간다. 한경직은 빌리 그래함이 주도한 독일 베를린 전도 대회(1966)에 참석하면서 전도 전략에 관하여 새로운 것을 배우게 되었다고 한다. 전도를 하려면 첫째로 사람이 많이 모이는 곳으로 가야 하고, 둘째로 전도의 방법을 새

롭게 바꾸어야 하고, 셋째로 전도자를 잘 훈련시켜야 한다는 배움
이었다. 이에 두 사람은 한국에서도 민족 복음화를 위한 전도 대회
를 개최하고 빌리 그래함을 강사로 초청하기로 했다. 1972년 9월
대중 전도 대회를 위한 준비 위원회(위원장 한경직)가 초교파적으로 조
직되었다.

1973년 빌리 그래함 전도 대회의 지방 전도 대회에 120만 명이
참석했다. 또 서울 대회에 320만 명이 참석했다(전국 440만 명). 특히,
6월 3일 서울 여의도에서 개최된 전도 대회는 약 110만 명이 참석
하여 한국 개신교 대중 집회의 역사적 기록을 세울 만했다. 또한 이
번 전도 대회를 주관하고 재정을 담당한 운영 주체는 한국 교회였
다. 이번 대회를 계기로 삼아 한국 개신교는 이제까지 외국(미국) 교
회에 크게 의존해 오던 집회의 재정을 자립으로 마련하기 시작했
다. 대회장 한경직 목사는 이번 대회에서 크게 기억해야 할 점이 교
회(교단·교파)의 연합과 일치 단결, 기독교에 있는 상부상조의 덕성, 민
족과 국가를 위한 전도 봉사라고 강조했다. 교계에서 중도 노선의
통합을 추구하던 그는 걸출한 지도력으로 개신교의 보수 진영과 진
보 진영을 아우르는 연합 집회를 주도했다.

그런데 한국 개신교 안에서 극단적인 보수주의 노선과 반공 노선
을 표방하며 ICCC International Council of Christian Churches를 따르는 교회들은
이 전도 대회에 참석하지 않았다. 그 까닭은 빌리 그래함이 공산주
의를 반대하는 입장을 분명하게 드러내지 않는다고 보았기 때문이
다.[31] 개신교 진보주의 노선의 교회들도 참석하지 않았다. 그 이유는
국내의 정치 상황과 맞물려 있었다. 한 해 전에(1972) 소위 '10월 유신'

을 선포한 박정희 정권이 기독교의 민주화 운동을 탄압하고 있는데, 이번 전도 대회를 주관한 교회 지도자들이 유신 체제를 비판하고 반대하기는커녕 오히려 그 체제에 협조하였기 때문이다. 진보주의 노선의 교회들은 이번 전도 대회가 정부의 지원 아래 진행되었다는 점도 함께 지적하였다. 나아가 6월 1일 집회가 국무총리(김종필)의 지시로 '군인의 밤'으로 개최되었다는 점도 지적하였다. 또한 비판자들은 빌리 그래함의 설교에 예언자적 선포가 결여되었다고 보았다.

이 당시엔 군대를 복음화하기 위해 '전군 신자화全軍信者化 운동'이 고조되었다. 이 운동은 1971년부터 향후 3년 동안(1974년까지) 가장 전성기였다. 한경직은, 1966년 베를린 대회에서 터득한 대로, 민족 복음화의 지름길이 군대의 복음화라고 확신했다. 군대야말로 젊은 층에게 복음을 집단적으로 전할 수 있는 '황금어장'이라고 인식했기 때문이다. 교회 지도자들은(한경직, 강신명, 홍현설 등) 각 군軍 참모총장 이하 지휘관의 협조를 얻어 군대에 전도단을 파견하고 군목에게 전도 강연을 하게 했다. 한경직은 그리스도인에게 주어진 애국의 길은 전군 신자화 운동에 참여하는 것이라 강조했다. 그는 복음으로 애국하고, 나라의 복음화를 위해 헌신하는 가운데서 군대 복음화에 대한 관심과 열정이 일어난다고 강조했다. 그는 북한 공산주의 정권과 대치해 있는 남한이 철저한 반공 의식과 안보관으로 무장해야 한다고 역설했다. 그러나 그의 반공과 안보에 대한 강조는 의식적이든 무의식적이든 수시로 그 당시의 군사 독재 정권과 보조를 맞추었다. 국가 안보 논리를 앞세워 사회의 민주화 열망을 강제력으로 억누르는 독재 정권을 향해 일부 교회 지도자들은 예언자의 목소리를

내지 않거나 내지 못하였다.[32]

3) 엑스플로 '74 전도 대회(1974)

한국 교회의 민족 복음화 운동은 계속되었다. 1974년 8월 서울 여의도 광장에서 엑스플로 '74 전도 대회가 "이 땅에 그리스도의 계절이 오게 하소서"라는 표어 아래 개최되었다. 이번에도 초교파적으로 진행되는 전도 대회였다. 대회 참석자는 5박 6일 함께 먹고 함께 합숙하면서 낮에는 주로 전도 훈련을 받았고 저녁에는 전도 집회에 참석했다. 대회장 김준곤 목사는 한국 대학생 30만 명을 전도 요원으로 훈련시키려는 목표를 갖고 있었다. 이 대회는 젊은층이 선호하는 대중 문화(특히 복음성가)를 활용하여 예수 그리스도의 복음을 증언했다. 이 전도 대회에 655만 명이 참석했고, 특별히 8월 17일 낮에는 대회 참가자 20만 명이 길거리 전도에 참여하여 27만 2천여 명의 결신자를 얻었다. 이리하여서 엑스플로 '74는 한국 교회(개신교)가 초교파적으로 연합하여 개최한 대중 전도 대회의 정점을 이루었다.

4) 계속 이어진 대중 전도 대회

그 이후에도 한국 교회(개신교)는 "77 민족 복음화 성회'(1977), "80 세계 복음화 대성회'(1980), '한국 교회 100주년 기념사업'(1984), 그리고 "88 세계 복음화 대성회'(1988)를 통해 신앙 부흥을 통한 양적 성장을 이루었다. 이 가운데서 '77 민족 복음화 성회는(대회장 신현균 목사), 빌리 그래함 전도 대회(1973)를 본따서 추진하긴 했어도, 한국 교회가 자주적으로 진행한 대중 부흥 집회였다. 이 집회는 1977년 8월에 "민족의 복음화를 위하여 한국인에 의해서 오직 성령으로"라는 주제로 개최되었다. 전국 300여 곳에서 신앙 부흥 집회가 개최되었고 또 600여 명의 강사가 이 집회를 인도했다. 이 대회에는 140만 명이 참석했고 약 2만 5천 명의 결신자가 등록했다. 이 대회는 1907년 1월 평양 장대현교회에서 일어난 성령 운동의 70주년을 기념하여 개최되었다. 이번에도 역시 개신교 여러 교파들이 연합하여 집회를 개최했는데, 여기에 32개 교단이 참여했다. 이 대회의 성격을 구성하는 주요한 내용은 "반공, 민족 복음화, 성숙한 신앙, 미군 철수 반대 서명" 등이었다.

또 한 번 더 '77 민족 복음화 성회를 주관했던 한국 교회의 부흥사들이 1980년 8월 '예수 한국 총력 전도'라는 표어를 내걸고 '80 세계 복음화 대성회'를 개최했다. 이번에도 초교파적 연합 집회로 준비되었다. 그러나 각 교단이 공식적으로 대표를 파송하지 않았고, 임의로 구성된 각 교단의 목회자들이 대회를 주도했다. 이번 대회는 전도 요원을 육성하여 전도 활동을 활성화하는 데 주력했다. 이번 대회는 한국 교회가 이제 세계 선교의 중추적 역할을 맡아야 한다고 강조했고, 사회 정의와 민족 통일도 언급했다. 그런데 교계 일부에서는 "이런 (방식으로 추진되는) 전도 대회의 성행은 일종의 전시 효과에 지나지 않는 외형적인 운동으로 그치기 쉽다."는 우려와 비판의 목소리가 쏟아졌다.

'80 세계 복음화 대성회가 개최되기 석 달 전인 1980년 5월에 광주에서 민주화 항쟁이 일어났다. 이러한 상황에서 '80 세계 복음화 대성회는 정권을 장악한 신군부新軍部의 협조 속에서 진행되었다.

5) 한국 교회 100주년(1984) 기념 선교 대회

한국 개신교의 부흥과 성장이 지속되는 가운데서, '한국 기독교 100주년 기념 사업 협의회'가 조직되어 한국 교회(개신교)의 100주년(1984)을 기념하는 사업을 구상했다. 이를 준비하기 위한 간담회가 한국 복음화 중앙 위원회의 주선으로 1977년 12월 13일에 열렸다. 이 자리에서 위원회는 한국 교회 100주년을 기념하여 '초교파적 기념 사업'을 추진하기로 했다. 총재로 선출된 한경직 목사는 기념 대회가 일부 교계 지도자들의 주관으로 개최되는 것을 피하고 개신교 29개 교단과 기독교 단체들이 함께 협력하여 개최하자고 역설했고 또 지난날의 교회 분열이 아직도 아픈 상처로 남아 있으니 이를 청산(치유)하고 교회 일치로 나아가자고 강조했다.

한국 교회 100주년 기념 선교 대회가 1984년 8월 15일부터 19일까지 "보라 내가 새 일을 행하리라"(사 43:19)는 표어 아래 여의도 광장에서 개최되었다. 이 대회는 한국 교회가 지나온 100년을 되돌아보며 하나님께 감사하면서 민족 복음화를 위한 전도와 교회 일치를 다짐했다. 또한 이 대회는 교회 갱신과 성장, 민족 통일과 평화, 세계 선교에도 힘쓰기로 결의했다. 이 대회는 교회의 사회 봉사를 상징적으로 표현하는 헌혈 운동을 벌였다. 당장 현장에서 3천 명이 헌혈했고 또 1만 5천 명이 헌혈 약속 카드를 제출했다. 또한 개신교 선교 제2세기를 맞이하는 한국 교회가 수행해야 할 사회적 책임과 공산권 선교를 위한 기구 조직이 논의되었다.

이번 대회에서는 이제까지 개최되었던 대중 전도 대회와 크게 구별되는 점이 나타났다. 그것은 거짓과 불의가 지배하는 세상 속에서 교회가 국민의 정신 혁명(도덕성)을 위해 솔선하자는 다짐이었다. 이와 관련하여 1980년대 정의로운 민주 사회를 갈망하는 현실 속에서, 한국 교회는 하나님 앞에서 민족을 바른 길로 인도하지 못한 죄를 고백하였다.

3. 농어촌 지역 교회의 쇠퇴

산업화 시대 교회의 외형적 성장이 대도시(특히 서울)를 중심으로 진행된 점과 대조적으로, 농어촌 지역의 교회는 나날이 쇠퇴하였다. 가장 큰 원인이 전국 인구의 도시 집중에 따른 농어촌 인구의 감소였다. 1966년 이래로 5년 동안 농어촌 인구의 증가율은 마이너스 1.16%였다. 농어촌 인구가 감소한 까닭은 농촌 사람들이 더 나은 경제 생활, 더 나은 일자리, 더 나은 교육 기회, 그리고 더 나은 문화 생활을 위하여 도시로 떠났기 때문이다. 특히 경제 활동이 왕성한 청장년층이 대거 도시로 빠져 나갔다. 이제부터는 누가 농촌에 남아서 농사를 지을지 우려될 정도였다. 여러 방면으로 경쟁력이 약화된 농어촌의 삶이 열악해졌다.

1980년대 후반에 전 세계적으로 우루과이 라운드가 몰아쳤고 수입 농산물이 국내로 홍수처럼 밀려들어왔다. 1989년 한국의 농산물 수입액이 약 37억 달러였는데, 이것은 예년 대비 34% 증가한 수치였다. 이제 농업 경쟁력을 상실한 국내의 농가들은 논밭에다 무엇을 심어야 할는지 한숨만 내쉬었다. 그 무렵에 한 해 동안 농촌 인구 48만 명이 줄어들었다(5.5% 감소). 정부는 농업을 살리려 하기보다는 오히려 경쟁력이 없는 농업을 포기하려는 정책을 폈다. 이로 말미암아 농촌은 빈사 상태에 빠졌다.

나날이 낙후되는 농어촌의 현실은 지역 교회의 쇠퇴로 이어졌다. 교회에서 봉사할 일꾼이 부족했고 주일학교 교사가 크게 모자랐다. 1980년대 장로교 총회(예장통합)에 속한 전국 교회(4,636개) 가운데서 56.8%인 2,634개 교회가 농어촌 지역에 있었는데 이 가운데서 약 절반(1,350교회)이 재정적으로 미未자립 상태였다. 이런 식으로 농어촌 교회 교인의 감소는 교회 재정의 위축 상황으로 전개됐다.

4. 물량적 교회 성장에 대한 반성

1) 작은 자(민중)를 위한 교회 갱신 운동

산업화 시대에는 교회 부흥이 물량적 성장과 동일시됐다는 점을 앞에서 살펴보았다. 그런데 이러한 성장 속에 잠재해 있던 문제점이 조금씩 노출되었다. 적지 않은 교인들이 물질의 축복을 뜻하는 경제적 번영과 사회적 성공에다 신앙의 초점을 두었다. 그러한 신앙 형태는 다분히 자기 중심적이며 이기적이라 비판받기 시작했다. 또 그들의 신앙 영역은 사적私的인 관심에 한정되어 있었다. 그러다 보니 그들은 교회의 공공성과 사회적 공적 책임을 별로 의식하지 못했다. 물론 많은 교회들이 가난한 이웃을 돕고 소외된 계층을 나름대로 힘껏 돌보았지만, 초창기 한국 장로교의 사회 봉사Diakonie 전통이 되살아나지는 못하였다. 또 대도시 개個 교회들의 주된 관심이 자기 교회 발전과 성장에만 있다 보니 서로 이웃해 있는 교회들과 함께 연대하여 사회 봉사에 힘쓸 여유가 없었다. 그리하여 산업화 시대 한국 교회의 부흥과 성장은 개 교회 차원에서 전개되었다.

외형적 교회 부흥과 물량적 성장이 한국 교회를 지배하던 시대에, 소수의 목회자들은—산업화 사회의 구제 문제를 직시하면서—'작은 교회' 또는 '민중 교회'를 지향하며 교회 갱신 운동을 시작했다. 이들은 산업화의 그늘에 있는 도시 빈민과 노동자를 찾아가서 그들을 돌보고 보살폈다. 이에 '빈민 선교' 운동이 일어났다.

2) 도시 산업 선교

1950년대 말부터 시작된 산업 전도는 대한예수교장로회(통합), 기독교대한감리회, 한국기독교장로회 등 5개 개신교 교단을 중심으로 추진되었다. 산업 전도의 활동은 계몽·홍보 활동, 선교 기구의 설립, 공장 목회, 평신도 조직 육성, 실무자 양성, 근로 현장에 대한 조사·연구 활동 등이었다. 산업 전도는 기업체의 고용주와 협력하는 것을 기반으로 활동했다. 산업 전도 실무자는 노동자에게 노동의 가치를 강조하고 노동 윤리를 내면화하여 열심히 일하는 동기를 부여했다. 이것이 노동력 증진과 생산성 향상에도 좋은 영향을 주었기 때문에 비非기독교인 고용주들도 자신이 경영하는 공장 노동자들을 전도하는 데 별 거부 반응이 없었다. 오히려 그들은 산업 전도를 적극 수용하고 지원했다. 개신교의 산업 전도는 복음 전도와 교세 확장의 성격을 강하게 띠었다.

그런데 한국의 산업화가 본격적으로 전개되던 1960년대 후반에 기존의 산업 전도 방식은 한계에 달했다. 산업 전도에 헌신하는 전임 실무 사역자가 부족했고, 산업 전도 위원회의 조직이 비효율적으로 운영되었으며, 그 무엇보다도 산업 전도에 대한 교회의 지원이 무척 아쉬웠다. 더욱이 노동자들도 이제는 산업 전도를 부정적으로 인식하게 되었다. 이들은 산업 전도 실무 사역자를 공장주(사용자) 편에 서서 노동자(고용인)를 설득하고 무마하려는 '사장님의 친구'로 파악하게 되었던 것이다. 이에 따라 이들은 일방적으로 성실과 복종을 강조하는 산업 전도 사역자의 말을 듣지 않고 반발하였다. 그리하여 고용주와 협력하여 이를 기반으로 진행된 산업 전도의 방식이 침체되기 시작했다.

이런 상황에서 산업 전도가 산업 선교로 전환되었다. 1968년에 열린 세계교회협의회WCC 제4차 총회에서 정리된 '하나님 선교'Missio

Dei의 신학이 이 전환에 중요한 영향을 끼쳤다. 이 신학은 교회를—선교의 주체가 아니라—선교의 도구로 이해하게 했다. 1969년 1월 27일, 제2회 전국 교회 지도자 협의회는 하나님의 선교에 관하여 논의했다. 이때 산업 전도가 도시 산업 선교회Urban Industrial Misson(산업 선교)로 전환되었다. 이렇게 전환된 산업 선교는 복음화와 사회 정의를 동시에 추구하는 선교 정책을 세웠다. 산업 선교의 운영에도 변화가 있었는데, 이제까지는 교단이 직접 나서서 선교 사역을 했는데, 이제부터 교단은 뒤에서 선교를 지원하고 후원하게 되었다. 이와 더불어 산업 선교의 실무자들이 실질적인 권한을 갖고 자율적으로 선교 활동을 펼쳐 나갔다.

이런 방향 전환에 장로교회(예장통합) 총회(제56회, 1971)는 기존 산업 전도를 '도시 산업 선교회'로 변경하기로 결의했다. 그러나 이때부터 교단 안에서 산업 선교에 대한 찬반 논쟁이 일어나기 시작했다. 정부 당국 또한 교회의 산업 선교를 막아서고 방해하기 시작했다. 정부는 이때부터 1977년까지 산업 선교 활동을 비교적 온건하게 방해했고, 그 다음 1978년부터 1983년까지는 산업 선교 활동을 폐지시키고 도시 산업 선교회를 말살시키고자 했다. 산업 선교에 대한 정권의 탄압은 다양했다. 직접적인 탄압을 비롯하여 여론을 통한 탄압, 교회 지도자들을 설득하여 동원한 탄압 등이었다. 이러한 맥락에서, 이제까지 산업 선교를 적극 지원해 오던 영락교회는 영등포 도시 산업 선교회 실무자 조지송 목사의 사례비 지급을 중단했다(1978). 영락교회는 계속해서 울산노회 산업 선교 위원회 실무자 연구흠 목사에 대한 지원과 창원산재병원 원목 이긍하 목사에 대한 지원도 중단했다(1982). 교단 총회도 이제까지 산업 선교를 지원해 오던 노선에서 냉랭한 태도로 돌아섰다.

정부는 도시 산업 선교가 종교계의 지원을 받는 불순 세력이라 규정했다. 한국노총 역시 도시 산업 선교회를 불순 세력으로 규정했다. 이에 정부와 도시 산업 선교회가 충돌했다. 도시 산업 선교회는 반(反)유신 체제 운동에도 적극 동참했다. 도시 산업 선교회에 대한 정권의 공격이 1976년 동일방직 노동자들의 투쟁을 계기로 강화되었다. 정부는 도시 산업 선교회가 용공 불순 세력이라 몰아쳤고 이를 통하여 도시 산업 선교회에 대한 종교계의 지원을 막으려 했다. 정부는 "산업 선교를 빙자하여 일부 종교인들이 근로자들에게 현행 헌법에 어긋나는 일을 가르쳐 주고 불법적인 일을 선동한다."고 공격하였다. 결국 도시 산업 선교회는 점차 고립되었고 이에 따라 그 활동력이 약화되었다.

장로교회(예장통합) 제67회 총회(1982)는 도시 산업 선교회의 명칭을 다시 '산업 전도회'로 바꾸었다. 산업 선교회 실무자들도 이에 따라 새로운 길을 모색해야 했다. 예컨대 영등포 산업 선교회관 안에 교회(성문밖교회)가 창립되었고 노동 상담소가 들어섰다(1985). 그리고 '예장 인권 위원회'가 발족되었다.

한국 개신교의 대다수가 양적 성장을 거듭하고 있던 시기에, 소수의 신앙인들이 사회의 민주화를 위해 헌신했고, 또한 이들은 1980년대 초반에 한국기독교교회협의회(NCCK)를 중심으로 분단된 민족의 화해와 한반도 통일을 위해 용기 있게 일어섰다. 1988년 이 협의회가 발표한 "민족통일과 평화에 대한 한국 기독교 선언" 이후에, 한국 개신교는 북한 선교를 통해 한반도 통일 운동에 나섰다.

교회의 평화 통일 운동과
북한 선교

교회의 평화 통일 운동과
북한 선교

1. 한국기독교교회협의회(NCCK)의 "민족 통일과 평화에 대한 한국 기독교 선언"(1988)

1965년 정부가 한일 국교 정상화를 단행하자 개신교 지도자들이
(김재준, 강원용, 한경직 등) 이를 반대하는 성명서를 발표했다. 4년 뒤(1969),
당시의 정부가 정권 연장을 위해 삼선 개헌을 발표하자, 또다시 개
신교 지도자들이 개헌 반대 운동에 참여했다. 1972년 10월에 유신
이 선포되었다. 1973년 4월 12일 부활절 개신교 연합 예배에서 군
사 독재 정권의 유신 체제를 거부하는 기독교(개신교) 항거 운동이 시
작되었다. 한국기독교교회협의회NCCK는, 1971년에 한국기독교연
합회가 지금의 명칭으로 바뀌었는데, 1974년 정부에게 유신 체제
폐지와 긴급 조치 철회를 요구했다. 이와 함께 한국기독교교회협의
회에서 인권 위원회가 조직되었고, 시국 기도회가 시작되었다. 이

시국 기도회가 민청학련 사건에 관련되어서 검거된 자를 위한 목요 기도회로 발전했다. 이 기도회가 1974년 7월부터 민주화와 인권 회복을 위한 정기적인 예배로 정착되었다.

1980년 봄, 한국의 민주화를 기대하고 있던 사회 분위기를 위압하는 군사 독재 정권이 또다시 등장하였다. 1981년 한국기독교교회협의회와 독일 개신교연합회EKD가 에큐메니컬 협의회(제4차)를 개최하여 한반도 통일 문제에 관하여 입을 떼기 시작했다. 그러나 그 당시 국내의 사회 정치 상황에서는 통일 논의를 전개할 만한 환경이 되지 못했다. 세계교회협의회WCC가 1984년 10월에 '동북 아시아 정의·평화 협의회'를 개최하여 남한 교회의 통일 운동에 생기를 불어넣어 주었다. 이 선언문은 한반도 통일이 정치 집권 세력의 전유물이 아니고 교회도 통일 운동에 참여할 자유와 권리와 의무가 있다는 내용이 담겨 있었다. 이 시기에 남한 정부는 남북 이산 가족 찾기와 고향 방문 등을 추진했다. 1986년 9월 세계교회협의회가 스위스 글리온Glion에서 '제1차 남북 기독자 협의회'를 주관했는데, 여기에서 용기를 얻은 한국기독교교회협의회가 2년 동안 준비하여 1988년 2월 29일 제37차 총회에서 '민족 통일과 평화에 대한 한국 기독교 선언'(소위 '88 선언')을 발표하여 채택했다.

이 선언문은 한국 교회의 죄책 고백으로 시작되었다. 즉 20세기 냉전 시대 내내 지속되어 온 한반도의 분단과 남북한의 갈등 속에서 이제까지 교회가 이 지역의 평화를 위해 아무런 역할을 하지 못한 죄책을 고백했다. 또 교회가 한반도의 분단 극복과 통일에 관한 문제를 분단 직후부터 지금까지 거의 한 번도 진지하게 다루지 못했던 점도 고백했다. 이어서 이 선언문은 한반도의 평화를 위하여 기독교의 평화 가치를 그려 냈다. 한반도의 평화 실현을 위하여 남북한 사이에 무력 대결과 군비 경쟁의 중단, 양측의 대화를 통한 상호 신뢰 구축, 그리고 남북한의 화해를 천명했다. 이 선언문을 통해 한국 교회는 자신의 소명 의식을 밝혔는데, 한국의 그리스도인은 평화의 종으로 이 땅에 오신 예수 그리스도(엡 2:13-19)의 사도로 부르심을 입었다고 강조했다. 현재 남과 북으로 분단되어 대립하고 있는 민족의 현실을 극복하여 한반도에 평화 통일이 오기까지 한국 교회는 이 선교 사명을 위해 힘껏 매진할 것이라 공표했다.

이어서 이 선언문은 민족의 통일을 위한 5개 원칙을 제안했다. 즉 '7·4 남북 공동 성명'에 나타난 '자주·평화·민족 대단결'(사상, 이념, 제도를 초월한 민족의 단결)의 3대 기본 원칙을 바탕으로 인도주의와 민주적 참여 원칙을 덧붙인 5개 원칙을 제시했다. 인도주의란 "통일이 민족이나 국가의 공동선과 이익을 실현하는 것일 뿐 아니라 인간의 자유와 존엄성을 최대한 보장하는 것이어야 한다."는 이해였다. 또 민주적 참여 원칙이란 "통일을 위한 방안을 만드는 모든 논의 과정에는 민족 구성원 전체의 민주적인 참여가 보장되어야 한다."는 입장이었다. 이와 함께 선언문은 정부에게 5가지 제안을 했다. 즉 수십 년 동안의 분단으로 말미암은 국민의 깊은 상처를 치유하고, 한반도 통일 운동에 국민(민간 단체)도 참여하도록 허용하며, 민족의 대단결을 통한 통일을 실현하고, 남북한의 상호 긴장 완화와 평화를 증진하며, 민족의 자주성을 실현하자고 제안했다.

끝으로 선언문은 인류 역사를 통치하시는 하나님이 세상의 주님이자 주인이시므로, 세상에 임하는 하나님 나라 안에서 분단의 아픔과 고통이 극복되고, 민족 화해와 세계 평화가 이루어지고, 한반도의 평화 통일이 이루어질 것을 기원하며, 이를 위하여 한국 교회가 회개하고 기도하면서 희년 선포 운동을 시작하자고 제안했다. 이와 함께 한국기독교교회협의회는 8·15 해방 50주년이 되는 1995년을 평화와 통일의 희년으로 선포하자고 제안했다.

2. 북한 선교

한국기독교교회협의회NCCK가 민족의 통일과 (세계) 평화에 대한 교회의 선언을 발표하자, 다수의 개신교 교단과 단체가 부정적으로 반응했다. 그해(1988) 3월 장로교 총회(예장통합)의 '북한 전도 대책 위원회'가 이 선언문을 비판했다. 또한 17개 개신교 교단이 연합으로 이 선언문을 비판했다. 40여 개 평신도 단체도 이 비판에 가세했다. 4월에는 23개 개신교 교단 대표 기구인 '한국기독교 남북문제 대책협의회'가 이 비판에 합세했다. 그러나 이 과정 속에서, 한국기독교교회협의회의 선언문은 교회로 하여금 그동안 수면 아래 가라앉아 있던 북한 선교에 대한 중요성을 일깨워 주었다.

이때만 해도 남한의 일반인들이 북한 사회를 파악할 수 있는 길이 전혀 없었고 더욱더 북한 사람을 직접 대면할 수 있는 기회조차 없었다. 그래서 북한의 현실에 대한 남한 사람들의 이해 정도는 지극히 소박하게 "김일성 주체 사상의 종교로 물들어" 있는 사회라고 어림짐작하는 수준이었다. 수십 년 전에(한국 전쟁 전후) 북한에서 교회 탄압을 직접 경험했던 월남 피난민 교인들은 지금도 그곳에는 신앙의 자유가 전혀 없으며 교회도 존재하지 않을 것이라 확신했다. 설령 교회가 있다손치더라도 그것은 '선전용 가짜 교회'일 뿐일 것으로 상상했다. 실제로 북한 당국의 기독교(종교) 정책은 한국 전쟁 전에 탄압 정책을 실시했고 전쟁 기간에는 탄압을 강화했다. 그 이후로 1972년까지는 북한 당국이 종교 말살 정책으로 일관하였다. 그런데 그 종교 정책이 7·4 남북 공동 성명 이후부터 유화 국면으로 바뀌었다. 이 변화는 김일성 주체 사상이 체계화된 때와 맞물려 있었다. 1980년대 북한의 종교 정책은 관용 노선을 취하였다.[33]

남한 사회의 반공 이데올로기에 호응하는 장로교(예장통합) 총회의 평양노회가 1990년대 초반에 북한 선교를 시작했다. 평양노회의 기반은 본디 북한 평양이었는데 한국 전쟁 속에서 남한의 부산에서 복구되었다. 이 노회는 북한 선교를 위한 기금(10억 원)을 조성하였고, 이와 더불어 노회는 '탈북 동포 돕기'(1998), '한우 보급 운동', 북한에 성경 보내기, 온실 건립 지원 등을 추진했다. 이렇게 조성된 기금으로 노회는 탈북자 지원 사업을 위해 적극 사용했다. 약 10년 뒤(2002년 무렵) 평양노회는 북한의 결핵 요양소 한 곳을 전담하여 지원했다. 이 무렵부터 남한 교회의 북한 선교는 북한에서 교회를 재건하려는 신앙 운동으로 기울었다.[34]

또한 한국기독교총연합회(이하 한기총)는 1994년에 장차 북한에서 이루어질 '교회 재건'은 (한반도 통일 이후) '단일 교회' 설립이어야 한다고 주장했다. 한기총은 이와 더불어 개신교 여러 교단들 사이에서 자칫 벌어질 수 있는 교회 재건 경쟁을 미연에 방지하고 이와 관련된 교단 이기주의를 경계하며 또 범교단 상호 협력 체제를 구축해야 한다고 보았다. 한기총은 북한 교회 재건을 위한 3가지 원칙을 제시했다. '창구 일원화', '단일 기독교단' 설립, '독립적이고 자립적'인 교회 설립이었다. 이 원칙의 실행을 위하여 한기총은 1995년 '북한 교회 재건 운동 본부'를 조직하였다. 여기에 개신교 교단들과 선교 단체들 그리고 해외 동포 교회들이 참여했다. 또 한기총은 북한 교회 관련 사료史料를 조사하여 남북한 분단 이전에 존재했다고 알려진 교회(3,040개) 가운데서 2,907개의 교회 자료를 발굴하여 정리했다. 그런데 이 시점에서 북한의 김일성이 사망했다(1994). 그 이듬해 (1995) 북한이 홍수 피해를 엄청나게 입었고, 엎친 데 겹친 격으로 기근으로 말미암은 고난의 행군이 그곳에서 시작되었다. 이에 북한 정권이 임박한 장래에 무너질 것이란 예견이 조심스럽게 제기되었다. 이러한 분위기를 타고서 남한의 북한 교회 재건 운동이 활발해졌다. 그런데 이 운동이 1998년 돌연 결렬되었다.

일이 이렇게 되자, 북한 교회 재건 운동에 열심히 참여해 온 남한의 교회와 단체들이 북한 교회 재건 운동이 이제까지 대체로 '가시적 성전(교회) 건축'을 위한 '기금 적립' 차원에만 머물러 있었다고 반성했다. 1990년대 중반 이래로 예견했던 북한 정권의 붕괴와 그 뒤를 이을 것으로 예상했던 남북 통일은 이루어지지 않았다. 남한 교회가 희망하는 북한 교회 재건의 가능성도 이에 따라 전혀 예측할 수 없게 되었다. 한기총은 한반도 통일 이후에 이루어질 북한 교회 재건 운동을 현실화하고자 '탈북 동포 선교 및 북한 지하 교회 육성

사업'을 벌였다. 북한 교회 재건은 "북한 성도를 지원하며, 탈북 동포를 지원하고, 또 북한 선교 사역자를 양성하며, 그 여건을 마련하는 일"을 포함하는 사역으로서 "비가시적非可視的이고 영적인 성전 건축"이라 했다.

이 당시 북한에 대한 남한 사회의 정서는 두 개의 기류가 공존해 있었다. 하나는 금강산 관광 사업이 시작되면서 한반도 통일에 대한 낙관론이 있었고, 또 다른 하나는 북한이 일으킨 잠수정 사건으로부터 대포동 미사일 사건에 이르는 일련의 사건으로 말미암아 대북 정책 신중론이 있었다. 이 두 개의 기류가 가끔 서로 충돌하기도 했다. 그런데 장로교(예장통합) 총회는 1997년 5월 남한의 적십자사를 통해 북한의 '조선기독교련맹'(이후, 조선그리스도교련맹=조그련)과 접촉을 가졌고 곧 이어서 조그련을 통해 북한에 밀가루(5천4백32톤)를 지원했다. 이것이 계기가 되어서, 장로교회(예장통합)의 북한 선교 사역이 조그련을 통해 활성화되었다. 지난날 북한에 뿌리를 두었던 여러 노회들도(평북·용천·함해·평양노회) 이러한 흐름을 타고자 1998년 북한 선교 전략을 새로이 모색했다. 이들은 총회의 북한 선교 사역에 참여했다.

이 가운데서 평양노회가 2001년 평양 봉수교회 근처에 '제1 온실 건립'(200평)을 지원함으로써 북한 선교 사역에 참여했다. 이 노회는 북한 황해북도 송림시 제3 결핵 요양소를 향후 3년 동안 지원하기로 하고 의약품을 제공했고 또 남한으로 이주해 온 북한인(탈북자)들을 돕기 시작했다. 이 노회는 2003년 평양에서 건립될 예정인 '평양 신학원'을 위해 지원했고, 그 이듬해(2004)엔 '평양 제2 온실 건립'을 위해 지원했다. 온실 곁에다 평양 제일교회를 건축했는데, 이 교회는 남한의 교회가 지원하여 설립한 북한 최초의 교회였다. 이로써 남한의 교회가 꿈꾸고 소망했던 북한 교회의 재건이 실제로 이루어졌다(2005년 11월 24일 입당 예배).

2004년 가을, 장로교(예장통합) 총회는 '북한 선교의 입장과 통일 선교 정책'을 채택했다. 총회는 "우리가 평화의 사도로 부르심을 입었고(골 3:5) 또 반세기 동안의 남북 분단을 해소하여 평화 통일을 이루는 선교적 사명"을 자각한다고 선언했다. 이어서 총회는 교회가 분단 극복을 위한 평화의 사도로 부르심을 입었으나 그 사명을 감당하지 못한 '죄책'을 고백하고 앞으로 '평화 운동'을 실천하자고 다짐했다. 총회는 남북한의 정상(김정일·김대중)이 합의하여 발표한 '6·15 공동 선언'이 교단의 북한 선교와 한반도 평화 통일을 위한 선교 정책에 부합한다고 호응했다. 이 공동 선언은 남북한이 자주적으로 통일 문제를 해결하고, 남한의 연합제와 북한의 낮은 단계 연방제의 공통성을 인식하고 이 방향으로 통일을 지향하며, 8·15 광복절을 계기로 이산 가족 상호 방문, 경제 교류 협력을 비롯하여 사회 문화의 다방면적 교류, 그리고 합의 사항 실천을 위한 당국간 대화를 그 내용으로 담았다. 또한 총회는 북한 조그련의 대표성을 인정하고 그들이 동역자임을 인정하고 돕겠다고 밝혔다. 그러면서 북한에서 실제로 교회를 재건할 수 있는 때가 되면 총회는 조그련과 협력하여 그곳에다 단일 교단 교회를 세울 것이고 또한 이를 위하여 남한의 여러 개신교 교단들과 함께 의논하며 추진할 것이라고 밝혔다. 또한 총회는 남북 이산 가족의 만남, 탈북자 지원 등을 지속적으로 진행하겠다고 밝혔다.

2005년도 부활절에 장로교회(예장통합) 총회는 8·15 해방 60주년을 맞이하여 남북한 교회 지도자들이 금강산에서 함께 예배드리며 —분단된 형제가 하나 되는— 성찬식을 거행했다. 금강산이 개방된 지 7년 만에 이루어진 역사적인 예배였다. 남한의 교회에서 온 대표 270여 명은 하나님께 영광을 돌렸다.

대한예수교장로회(예장통합 교단) 총회가 1994년에 여성 안수를 가결했고,
1996년 여성 안수가 실현되었다. 여성 안수는 장로교회(예장통합) 여성들
이, 특히 여전도회 전국 연합회가 총회에 줄기차게 청원해 온 안건이었다.
여성 안수의 가결은 1933년에 함경남도의 함남노회 여전도회 연합회가
교단의 총회에 헌의한 이래 61년 만에 이루어졌다.

그런데 1996년에 실현된 여성 안수가 곧 교회 안에서 남녀(여남) 평등의
실현이라는 의미는 결코 아니었다. 여성 안수는 교회 여성에게 새로운
여정의 시작이었다. 아직도 교회 안에는 남녀 평등의 실현을 위해 여성
들이 힘쓰고 노력해야 할 과제가 산적해 있었다. 이 가운데 하나는 여성
의 리더십 곧 안수 받은 여성 장로와 여성 목사가 교회에서 리더십을 발
휘하여 선한 영향력을 끼치는 일이다.

여성 안수의 실현(1996)

여성 안수의 실현(1996)

1. 여성의 교회 치리권 청원이 실현되기까지

1) 1930년대

1933년에 장로교회 함남(함경남도)노회 소속 교회 여성 104명이 연서로 서명하여 여성의 교회 치리권을 청원하였고, 이 청원을 노회가 받아들여 통과시켰다. 여성도 교회에서 장로가 되어 교회 운영에서 남녀 동등권이 실현되도록 법제화해 달라는 제안이 받아들여졌다. 이어서 교회 여성들은 장로교회 총회(제22회, 1933)에게 "여자에게도 장로의 자격을 부여하라"고 요청했다. 그러나 총회는 장로교회 정치 제5장 3조("장로의 자격: 만 30세 이상 된 남자 중 입교인으로 흠없이 5년 이상을 경과하고 상당한 식견과 통솔력이 있으며, 디모데전서 3:1-7에 해당한 자로 한다.")를 들어 이 요청을 허락하지 않기로 결의했다.

여성들은 이 결의에 굴하지 않았다. 그 이듬해에 함경남도 지역 장로교회 여성 639명이 6월에 열린 제19회 함남노회에서 다시 한 번 여성의 교회 치리권 청원을 연서로 제출했고, 이번에는 한 걸음 더 나아가서 여성에게도 목사의 자격을 부여하라고 청원했다.

여성의 교회 치리권 청원을 지지하는 남성 교역자들이 교단 주간 신문 『기독신보』에 글을 기고했다(장세환 목사. 김춘배 목사 등). 이 입장에 반박하는 글도 역시 『기독신보』에 기고되었다(채정민 목사). 그러자 여성의 교회 치리권에 대한 지면 논쟁이 일어났다. 그런데 장로교 총회는 여성 치리권을 지지하는 입장(김춘배)의 글에 문제점이 있다고 판단했다. 특히 고린도전서 14장 33-34절에 대한 김춘배의 해석을 문제삼았다. "여자는 조용하여라, 여자는 가르치지 말라는 2,000년 전의 한 지방 교회의 교훈과 풍습을 만고불변의 진리로 알고 그러는 것도 아닐 터이다."라고 서술한 김춘배의 글에 대하여 총회의 몇몇 총대들이 이것을 여권 문제로 해석하지 않고 성경의 권위에 도전하는 것으로 이해하면서 문제로 삼은 것이다. 교단 총회의 정치부는 라부열, 부위렴W. F. Bull, 박형룡, 렴봉남, 윤하영 등을 연구위원으로 선임하며 이 안건을 연구하여 총회에 보고하도록 명했다.

연구위원회는 김춘배의 성경 해석이 '오류'라고 보고했다. 그 보고서는 한 걸음 더 나아가서 남자에 대한 여자의 '종속적 지위'를 확정하고 성경을 근거로(창 3:16 등) "여자에게 교권을 허락할 수 없다."고 최종 판정을 내렸다. 이에 김춘배는 위원회의 보고서가 발표되기 전에(1935년 2월) 연구위원회 앞으로 자신의 입장에 대한 석명서釋明書를 내고, 『기독신보』에 게재했던 그 글의 본래 의도는 "성경 해석에 있는 것이 아니라 장로교회 안에 벌써 여자가 교회에서 가르치고 있(다)는 사실에 근거해서" 그러한 현실을 바탕으로 얘기한 것일 뿐이고 그렇지만 그 글로 말미암아 "만약 성경의 권위와 신성을 손損하고 교회에 폐해"가 오면 그 책임을 통감하고 자신의 입장을 '취소'하겠다고 밝혔다.

그리하여 장로교 총회(제24회, 1935)는 약 3년 동안 끌어 온 여성 치리권 청원에 관한 문제를 이렇게 매듭지었다.

2) 1970년

총회는 여성 치리권 청원을 무마하려는 차원에서 교회 안에 권사직을 만들었다. 그런데 권사의 직분이 1960년대 초반까지만 해도 항존직이 아니라 서리집사와 꼭 같았다. 이때 여전도회 전국 연합회 회장을 역임한 신의경이 교단 총회에 건의하여 권사직을 항존직으로 승격시켰으며, 이로써 미흡하나마 교회의 제도 개혁을 이루어 냈다.

1970년에 여전도회 전국 연합회가 전국의 여전도회 노회 연합회로 하여금 소속 노회에다 여성 안수를 청원하게 했다. 이 당시에 여성 안수에 대한 장로교 총회를 지배하는 견해는 여전히 부정적이었다. 그러한 견해의 근거로 신약성경 고린도전서 14장 34절("여자는 교회에서 잠잠하라")과 디모데전서 2장 12절("여자가 가르치는 것과 남자를 주관하는 것을 허락하지 아니하노니")과 3장 2절("감독은 … 한 아내의 남편이 되며")을 들었다. 결국

은 1930년대에 총회를 지배했던 여론에서 한 발자국도 진전되지 못
했다.

그런데 이때부터 아주 조용하게 그리고 천천히 총회 안에서 새로
운 목소리가 일어나기 시작했다. 이 목소리는 "여자는 교회에서 잠
잠하라"는 성경 구절에 대한 새로운 해석이었다. 즉 이 성경 구절은
"직제를 두고 말한 것이 아니라 여자들의 태도를 말한 것이니 장로
가 되지 않아도 이 태도를 버리면 안 되고 장로가 되어도 이 태도로
나가면 성경의 본뜻에 위반되는 것이 아니라"고 이해하고자 했다.
또한 개혁교회의 전통인 만인제사장의 원리에 따라 "여자도 마땅히
장로가 될 수 있다."고 주장했다. 실제로 1971년 장로교 총회(제56회)
는 여성 장로 제도 신설에 대하여 정식으로 안건에 부쳐 투표했다.
그 결과 이 안건에 찬성 94표, 반대 149표로 부결되었다. 비록 부결
되었지만, 총회가 여성 장로 제도에 대하여 처음으로 표결에 부쳤
고, 이것이야말로 전환의 전조前兆였다.

3) 여전도회 전국 연합회의 청원

그 이후로 계속해서 여전도회 전국 연합회는 교단 총회에 '여성
장로 제도 신설'을 청원하였다. 1974년에 여전도회 전국 연합회는
이 청원을 관철시키기 위하여 세미나를 개최하였다. 1월 10일 '한국
장로교와 여성 장로'라는 주제로 세미나를 개최하였는데, 이 자리에
서 발제자들은 각각 여성 장로의 성경적 근거와 제도적 필요성을 주

장했다.

그러나 여전히 총회의 여론을 지배하는 견해는 여성 장로 제도 신설에 관하여 부정적이었다. 그래서 이 청원은 그 이후에도 해마다 번번이 부결되었다. 여전도회는 그 부결이 도대체 어디에 근거한 것인지 설문 조사를 통해 알아보았다. 그 결과 '전통적 남성 우위의 사회 통념 때문'(41%), '성경의 가르침이 아니기 때문'(26%), '신학적 근거가 빈약하기 때문'(14%)이라고 파악되었다. 그런데 이 설문 조사 결과에 대하여 희망적인 해석이 나왔다. 여기에 따르면, 비록 여성 장로 제도 신설에 대하여 여전히 교단 안에서 반대하는 여론이 높기는 해도 1935년 당시에 비하면 총회 총대들의 생각과 의식이 상당히 변화되었다는 것이다. 즉 오늘(1970년대)의 총대들은 여성 장로 제도에 대하여 성경적으로는 그리 크게 문제삼지 않는 추세라고 해석했다. 다만 부결의 주요 원인이 '남성 우위의 가부장적 사회 통념'에 있다고 보았다.

1977년도에 여전도회 전국 연합회가 이제는 정식으로 여성 목사 안수 문제를 총회에 상정하기로 결의했다. 그 이듬해에 창립 50주년 희년(1978)을 맞이한 여전도회 전국 연합회는 "최선을 다해 여성 문제"에 노력을 기울였다. 이 연합회는 여성 안수 문제를 장로교 총회(제63회)에 또다시 상정했다. 총회의 투표 결과, 11표 차이(찬성 197표, 반대 208표)로 청원이 부결되었다. 유감스러운 결과였지만 좌절할 만한 일은 아니었다. 그래서 여전도회 전국 연합회는 사회부 안에 '여성 문제 위원회'를 설치하여 교회 여성의 현안을(여성 안수, 여성 능력 개발, 여성 사회 참여, 교회의 민주화 등) 보다 더 구체적으로 연구하여 실천에 옮기기로 했다. 그리고 이 현안을 교단 내 여러 기관으로 확대시켜 나갔다. 예를 들어 신학교(장로회신학대학교)의 목회자 후보생 과정(신학대학원)에서 '여전도회학' 과목을 가르치도록 했고 또 교회학교의 주일공과책에도 여성 안수를 다루도록 했다. 여전도회 전국 연합회는 미국 장로교 여성 지도자들을 초청하여 그곳 교회의 남녀 평등 문제와 교회 민주화에 관하여 경청했다.

1988년에 창립 60주년을 맞이한 여전도회 전국 연합회는 여성 안수 청원을 관철시키고자 더욱 노력하였다. 간담회를 개최하였고, 여성 문제 연구소를 설치하기로 했고, 특별 기도회를 열었다. 한국 사회의 변화 추세로는 남녀 평등이 여러 방면에서 개선돼 가는 시대였고, 교회에서는 교인 2/3가 여성이었다. 또 한국 장로교(예장통합)와 교류하는 세계의 장로교회들은 이미 여성 안수를 시행하였는데도, 아직 한국 장로교(예장통합)는 여성 안수 청원을 계속 부결시키고 있으니 이제는 반드시 가결되도록 해야 한다고 다짐했다. 그러나 그해의 장로교 총회에서 이 안건이 또다시 부결되었다.

여전도회 전국 연합회는 다시 여성 안수를 거론했다. 1990년에 여전도회 전국 연합회는 전국의 노회 대표(노회장)와 간담회를 갖고 여성 안수에 협조를 구했다. 1992년에는 여성 문제 연구소가 전문 신학자들로 하여금 여성 안수에 관한 논문을 작성케 하여 단행본 『교역과 여성 안수』를 출간했다. 그리고 이 책을 총회의 총대에게 배포하였다.

4) 1994년, 장로교 총회의 여성 안수 결의

여전도회 전국 연합회는 한국 여성의 능력이 남성 못지 않게 탁월한데, 여성의 능력이 교회와 사회에서 제대로 활용되지 못하는 안타까운 현실을 타개하고자 했다. 한국 여성은 지금까지 그가 가진 능력에 비하여 교회 안에서 단지 보조자 역할을 하거나 뒷바라지만 하는 음성적인 역할로 만족해야 했는데, 이것은 남성 중심의 사회적 인습에 따른 관습이었고, 이제는 이러한 관습이 깨어져야 한다고 보았다. 여성이기 때문에, 남성과 꼭 같은 능력이 있고 동등한 학력을 가졌음에도 불구하고, 교회와 사회에서 차별 대우를 받은 일이 이제는 사라져야 한다고 보았다.

이제부터는 남녀가 수평적인 관계에서 함께 일하고 상호 협력하는 파트너십을 이루어야 한다고 보았다. 더욱이 교회에서는 교인의 절대 다수가 여성임에도 불구하고 여성은 교회의 중요한 결정을 내리는 최고 결정 기관인 당회에 참석할 수 없기에 자연히 그 결정에서 소외되었고, 그러한 교회 구조 속에서 여성의 의견은 대다수 배제되어 왔다. 이제는 이것을 당연하다고 여기지 말아야 할 것이다. 이것은 비상식적일 뿐만이 아니라 비성경적이라고 보았다. 사도 바울의 교역을 살펴보더라도 여성들이(뵈뵈 등) 목회 동역자로서 아주 중요한 역할을 하였다는 점을 성경적 근거로 제시했다. 이를 바탕으로 이제는 교회에서 남녀가 수평적인 관계에서 그 역할을 분담해야 할 것인데, 이것이 곧 교회의 민주화라고 말할 수 있다. 교회에서 남녀의 상호 협력적 동역과 여성의 능동적 참여를 위하여 여전도회 전국 연합회는 여성 안수가 반드시 실현되어야 한다고 보았다. 안수란 본디 하나님의 부르심을 받은 사람에게 하나님의 권위로 그 부르심을 확인하면서 직무를 맡기는 교회의 의식인데, 안수 받는 사람이 반드시 남성이어야 한다는 것은 성경적이 아니라고 보았다. 이것은 그저 인간적인 편견일 뿐이지 하나님이 세우신 교회의 질서가 아니라고 보았다.

1994년에 장로교(예장통합) 총회(제79회)는 여성 안수에 관한 안건을 찬반 토론 없이 투표에 부쳤다. 마침내 여성 안수가 61년 만에 총회에서 허락되었다(찬성 701표, 반대 612표, 기권 8표). 한국 장로교에서 남녀 평등이 법제화되는 역사적인 순간이었다. 이것은 총회 총대(남성)의 의식 변화를 반영한 것이었고 또 총회장이(김기수)이 여성 안수 제도화에 대한 강한 의지를 갖고서 총회의 여론을 선도한 결과였다고 평가된다.

그런데 통과해야 할 마지막 관문이 남아 있었다. 총회가 여성 안수를 가결한 다음, 마지막으로 전국의 노회 과반수 이상과 노회원 2/3 이상이 총회의 결의를 통과시켜야 했다. 이 마지막 관문을 통과하기 위하여 여전도회 전국 53개 노회 연합회의 임원들이 한 번 더 큰 수고를 들여야 했다. 노회 연합회를 지원하는 전국 연합회는 여러 차례 협의회, 간담회, 기도회, 방송국 홍보 등을 개최했다. 1995년 3월부터 장로교회 노회가 여성 안수 헌의를 놓고 투표하였다. 그 결과 여성의 목사 자격에 관하여 찬성 73.8% 또 여성의 장로 자격에 관하여 찬성 74.4%를 얻었다. 이로써 실로 62년 만에 한국 장로교회의 '여성 안수 법제화'가 이루어졌다. 전국의 교회 여성과 여전도회 회원들이 더불어 기뻐하며 자축했다. 1995년 8월 29일부터 9월 1일까지 여전도회 전국 연합회는 총회 및 여성 안수 축하 기념 대회를 '세계로 향한 선교 여성'이라는 주제로 성대히 거행되었다.

2. 여성 장로와 여성 목사의 임직(1996)

여성 안수 법제화가 공포된 지 11개월 만에 한국 장로교(예장통합교단) 첫 번째 여성 장로가 탄생했다. 1996년 4월 28일 서울노회 안동교회에서 여성 장로 박숙란이 임직했다. 그 뒤를 이어서 5월 12일 영등포노회 갈릴리교회에서, 5월 19일 경기노회 경민교회에서, 6월 2일 안양노회 신성교회에서, 6월 9일 강남노회 현대교회에서 각각 여성 장로가 임직했다.

또한 10월 8일에 첫 여성 목사가 탄생했다. 울산노회 동신교회에서 첫 여성 목사인 박진숙 목사의 임직식이 거행되었다. 그 뒤를 이어서 10월 9일 영주노회에서, 10월 23일 평북노회에서, 10월 25일 서울노회에서, 10월 29일 영등포노회에서, 11월 4일에는 서울동노회에서 여성 교역자가 각각 목사로 안수 받아 임직했다.

여성 안수와 더불어 적어도 장로교회(예장통합) 안에서는 여성과 남성이 수평적인 동역을 하게 되었다. 교회 여성은 이를 위하여 능력을 개발하되 여성의 특성인 '섬세함, 따뜻함, 부드러운 온유와 겸손'을 이전보다 더 발전시켜야 할 것이다. 남녀의 수평적 동역이 어떠한 경우에도 대립과 투쟁의 적대 관계로 바뀌지 말아야 할 것이다. 여성은 여성의 특성인 '모성'母性으로써 생명과 사랑의 신앙 공동체를 이루어 가야 할 것이다. 교회와 가정과 사회에서 교회 여성은 예수 그리스도 안에 있는 생명과 사랑의 문화가 싹트고 자라서 이 문화가 세상의 소금과 빛의 역할을 해야 할 것이다. 기존 문화를 변혁시키는 생명과 사랑의 문화는 인간 존엄성을 존중하는 자유에 바탕을 둔 문화, 상호 소통의 문화, 정직이 지배하는 문화 등으로 형성되기를 기대한다.

20세기 말에 한국 장로교(예장통합) 총회는 세계 모든 인류와 모든 피조물이 직면해 있는 생명 위협 현실에 대응하는 선교 비전(Vision)을 세웠다. 총회(제84회, 1999)는 "하나님의 영광을 위하여 모든 피조물이 더불어 살아가는 지구 생명 공동체"를 정책 제안서로 발표하였다. 2년 뒤에 총회는 '생명 살리기 운동'을 결의하고 이제부터 향후 10년 동안(2002-2012) 전개될 이 운동을 선포했다.

2013년 한국 교회는 세계교회협의회(WCC) 제10차 부산 총회(2013년 10월)를 준비하고 있다. 이와 관련하여 한국 교회를 향한 세계 교회의 기대가 크다고 본다. 그것은 섬김의 리더십인데, 한국 교회가 땅에 임하는 하나님 나라를 섬기면서 세계 교회를 이끌어 가는 것이다. 이를 위하여 한국 교회는 계속해서 세계 온누리에 흩어져 있는 교회들의 연대와 연합 운동(에큐메니컬)을 위해 스스로 갱신하면서 앞으로 나아가야 할 것이다.

제 16강

생명 살리기 운동,
세계교회협의회(WCC) 부산 총회(2013)

생명 살리기 운동,
세계교회협의회(WCC) 부산 총회(2013)

1. 하나님 나라를 위한 생명 살리기 운동

생명 살리기 운동에 바탕이 된 신학은 생명신학이다. 이 신학은
지나온 20세기 동안에 생명 죽임의 문화가 인간의 삶을 지배하고
있다는 반성에서 비롯되었다. 특히 그 당시의 냉전 시대엔 서양을
비롯하여 전 세계가 동東(공산 진영)과 서西(자유 진영)로 양립하여 이념적
으로 대립하고 또 정치적·군사적으로 대립했다. 그러다가 동유럽
공산당 정권이 몰락하면서(1989) 냉전 시대가 종식되었다. 그 정권의
몰락으로 공산주의 계획 경제 체제에게 승리를 거둔 듯 자본주의 경
제 체제가 전 세계로 확산되었고, 이에 맘몬物神이 인간의 삶을 지배
하면서 점차 많은 사람들의 심성이 물화되었고 또 물신을 숭배하는
지경에 이르렀다. 더불어 개발과 발전의 이름으로 진행된 산업화로

말미암아 이제는 지구 환경이 오염되고 생태계의 파괴가 심각한 상태에 이르렀다. 이제는 전 지구에서 살아 숨쉬는 모든 생명체가 생존의 위기로 내몰리게 되었다. 이러한 위기 상황은 21세기의 인류가 풀어 나가야 할 최대 과제로서 생명의 문제를 의식하게 했다. 한국 장로교(예장통합)는 이 과제를 새로운 선교 비전으로 풀어 내고자 했다. 이것이 생명 살리기 운동의 배경이었다. 생명 죽임의 현실에 맞서서 예수 그리스도의 생명 복음을 증언하고자 했다.

한국 장로교(예장통합) 총회의 생명살리기 운동은 10가지의 사업으로 추진되었다. 1) 일치와 갱신 2) 민족 복음화 3) 사회 선교 4) 세계 선교와 에큐메니컬 연대 5) 교육 목회 및 훈련 6) 신앙과 경제 7) 한반도에서 나눔과 평화 8) 기독교와 문화 9) 정보화 시대의 언론 홍보 10) 지탱·지속 가능한 성장을 위한 기본 정책 등이다. 그 이후로 이 운동은 '정책 총회, 사업 노회'의 원칙에 따라 실천되었다. 즉 총회는 2006년부터 향후 2년 동안 전국 43개 노회와 1개의 지역 노회 선교 협의회가 이 운동을 실천하도록 지원했다.

생명 살리기 운동과 관련된 세계 교회의 연합과 일치(에큐메니컬) 운동을 살펴보자면, 세계교회협의회WCC 제1차 총회(1948)가 개최된 시점은 전 세계적으로 냉전 체제가 구축되던 때였다. 이때 미국 장로교회의 총대 덜레스John Foster Dulles(나중에 미국 국무장관이 됨)와 체코슬로바키아 신학자 로마드카Josef Hromadka가 논쟁하였는데, 덜레스는 자본주의의 우월성을 주장했고, 로마드카는 공산주의를 변호했다. 회의 장소에 긴장감이 팽팽해졌다. 그러나 세계교회협의회 총회는 공산주의와 자본주의 사이에서 양자택일을 고려할 필요가 없다고 보면서 어떠한 체제에서든 그 속에서 교회가 감당해야 할 책임성 곧 (교회의) 사회적 책임을 촉구하였다.

1966년에 영국 스완위크Swanwick에서 세계교회협의회가 교회의 사회 봉사diakonia가 나아갈 새로운 길에 관하여 논의했다. 교회의 사회 봉사가 이제부터 단순한 '시혜'의 차원을 넘어 실제로 사회 발전에 기여할 수 있는 프로그램을 마련해야 한다는 점이 강조되었다. 이를 실천하기 위하여 세계교회협의회 산하에 교회와 사회 협의회 Conference on Church and Society가 조직되었다. 이 협의회의 우선적인 과제는 급격한 변화 속에 있는 인류의 문화·정치·경제·과학 기술에 대한 자세한 분석과 정보 제공이었다. 협의회 회원(420명) 대다수가 전문 영역에 종사하는 평신도였다.

1968년 스웨덴 웁살라Uppsala에서 열린 세계교회협의회 총회는 경제 정의 문제와 사회 정의 과제를 집중적으로 다루었다. 세계교회협의회는 산아 제한, 식량 증산, 그리고 소득 분배의 정의에 크게 관심을 가졌다. 경제적으로 또 사회적으로 정의롭지 못한 국제 현실을 파악한 총회는 소위 개발 도상국의 '개발'에 관하여 깊이 토의하였다. 참석자들은 개발의 목표를 정의, 자기 신뢰self-reliance, 경제 성장에 두어야 한다고 보았다. 이를 위하여 세계 교회는 온 지구촌에서 가난한 자와 눌린 자가 고통받으며 투쟁하는 현장으로 가서 그들과 연대해야 한다고 보았다. 세계교회협의회는 이에 '교회 개발 참여 위원회'CCPD=Commission on the Churches' Participation in Development를 조직했다. 이 위원회는 개발 현장 조사를 바탕으로 연구 자료집을 출판했고, 또 그 현장에서 기술(식량 증산)을 지도하고 재정을 지원했다. 이것이 경제 정의와 사회 정의를 위한 지역 에큐메니컬 운동으로 전개되었다.

1975년 케냐의 나이로비Nairobi에서 열린 세계교회협의회 총회 이후, 세계교회협의회는 "공정하게 (누구나) 참여할 수 있고 또 지속 가능한 사회"JPSS=Just,Participatory and Sustainable Society를 추구하였다. 총회는 과학과 기술의 발전이 사회에 미치는 영향을 알아보는 데 주력했다. 약 3년 동안 신학자들과 과학자들이 예비 연구를 진행한 다음에, 1979년 7월 세계교회협의회는 미국 보스턴 공과대학MIT에서 '신앙, 과학 그리고 미래'라는 주제로 회의를 개최하였다. 이때 신앙과 과학의 관계성에 관한 논쟁이 새롭게 전개되었다. 제3세계에서 온 참석자들은 산업화를 이룬 선진국들이 "군비 확장과 무기 개발을 위하여 또 경제적 이득을 위하여" 고도의 과학 기술을 이용한다고 지적했고 이 현실이 자칫 인류에게 '커다란 고통'을 안겨다 줄 것이라 경고했다. 또 다수의 과학자들은 세계 강대국이 핵무기 개발 경쟁을 중단해야 한다고 호소하였다. 이 호소는 핵무기 개발에 드는 비용을 줄이자는 여론을 국제적으로 환기시켰다. 또 핵무기의 생산과 사용은 전 인류에 대한 범죄 행위라는 여론도 불러일으켰다.

1983년 캐나다 밴쿠버Vancouver에서 열린 세계교회협의회 총회는 정의와 평화가 따로 분리되지 않고 마치 수레의 두 바퀴처럼 함께 가는 것이라 파악했다. 또한 세계교회협의회는 이제까지 긍정적으로 평가해 온 개발 도상국의 '개발'에 대하여 심각한 문제점을 지적했다. 왜냐하면 개발 도상국의 가난한 사람들이 개발을 통해 그 삶이 개선되는 것이 아니라 오히려 이전보다 더 악화되면서 주변으로 밀려나는 현상을 파악하기 때문이었다. 그래서 세계교회협의회는 교회의 사회 봉사diakonia를 다시 생각하였다. 교회의 사회 봉사란 "(삶의) 고통을 함께 나누고 이것을 이겨 내도록 용기를 불어넣어 주는 것"이라 정의했다. '나눔'이 주요한 의제가 되었다. 또 피부에 직접 와 닿는 물질(돈)의 나눔과 함께 눈에 보이지 않는 영적 나눔과 문화적 나눔이 병행되어야 한다고 보았다. 나눔에서 가장 중요한 덕목은 고통 분담이라고 강조했다.

이러한 과정 속에서, 세계교회협의회는 '정의, 평화 그리고 창조 질서의 보존'(이하 JPIC=Justice,Peace,Integrity of Creation)을 주요한 의제로 파악하게 되었다. 정의와 평화에 대한 논의는 이제까지 세계 교회의 에큐메니컬 운동에서 언제나 중요한 주제였고, 그런데 창조 질서의 보존은 새로이 채택된 주제였다. 1990년 3월 한국의 서울에서 JPIC 국제 대회를 개최하였다. 1991년 호주 캔버라Canberra에서 개최된 세계교회협의회 총회는, 이때 중동의 걸프만에서 벌어지고 있는 전쟁과 관련하여, 전쟁에 특별한 관심을 보였다. 세계교회협의회는 인류를 포함한 모든 피조물이 생명의 위협을 받고 있는 현실을 직시했다. 전쟁으로 말미암아 피조 세계가 생명의 위협을 받고 있다는 뜻이다. 세계교회협의회는 세상 모든 피조물을 창조하신 하나님을 새로이 고백하면서 이제는 그 하나님이 지으신 피조 세계의 생명을 보존하신다고 확신했다.

1998년 아프리카 짐바브웨의 수도 하라레Harare에서 열린 세계교회협의회 총회는 서양(미국, 유럽)의 물질적 풍요로움은 다른 대륙의 희생 위에 그 대가로 누리는 것이라고 파악하면서 소위 제1세계 국가들에게 회개(돌이킴)를 촉구했다. 총회는 온 세상에 정의에 기반한 경제 체제가 구축되도록 기도드렸다. 이번 총회는 부채 국가들의 빚 탕감 문제에 각별한 관심을 가졌다. 개막 환영사에서 짐바브웨 교회의 총회장은 이 나라의 경제 위기, 착취, 부정 부패로 말미암은 그리스도인의 고통을 호소했다.

2006년 브라질 포르토 알레그레(Porto Alegre)에서 열린 세계교회협의회 제9차 총회는 하나님의 은총 가운데서 세상이 변화되어야 한다는 열망을 담았다. 총회는 현대 세계가 정치, 경제, 과학 기술, 사상과 신념 체계 등에서 새로운 패러다임으로 변혁되어야 한다고 강조했다. 총회는 1998년 하라레 총회에서 정한 '폭력 극복 10년' 운동을 점검하면서 '화해와 평화를 추구하는 교회'(2000-2010)를 다시 확인했다.

2013년 제10차 부산 총회를 준비하는 세계교회협의회는 6가지 프로그램을 설정했는데 여기에는 '정의, 섬김, 그리고 피조 세계에 대한 책임'이 포함되어 있다. 세계교회협의회는 인간의 궁핍을 해결하고 불의한 현실을 해소하고 또 날이 갈수록 악화되는 창조 질서의 파괴와 이에 따른 피조물의 생존 위기에 대응하는 교회의 선교 과제를 강조했다.

세계교회협의회의 에큐메니컬 운동과 나란히, 세계개혁교회연맹(WARC)은 보다 더 분명하게 세계의 경제 개발이 환경 오염과 생태계의 위기를 초래하고 심화시킨다고 경고했다. 즉 마구잡이 난개발이 하나님의 창조 질서를 훼손하고 있으므로 이 땅에 하나님의 공의를 세우는 새 언약이 시급하다고 선포했다. 이러한 선포가 아프리카 가나의 아크라Accra에서 열린 제24차 총회(2004)에서 소위 '아크라 신앙고백'('경제와 창조 세계의 정의를 위한 계약')으로 나왔다. 이 선언에서는 빈부 격차에 따른 양극화 현상과 가난한 나라의 외채 문제는 세계의 정의롭지 못한 경제 구조에 그 원인이 있다고 분석했다. 또 신자유주의 경제 체제를 비판하면서 "무한 경쟁, 소비주의, 부의 무제한 축재蓄財, 투기 자본, 시장의 탈규제화, 공기업의 민영화, 규제 없는 외국 자본의 투기, 통제받지 않는 자본의 자유 이동" 등을 공격했다. 그러면서 정의에 기초하여 평화로 나아가는 생명 공동체를 위한 계약(하나님과 모든 피조물 사이의 계약)을 제안했다.

2. 세계교회협의회(WCC) 제10차 부산 총회, 그 이후 전망

2013년 한국 교회는 세계교회협의회WCC 제10차 부산 총회(2013년 10월)를 준비하고 있다. 아직도 여전히―1950년대 후반처럼―한국 장로교의 일부 교단들은 세계교회협의회가 초대형 단일 교회super church를 지향한다고 오해하고 있는데, 이 점을 분명히 정리해야 할 필요가 있다.[35] 세계교회협의회의 헌장에 보면 "WCC(세계교회협의회)는 (온 세계에 흩어져 있는) 교회들의 '교제'fellowship"라고 했다. WCC는 "세계 교회들의 코이노니아(교제)이며 '초대형 세계 단일 교회'a global 'super-church'를 지향하지 않는다."고 명시했다. 1950년에 세계교회협의회 중앙 위원회는 교회가 무엇인지 발표했는데, 교회란 신약성경의 '예수 그리스도의 교회', '하나님의 백성', '그리스도의 몸', 그리고 '성령의 전'을 뜻하며 니케아-콘스탄티노플 신조(주후 381년)가 고백한 "하나의 거룩하며 보편적이고 사도적인 교회"라고 밝혔다. 이것은 교회의 통일성Unity을 뜻하는바, 온 세계에 흩어져 있는 다양한 교회들이 지향하는 통일성을 뜻한다. 교회의 통일성은 예수 그리스도 안에서 나누는(소통하는) 코이노니아(교제)를 뜻한다. 1993년에 세계교회협의회 신앙과 직제 위원회는 세계 모든 교회들이 공동으로 고백하는 '사도적 신앙'을 확인하면서 코이노니아를 추구한다고 했다. 코이노니아는 신약성경과 교부들과 종교개혁자들의 글에서 밝힌바 "성만찬, 공동체, 연합, 참여, 사귐, 나눔, 연대성"이다.

이러한 에큐메니컬 교회론을 바탕으로, 세계교회협의회의 회원이 된 교회들은 각자의 다양성을 서로서로 인정하는 가운데서 코이노니아를 추구하고 있다. 이를 통해 가시적可視的 통일성을 추구하고 있는데, 가시적이란 사도들이 선포한 예수 그리스도의 복음과 니케아-콘스탄티노플 신조의 사도적 신앙을 온 세계의 교회들이 다 함께 고백하는 가운데 하나의 협의체Council를 만들어서 세상(오이쿠메네, oikoumene)을 향해 복음을 전하며 삼위일체 하나님의 선교에 동참한다는 뜻이다 신약성경에서는 오이쿠메네가 '사람들이 거주하는 온 세상(세계)'이란 뜻으로 사용되었다(마 24:14, 눅 4:5, 21:26, 행 11:28, 17:31, 19:27, 롬 10:18, 히 1:6, 2:5, 계 3:10). 흥미로운 점은 생태계ecology와 경제economy도 '거주하다'oikeo와 '집'oikos과 동일한 어원을 갖고 있다. 이렇게 상호 연관된 단어들의 뜻을 바탕으로 하여, 세계 교회의 에큐메니켤 운동은 '모든 인류가 더불어 사는 지구(세계)의 살림살이'를 다루어 왔다.

한국 장로교회들이 공동으로 공유하는 개혁교회의 유산인 칼뱅Jean Calvin의 교회론도 동일한 내용을 언급했다. 그는 1541년 독일 레겐스부르크Regensburg에서 가진 대화 모임 직후에 쓴 글에서 "교회란 어느 시대 어느 곳에서나 하나님 백성의 모임(에클레시아)인데, 그 백성은 참되고 보편적인 사도들의 신앙 가르침에 따라 다 함께 하나의 신앙을 고백하고 하나의 가르침을 받으며 하나의 성만찬에 참여하는 부르심을 입었다."고 했다. 칼뱅이 강조한 '일치'는 조화condordia를 뜻한다.

지금(2013) 한국 장로교는 현재와 미래의 교회를 놓고 고민하고 있다. 개신교 다수의 교파들은 산업화 시대에 진행된 엄청난 교회 성장이 1990년대 중반 이래로 둔화鈍化되는 경험을 하였고 또 최근에는 교인 수의 감소를 염려하고 있다. 교회들은 다음 세대의 교회를 불안해하면서 교인 수의 급격한 감소 현상이 일어나지 않기를 바라고 있다. 2005년도에는 10년 전(1995) 대비 개신교 교인 14만 4천 명이 감소했다는 통계가 발표되었다.

이러한 위기를 감지한 교회 지도자들은 이를 타개하고 극복하기 위해 교회 부흥 운동을 새롭게 전개하였다. 1907년 '평양 대각성 부흥 운동' 일백주년을 기념하여 개신교 교단들과 교회들이 부흥 운동을 펼쳤다. 장로교(예장통합) 총회는 2008년 '예장 300만 성도 운동'이라는 이름으로 전도 운동을 시작했다. 이 운동은 교단 총회가 이

전에 이미 전개했던 '만사(1만 교회 4백만 성도) 운동', '100만인 전도 운동', '어린이·청소년 전도 운동'과 연계되었고, 또 이 운동은 교회의 사회적 신뢰도가 추락되고 있다는 위기감 속에서 교회의 공공성과 사회 공적 책임 의식이 반영된 전도 운동이었다. 이 운동은 이와 관련하여 교회 갱신을 통한 부흥을 추구했다. 그러나 이 전도 운동은 산업화 시대의 물량적 교회 성장을 추구했던 그 틀을 떨쳐 내지 못했다고 본다.

이러한 상황에서 "개혁된 교회는 항상 새롭게 개혁되어야 한다."는 개혁교회의 원리가 지금의 한국 장로교회에게 여전히 중요하고, 또 세계교회협의회wcc 제10차 부산 총회의 주제인 "생명의 하나님, 우리를 정의와 평화로 이끄소서!"가 한국 장로교회에게 일정 기간 이정표를 제시할 것으로 본다. 생명의 하나님이 한국 교회로 하여금 "그리스도 예수 안에 있는 생명의 성령"(롬 8:2)을 따르도록 인도하시길 깨어 있는 성도들이 기도해야 할 것이다. 성령의 인도하심 속에서 "그리스도 예수의 사람들은 육체와 함께 그 정욕과 탐심을 십자가에 못 박아야"(갈 5:24) 할 것이며 그리고 '사랑, 희락, 화평' 등의 열매를 맺어야 한다. 이것이 교회 갱신의 당면 과제라고 본다.

지금(2013) 한국 교회는 향후 전개될 세계 교회의 연대와 연합 운동(에큐메니컬)을 준비해야 할 것이다. 이를 위하여 세계 교회의 현주소를 먼저 살펴보고자 한다. 최근 100년 동안에 세계 기독교와 교회는 엄청난 변화를 경험하고 있다. 유럽·북미의 교회가 급격하게 쇠퇴하고, 상대적으로 아프리카와 아시아의 교회가 급성장하였다. 기독교의 무게 중심이 '북北에서 남南으로' 옮겨졌고, 유럽·북미가 세계 선교의 중심이던 기독교 패러다임은 이제 지나갔다고 본다. 포스트-모던post-modern 시대에 기독교의 중앙 혹은 중심 지역이란 더 이상 존재하지 않고, 그 대신 세계 각 지역마다 교회들이 저마다 저 나름의 중심으로 자리잡는 현실이 되었다. 유럽과 북미의 제도 교회Institut(교구 중심의 교회)가 전통이 깊은 기독교임에도 불구하고 쇠퇴하는 현상을 이미 세계교회협의회 제9차 총회(2006년, 포르토 알레그레)가 심도 있게 논의했다. 아시아, 아프리카, 남미, 미국 등지에서는 교파의 색채나 교단의 소속감이 희박한 대형 교회mega-Church가 등장하였고 유사 교회para-Church도 등장했다. 오순절 교회가 전 세계적으로 크게 부흥했다.

포스트-모던 시대에 중심과 중앙(기독교의 중심 지역, 주류 교회)이 없어지는 현상, 지역마다 그 지역의 지역성에 따른 다양성과 차이의 부각, 다양성의 인정에 따른 다원화 상황에서 상대주의Relativism를 승인, 다양성과 차이에서 요청되는 쌍방 소통Intercommunication의 강조, 문자(활자) 문명 시대의 퇴조와 시각visual적 영상 문화의 부상, 그리고 디지털 문명(인터넷, 유튜브, UCC 등)은 삶의 모든 방면을 다시 구성하고 새로이 조직하게 한다. 이러한 시대 흐름에 상응하는 교회의 자기 인식이 요청되고, 교회의 연합과 일치 운동 또한 재고再考를 요청받고 있다.

세상 곧 오이쿠메네의 변화도 살펴보고자 한다. 2013년 전후로 세계 여러 나라에서(한국, 북한, 미국, 중국, 프랑스, 러시아) 국가 지도자가 교체되고 있다. 이에 따라 세계의 경제와 정치 등 여러 방면에서 새로운 지도력이 요청되고 있다. 최근 수년 동안 세계 경제가 불안한 상태를 이어 왔는데, 마침내 2012년 1월 세계 경제 포럼(다보스포럼)에서는 자본주의 체제의 위기를 인정하였다. 이 자리에서는 그 위기 해결과 지속 가능한 발전을 위해 '사회 혁신'이 강조되었다.[36] 성장 일변도 경제보다는 협력協力과 상생相生의 경제로, 또 소유보다는 공유共有에 기반을 둔 '사회적 경제'(사회적 기업, 협동조합 등)가 요청되고 있다. 경제체제의 새로운 패러다임이 형성될 전망이다. 정치적으로는 특별히 아시아의 평화 공존이 요청되고 있다. 아시아에는 지금 영토 분쟁으로 말미암아 긴장감이 높아지고 있는데,[37] 분열과 대립을 극복하고 더불어 사는 아시아 공동체를 모색해야 한다는 목소리도 높아지고 있다.

먼저 확인되는 점이 있는데, 제도Institute로서 존립하는 교회의 쇠퇴와 관련하여 연합 기관 협의체Council들도 쇠퇴하려는 상황에 처해 있다. 세계교회협의회를 비롯하여 여러 협의체가 직원과 재정 등 여러 방면으로 심각한 위기를 맞이하였다. 한국 교회(개신교) 연합 운동도 역시 협의체 중심의 연합 사업을 130년 전통으로 간직해 왔는데, 이제는 이러한 형태의 연합 운동이 위축되고 있다. 이 현실을 극복할 수 있는 대안을 궁리할 수 있다고 본다.

첫째로 한국 교회(개신교)의 연합 운동(에큐메니컬 운동)은 이제부터 포럼Forum 중심으로 교회 협력과 연합을 추진하면 바람직할 것이라 본다.[38] 이 운동은 이제까지보다 더 깊이 교회와 사회의 현장 속으로 들어가야 할 것이고, 그리고 현장에서 제기되는 다양한 문제를 공론의 장으로 끌어와야 한다고 본다. 이 공론의 장은 요즘 식으로 표현으로 하면 쌍방 통행 시대(웹2.0/3.0, UCC)의 열린 광장이라 할 수 있다.

둘째로 포럼 중심의 연합 운동과 관련하여 이제는—기구(조직) 중심이 아니라—사람과 사람의 연대가 이 운동의 주축이 되리라 전망한다. 사람들이 서로 머리를 맞대어 의논하고 손을 맞잡고 함께 나가는 연대와 연합 활동인데, 공동의 비전Vision(믿음-소망-사랑)이 연합 활동을 이끌어 간다. 여기에는 논쟁과 파벌이 끼여들어 올 여지가 없을 것이다. 이것이야말로 1925년 스웨덴 스톡홀롬에서 루터교회 대주교 죄드블롬Nathan Soederblom이 제창하여 결성된 에큐메니컬 '삶과 봉사'Life & Work의 정신 곧 "논쟁은 분열을 일으키지만 섬김(디아코니아)은 서로 연합하게 한다."는 연합 정신을 계승하는 것이다.

셋째로 한국 교회의 전통인 교회의 공공성과 교회의 사회 공적 책임을 계승하는 연합 운동이 더욱 강화되어야 할 것이다. 이를 위하여 교회가 지역 사회 현장 속으로 깊이 들어가서, 그리스도의 사랑이 교회 밖 이웃에게 복음의 능력으로 드러나고 이와 함께 하나님 나라가 세상 속에서 증언되어야 할 것이다. 그리하여 교회의 지역이 되고 또 지역의 교회가 되어, 교회와 지역이 상호 쌍방 소통하게 되는데, 이제부터는 지역 주민들이 교회로 인도되는 전도의 대상이 아니고 교회가 지역을 섬기는 가운데서 그들과 이웃이 되고 마을 공동체가 되는 것이다. 또한 지역의 현안을 해결하기 위하여 그 지역의 교회들이 함께 연대할 수도 있다. 교회가 그 동네(마을)의 교회로 거듭나는 과정에서, 교회는 관공서나 시민 단체들과 협력하여 인적 자원과 물적 기반을 '공유'하며 지역의 현안을 해결할 수 있다고 전망한다.

그런 점에서 에큐메니컬 운동의 교회론인 코이노니아(교제·연대,

fellowship)가 디아코니아(섬김·나눔의 Diakonia)와 함께 나아갈 것이다. '사람과 사람의 연대'인 코이노니아와 '교회와 지역의 소통'인 디아코니아는 동전의 양면과 같기도 하고 상호 내주內住하기도 하는 하나의 몸이다.

주註

1 금성출판사가 발간한 고등학교 『한국 근·현대사』 제5판(2008) 128쪽에 따르면, 원산학사는 개항지 원산의 주민들이 "상공업 분야에서 일본인들에게 뒤떨어진 다."고 자각한 나머지 "덕원 읍민의 자발적인 참여와 개화파 인물인 덕원부사 정 현석의 도움"으로 시작되었다고 한다. 이 학교는 전통 학문(한문)을 가르치는 한 편 당시로서는 전혀 새로운 학문인 신교육(과학, 기계, 농업, 일어, 법률, 세계 역사, 지 리 등)을 시켰다고 한다. 이를 통하여 "유교 경전에 밝으면서도 서양의 문물을 배 워 실생활에 활용할 수 있는 인재를 양성하는 데 목적을 두었다."고 한다. 그런데 이때 가르쳤던 신교육의 교재가 무엇이고 또 그 내용이 어떻게 구성되었으며, 이 학교에서 가르친 선생들이 어디에서 어떻게 신교육을 미리 익혀서 수업에 임했 는지 매우 궁금하다. 이러한 이유 때문에 필자는 원산학사를 최초의 한국 근대식 학교로 소개하기엔 좀 더 알아볼 것이 많다고 생각한다.

2 이만열 편, 『아펜젤러』, 연세대 출판부, 1985, 287. 재인용, 이만열·옥성득 편역, 『언더우드 자료집 I』, 연세대 출판부, 2005, 34.

3 첫 두 장로가 누구였는지 자료상 확인되지 않는다고 한다. 이 가운데 한 명은 1890년 출교되었고, 한 명은 치리를 받아 장로 자격을 박탈당했다. 이만열·옥성 득 편역, 『언더우드자료집 I』, 77.

4 언더우드는 이 무렵 네비우스 방법을 나름대로 연구하여 한국 상황에 맞게 적용 시키려 했다. 이만열·옥성득 편저, 『언더우드 자료집 I』, 96.

5 선교 정책에 관한 정리는 다음의 글을 주로 의지했다. Richard H. Baird, *William M. Baird of Korea, A Profile*(1968).

6 3장 이하에서는 다음의 책을 많이 참조하며 인용했다. 『대한성서공회사 I: 조직· 성장과 수난』 (서울: 대한성서공회, 1993), 특히 37쪽 이하.

7 류대영·옥성득·이만열 공저, 『대한성서공회사 II: 번역·반포와 권서 사업』 (서 울:대한성서공회, 1994)

8 『대한성서공회사 I』, 154.

9 이만열·옥성득 편역, 『언더우드 자료집 I』, 33.

10 『대한성서공회사 I』, 245.

11 김중은, 『구약의 말씀과 현실』 (서울: 한국성서학연구소, 1996), 61-76.

12 이덕주, "한글성서 번역사 개관", 한영제 편, 『한국 성서 찬송가 100년』 (서울 : 기독교문사), 31-34.

13 H. Zwingli, "die Klarheit und Gewissheit des Wortes Gottes," In *Huldrych Zwingli Schriften I*, hg. von Thomas Brunnschweiler u. Samuel Lutz. Zuerich: Theologischer Verlag, 1995, 105-54.

14 이 말 속에 오리엔탈리즘이 배어 있는지 살펴보아야 할 것이다. 아무튼 게일은 예수가 붓다나 공자와 달리 여성의 인권을 깨우친 분이라 보았다. Blanche I. Stevens, "Contribution to the Christian Movement of Educational Work for Young Women", *The Fiftieth Anniversary Celebration of the Korea Mission of the Presbyterian Church in the U.S.A.* (June 30-July 3, 1934), 145.

15 이제부터는 서원모 교수가 정리한 바(미간행 논문) 1992년에 제정된 장로교 헌법을 중심으로 정치 원리를 요약하고자 한다.

16 교회 직원은 이 신앙고백서의 모든 내용에 동의하지는 않을지라도 본질적인 사항을 받아들이도록 요구된다. 또한 신앙고백서는 성경에 종속되지만 신앙과 행동의 표준이 되기 때문에, 신앙고백서에서 표현된 신앙과 심각하게 어긋날 때에는 치리회에 의해 치리를 받을 수 있다. 이러한 치리의 근거는 임직 서약인데, 1922년 정치의 임직 서약에는 장로교회 신경과 요리문답, 정치와 권징을 받아들일 것이냐는 내용이 포함되어 있다(제13장 제3항[치리 장로와 집사], 제15장 제12항[목사와 선교사]). 이런 의미에서 장로교 정치는 하나님만이 양심의 주인이며, 종교와 관련된 문제에서 개인적 판단을 내릴 수 있는 권리는 보편적이고 침해할 수 없다고 고백하면서도(1922년 정치 제1장 제1항), 교회 직원의 경우에는 이 양심의 자유가 제한된 범위 안에서, 즉 신앙고백서와 규례서의 범위 안에서 행사되어야 한다고 규정한다.

17 『신학지남』, 1933. 3, 31.

18 『조선예수교장로회 총회 제27회 회록』(1938).

19 조만식의 생애 마지막에 관하여 림인식 목사가 다음과 같이 증언했다(2011년 11월 29일). "조만식은 북한 주둔 소련군 사령관의 회유("조선의 스탈린을 만들어 주겠다.")를 거절했고 또 신탁 통치를 반대했다. 그는 평양 고려호텔에 감금되었다. 그에게 부인 전선애(田善愛)가 두 아들과 함께 면회 갔는데, 가족이 함께 찬송(하늘 가는 밝은 길이)을 부르고 나서, 그가 부인에게 봉투를 건네었는데, 거기에는 조만식의 글씨 "서기 1946년 3월 10일"(단기 4279년 3월 10일)과 함께 머리털과 손톱 발톱이 들어 있었다. 죽음을 각오한 그는 찬송으로 유언하고 자신의 신체 일부를 가족에게 건네었다."

20 베다니전도교회는 1946년 11월 바울교회, 야고보교회와 더불어 경기노회에 교

회 설립 가입 청원서를 냈다. 경기노회는 지역명(동네 이름)에 따라 교회 이름을 지을 것으로 제안했다. 이에 베다니교회는 영락교회로, 바울교회는 성남교회로, 야고보교회는 경동교회로 이름을 바꾸었다.

21 1950년 9월 18일 개신교의 장로교, 감리교, 성결교, 구세군, 그리고 천주교가 연합하여 군종 제도의 도입을 위한 '군종 제도 추진 위원회'를 결성하였고, 위원회의 대표들이(한경직, 류형기, 캐롤: 천주교) 대통령을 두 차례 방문하여 군종 제도 도입을 청원하였다. 1950년 12월 21일 대통령 비서실 지시 국방신 제29호로 군종 목사 제도가 한국군 안에 실시되었다. 1951년 2월 7일 육군 일반 명령 제31호로 육군 본부 인사 군내 군승과가 설치되어 군내 종교 활동이 실시되었다. 참고: 임희국, 『작은 돌 큰 울림: 임옥 목사의 생애 목회 신학 사상』 (대한기독교서회, 2008).

22 Harry A. Rhodes, History of the Korea mission. presbyterian church U.S.A. Vol. 2, Seoul, 1934, 157–159.

23 『경안노회 제51회 회록』 1952. 5. 6.

24 Harry A. Rhodes, 위의 책 159.

25 김재준이 1939년에 조선신학교를 개교하면서 밝힌 신학 교육의 이념 5개 항목이 다음과 같다. 1) 조선 교회가 복음 전파에 있어서와 학문적으로도 세계적이 되어야 하고, 2) 이를 위해서 신학교는 경건하면서도 자유로운 연구를 통하여 가장 복음적인 신앙에 도달해야 하며, 3) 교수가 학생의 사상을 억압하면 안 된다. 4) 성경 연구의 예비 지식으로서 성경비판학을 소개해야 하며, 5) 논쟁을 위한 신학이 아니라 신앙과 덕을 세우는 학문의 분위기를 조성해야 한다.

26 1959년에 분열된 장로교회의 두 교단(합동, 통합)은 아직도 분열의 원인을 규명하는 데 서로 다른 관점을 주장한다. 합동측은 세계교회협의회(WCC)의 참여 문제로 야기된 '신학적 차이'가 분열의 주된 원인이라는 입장이고, 통합측은 박형룡 교장과 관련된 '3천만환 사건'이 분열의 직접 원인이라는 입장이다. 합동측은 소위 "3천만환 사건은 어디까지나 분열의 2차적인 원인일 뿐"이라는 입장이고, 통합측은 "세계교회협의회(WCC) 문제는 분열을 위한 명분"이었을 뿐이라는 입장이다.

27 여기에 대하여 선교사 마삼락(Samuel H. Moffet)이 다음과 같이 아주 중요한 점을 지적했다. 먼저, ICCC와 NAE를 구분해야 한다고 그가 역설했다. 그의 설명에 따르면 NAE는 "개인적 관계를 중시하고, 기독인들로 신학적으로 보수적인 친교로 친밀하게 하려는 것"인데, 이것은 세계교회협의회(WCC)와 조화를 이루는 것이다. 세계교회협의회(WCC)는 "모든 교파들을 그리스도 안에서 친밀케 하며 연합시키는 것"이다. 외국에서는 이 두 기관이 사이좋게 지낸다. 그러나 ICCC(International Council of Christian Churches)는 NAE와 전혀 다른 기관이

다. ICCC가 가는 곳 어디에든지 교회를 분열시키고 교인들에게 증오심을 심어주고 있다는 것이다. ICCC의 대표인 매킨타이어(Carl McIntyre)는 처음 미국 북장로교회에서 '정통장로교회'를 갈라져 나갔고, 그 다음은 정통장로교회에서 '성경장로교회'를 갈라져 나갔고, 또 그 다음엔 성경장로교회를 분열시켰다. 이처럼 "그들이 이르는 곳마다 그곳에서 정통을 표방하면서도 교회를 분열시킴으로써 교회를 약하게 만드는 것뿐이다. 그들은 실제 자유주의 경향으로 기울어진 교회에는 아무런 역할을 미치지 못하고 있다." 매킨타이어는 "일찍이 브라질에서도 한국과 같은 분열을 조장한 사람이다." 마삼락, "현대 기독교의 난관과 기회", 朴昌睦, 『世界敎會運動小考』(聖學社, 1957), 4, 14-15.
ICCC는 1948년 암스테르담에서 창립되었다. 주관자는 매킨타이어였다. 그는 오랫동안 회장직을 독점하여 이 단체를 사유화시켰다는 비판을 면치 못하였다. 한국 교회가 이 단체와 관계를 갖게 된 것은 1950년 당시 고신측의 한상동, 박윤선 등이 매킨타이어의 초청으로 미국으로 가서 그가 만든 Faith 신학교에서 명예신학박사 학위를 받고 돌아온 때부터라고 한다.

28 연동측은 전필순, 한경직, 김석찬, 유호준, 이창규, 김광현, 안광국, 김봉준, 최중해, 김형남 등이었다. 승동측은 이인식, 최재하, 이승길, 고성모, 나덕환, 권연호, 박병훈, 명신홍 등이었다. 세계적인 부흥사 빌리 그래함 목사도 11월 16일 날짜의 편지로 "세계 교회가 분열된다 하더라도 한국 교회만은 분열되어서는 아니 되오니 기도와 그리스도의 사랑으로 하나가 되어야 한다."고 간곡히 호소했다.

29 미국의 장로교회는 19세기 미국의 내전(남북 전쟁)으로 인하여 두 개의 장로교회(북·남)로 분열되었다. 이 무렵에 스코틀랜드에서 미국으로 새로 이민 온 장로교회 교인들도 연합장로교회를 조직하였다. 그 이후로 미국의 장로교회는 북장로회, 남장로회, 연합장로회로 갈라져 있었으되 모두 다 스코틀랜드에 뿌리를 두고 있었다. 하나의 줄기에서 나온 세 개의 가지였으므로, 세 개 장로교회 교단들이 합쳐야 한다는 여론이 무르익어 갔다. 교단 교류를 통하여 서로 소통하다가, 1958년에 북장로회와 연합장로회가 완전히 하나로 통합했다. 흥미로운 점은 북장로회가 자신의 교단 이름을 포기하고 연합장로교회로 개칭하였다. 북장로회의 교단 규모가 훨씬 크고 방대했는데도 자기의 이름을 포기했다. 미국 북장로교회가 '연합장로교회'로 그 명칭을 바꾸었고(1958), 이에 한국에 파송된 그 교단의 선교부를 '에큐메니컬 선교부'로 개칭하였다.

30 『대한예수교장로회 총회(통합) 제44회 회의록』(1959), 160.

31 그런데 5월 30일 철야 집회에서는 북한의 해방과 신앙 자유를 위해서 기도했다. 이것이 북한을 자극했다. 그 이튿날(6월 1일) 북한은 이 집회를 "귀신에 매달리려는 귀신의 푸닥거리 놀음"이라 규정하고 "남조선 당국자들이 미국 전도사놈과 작당하여 푸닥거리 놀음을 벌이고 있다."고 비판했다.

32 1972년 10월에 선포된 유신 체제에 맞서야 할 상황에서, 한경직 목사가 유신 반

대 서명의 요구를 받았을 때, 그는 군복음화의 추진을 위해 정권과 대립하는 서명을 할 수 없다고 자신의 입장을 표명했다.

33 당시(2008년도)의 북한 교회는 "주체 체제 속의 교회인데, 국가에 종속되고 국가에 의해 강하게 통제받는 국가 교회이다. 조선 그리스도교 연맹도 국가의 통제를 받아 왔으나 최근에는 점차 독자성이 강화되는 것으로 보인다."

34 북한 교회의 재건을 민족 복음화 차원에서 추진하고자 했다. 이광순 "북한 선교: 쟁점과 과제",『교회와 신학』28호(1996년 4월, 장로회신학대학교), 113. 박순경은 북한 선교에 전제된 반공 기독교는 "자본주의 서양의 세계 지배와 팽창 세력과 유착한 서양 기독교 선교의 유산"이라고 보면서 이러한 선교는 "북한을 남한과 서양의 자본주의 세계로 흡수해 버리는 결과를 초래할 것"이라 비판했다. 그러면서도 그는 북한 선교가 반공 기독교를 전제하지 않는 한 긍정적인 역할을 할 수 있다고 보았다. 박순경,『통일신학의 여정』(서울: 한울, 1992), 117.

35 세계교회협의회(WCC) 부산 총회에 대하여 부정적으로 반응하는 교단들의 입장은 WCC의 신학 노선이 "다원주의와 혼합주의이며 이것은 성경과 배치되는 인본주의"라고 비판해 왔으며 더욱이 '교회론'에 심각한 문제점이 있다는 입장을 견지해 왔다. 그런데 이와 비슷한 비판은 이미 1950년대 말 장로교회가 분열되던 때에 제기되었다. 당시의 승동측은 "그동안 홍보해 오던 에큐메니컬 운동에 대한 부정적 이미지(용공, 신신학, 단일 교회 지향)를 더욱 강조하며 홍보했다. 6·25 전쟁을 겪어 본 반공 국가에서 용공 이미지는 적대감을 조성하는 최고의 무기였다. 신신학을 이단시하는 한국 교회의 정서가 있는데, 거기에다 단일 교회를 지향한다는 그릇된 홍보는 한국인의 당파심을 자극했고, 여기에다 하나 더 얹어서 천주교회와도 합하자는 것이라고 홍보하였다."(김광현 목사의 증언)

36 사회 혁신은 노후한 경제, 실업, 기후 변화, 고령화, 사회적 소외와 배제 등의 문제에 직면해서 정부와 시민의 자발적 참여로 사회 공공 부문을 개혁하여 새로운 발전 기회를 조성하는 것이다. 예를 들면 미국에서는 2009년 백악관에 '사회 혁신과 시민 참여'를 담당하는 부서가 설치되었다. 이 부서는 사회 혁신 펀드(1억 400만 달러)를 조성했다. 영국은 '사회은행'을 설립해서 사회적 기업, 자선 단체, 자원 활동 단체를 재정적으로 지원하고 있다. 스웨덴은 낙후된 주택 환경을 재생하고, 쇠퇴한 공장 지역을 문화 용지로 거듭나게 하고, 대중 교통을 개선하는 등 문화와 환경을 주제로 도시 재생 사업을 벌였다.

37 중국과 일본이 다오위다오(센카쿠 열도)를 둘러싸고 분쟁 중이고, 한국과 일본의 독도 분쟁이 격해지고 있고, 남중국해에서는 중국이 필리핀, 말레이시아 등 6개 국과 영토 분쟁을 벌이고 있다.

38 세계 기독교의 Global Christian Forum이 이미 결성되었다. 여기에 참여하는 기구를 소개하면, Pentecostal World Fellowship, WCC, WEA, Pontifical Council for Promoting Christian Unity at the Vatican 등이다.